内部控制质量、管理层信息
操纵与股价稳定

黄 政 刘怡芳 著

中国财经出版传媒集团

经济科学出版社
Economic Science Press
·北京·

图书在版编目（CIP）数据

内部控制质量、管理层信息操纵与股价稳定/黄政，
刘怡芳著 . -- 北京：经济科学出版社，2024.8
ISBN 978 - 7 - 5218 - 5712 - 2

Ⅰ . ①内⋯ Ⅱ . ①黄⋯ ②刘⋯ Ⅲ . ①股票价格 - 研
究 Ⅳ . ①F830. 91

中国国家版本馆 CIP 数据核字（2024）第 058581 号

责任编辑：顾瑞兰
责任校对：靳玉环
责任印制：邱　天

内部控制质量、管理层信息操纵与股价稳定

黄　政　刘怡芳　著

经济科学出版社出版、发行　新华书店经销

社址：北京市海淀区阜成路甲 28 号　邮编：100142

总编部电话：010-88191217　发行部电话：010-88191522

网址：www. esp. com. cn

电子邮箱：esp@ esp. com. cn

天猫网店：经济科学出版社旗舰店

网址：http://jjkxcbs. tmall. com

固安华明印业有限公司印装

710×1000　16 开　17. 75 印张　220000 字

2024 年 8 月第 1 版　2024 年 8 月第 1 次印刷

ISBN 978 - 7 - 5218 - 5712 - 2　定价：67. 00 元

（图书出现印装问题，本社负责调换。电话：010 - 88191545）

（版权所有　侵权必究　打击盗版　举报热线：010 - 88191661

QQ：2242791300　营销中心电话：010 - 88191537

电子邮箱：dbts@ esp. com. cn）

前　言

　　股票市场是金融发展中不可或缺的重要力量。经过三十多年的建设与完善，中国股市取得了长足发展，并对经济增长作出了重要贡献。但作为一个新兴加转轨的市场，中国股市还存在着明显的不成熟特征：股价波动剧烈、暴涨暴跌现象频繁。这些问题除受市场自身及宏观因素影响外，更多缘于股价没有完全反映公司真实价值，股价所承载和传递的公司特质信息量较低。因此，探究股价信息含量较低的成因并挖掘抑制股价暴涨暴跌风险的有效途径是加强股市稳定、保护投资者利益的重要课题。

　　信息不透明被认为是影响股价剧烈波动的关键因素。上市公司不透明的信息环境不仅降低了股价吸收公司特质信息的能力，导致股价长期偏离内在价值，还会因为累积信息的突然释放引起股价的暴涨暴跌。较低的信息透明度与管理层的信息操纵行为不无关联，由于企业契约的不完备性，管理层掌握着更多的剩余控制权，从而有能力和动机选择不披露或披露加工后的信息以谋取私利。如管理层出于机会主义动机有捂盘坏消息的倾向，容易引发股价崩盘；同时管理层也有操纵好消息获利的动机，推动市值高估，引起股价泡沫。内部控制作为弥补契约不完全性的控制系统，可以对企业各个环节中的非对称剩余控制权进行重新划分，从而有效制约管理层的自利行为。内部控制也是确保财务等信息可靠、透明的最为直接因素，不但能够降低企业随机错报的概率，更有助于减少管理层的信息操纵行为。

　　本书基于管理层信息操纵行为，结合中国独特的股市环境，从微观视角研究内部控制质量对股价稳定的影响机理和传导路径。由于暴涨暴跌是股价不稳定的外在表现，而信息含量低是股价不稳定的内在原因。因此，本书主要从减少股价泡沫、降低股价崩盘风险和提升股价信息含量三个方面研究内部控制制约管理层信息操纵行为进而促进股价稳定的作用机制，

1

并进一步研究了外部监管与内部控制在促进股价稳定中的相互作用。本书通过选取 2000～2021 年 A 股上市公司数据，采用面板模型和路径分析相结合的方法进行实证研究，实施过程及具体结论如下。

第一，内部控制在约束管理层操纵好消息行为中能减少股价泡沫。内部控制作为企业内部有效的约束机制，应当能够防范管理层对好消息的操纵，进而影响股价泡沫。本书以中国上市公司为研究对象，通过理论分析和实证检验考察了内部控制质量对股价泡沫的影响机制。研究结果表明，随着上市公司内部控制质量的不断提升，股价泡沫显著降低；在进行内生性检验、变更核心变量度量方法等一系列稳健性测试后，这一结论依然成立。进一步的影响机制分析和中介效应检验表明，盈余激进度和盈余平滑度在内部控制质量影响股价泡沫中均发挥了显著的中介作用，即高质量的内部控制可以通过抑制管理层的盈余激进行为和盈余平滑行为来减少股价泡沫。

第二，内部控制在减少管理层捂盘行为中能降低股价崩盘风险。内部控制作为权力制衡的重要手段，应当能够制约管理层的捂盘行为，进而影响股价崩盘风险。本书基于中国股票市场，通过理论分析和实证检验考察了内部控制质量影响股价崩盘风险的客观表现和传导路径。研究结果表明，随着上市公司内部控制质量的不断提升，股价崩盘风险显著降低；在进行了内生性检验、变更核心变量度量方法等一系列稳健性测试后，这一结论依然成立。进一步的影响机制分析和中介效应检验表明，信息披露质量和代理成本在内部控制质量影响股价崩盘风险中均发挥了显著的中介作用，即高质量的内部控制可以通过提升信息披露质量和减少代理成本来降低股价崩盘风险。

第三，内部控制在制约管理层信息操纵行为中能提升股价信息含量。内部控制作为弥补契约不完全性的控制系统，其有效程度直接决定了信息透明度的高低，进而影响着股市信息效率。本书基于中国市场环境，通过理论分析和实证检验研究了内部控制质量与股价信息含量之间的内在关系。研究结果表明，随着内部控制质量的不断提高，上市公司股价信息含量显著提升；在进行内生性检验、变更核心变量度量方法等一系列稳健性测试后，结论依然成立。进一步的影响机制分析和中介效应检验表明，应计盈余管理和真实盈余管理在内部控制质量影响股价信息含量中均发挥了显著的中介作用，即高质量的内部控制可以通过抑制应计盈余管理和真实盈余管理等降低信息透明度的行为来提升股价信息含量。

第四，内部控制与外部监管在促进股价稳定中存在替代关系。外部监管也发挥着抑制管理层信息操纵进而促进股价稳定的作用，因而与内部控制存在着相互关系。本书从注册会计师审计、证券交易所监管和证监会处罚三个层次理论分析并实证检验了外部监管的效果以及其与内部控制在促进股价稳定中的相互关系。研究结果表明，外部监管在促进股价稳定中能够发挥一定的作用，表现为注册会计师审计显著提升了股价信息含量、降低了股价泡沫，证券交易所的年报问询函监管和纪律处分显著降低了股价崩盘风险，证监会处罚显著降低了股价泡沫。进一步的相互关系检验表明，外部监管与内部控制在促进股价稳定中存在显著的替代关系，表现为注册会计师审计与内部控制质量在提升股价信息含量中存在显著的替代关系，证券交易所的年报问询函和纪律处分两类监管措施与内部控制质量在降低股价崩盘风险中均存在显著的替代关系，证监会处罚和内部控制质量在降低股价泡沫中存在显著的替代关系。因此，高质量的内部控制在促进股价稳定中减少了对外部监管的需求，提高了监管资源的合理分配、增强了监管效率。

针对上述结论，本书从提高企业内部控制质量、抑制管理层信息操纵行为等角度提出了一系列促使股价稳定的有效措施。本书不仅揭示了股价稳定的内涵和表现，而且还从管理层信息操纵角度构建了内部控制影响股价稳定的理论分析框架，并置于内外部治理机制进行扩展分析，因而具有一定的理论价值。本书的实证研究结论为上市公司实施内部控制的成本效益分析提供了新的经验证据，为金融监管部门通过完善企业内部控制来防范和化解股市风险提供了理论依据，同时也为投资者关注内部控制信息进而改善投资决策、规避投资风险提供了有价值的参考。

本书是国家社会科学基金一般项目"内部控制质量、管理层信息操纵与股价稳定研究"（项目编号：18BGL080）、湖南省社会科学基金青年项目"管理层权力、信息操纵与股价波动研究"（项目编号：19YBQ041）和湖南省教育厅优秀青年项目"高管偏好、技术认知程度与企业创新决策研究"（项目编号：22B0632）的研究成果，在此表示感谢！本书虽经过反复修改，但由于水平所限，难免存在疏漏乃至错误之处，恳请读者批评指正。

目 录

第 1 章

绪　论

1.1　研究背景及问题

股票市场是金融发展中不可或缺的重要力量。中国股市经过三十多年的建设与完善，虽然取得了长足发展，但还存在着明显的不成熟特征：股价波动剧烈、暴涨暴跌现象频繁（贺力平等，2010；许年行等，2011；周晓苏等，2016）。波动大并不是中国股市的新特征，其实自其诞生以来，中国股市就在暴涨与暴跌的交替中挣扎前行，暴涨的背后是股价泡沫的膨胀，暴跌背后是泡沫的破灭（陈国进，2009）。2015年上半年中国股市无疑又上演了一场泡沫膨胀与破灭的大戏，上证指数一路高歌猛进于6月12日创下七年多来新高5178.19点，而在不到1个月的时间，也即7月9日又暴跌至3373.54点[①]。如此过山车般的震荡着实让全球投资者都开了眼界。

股票市场的基本功能就是通过股票价格引导稀缺资金的流向，使其合理地配置到不同公司、行业或领域，从而达到优化资本配置的目的。要使股票市场顺利实现资本配置功能，股票价格必须是其价值的最好指示器，法马（Fama，1976）总结的有效市场理论认为，一个富有效率的资本市场，信息应当充分、准确、及时而有效，各种参与交易的证券价格能够充分迅速而且几乎以无偏的方式反映所有可能影响其变动的信息，因此证券

---

① 曹中铭. 股市维稳向纵深挺进［N/OL］. 中国日报中文网，2015 – 07 – 09，http：//column. chinadaily. com. cn/a/201507/09/WS5bee8704a3101a87ca93e519. html.

价格总能有效地回归其真实价值。有效的股票价格能够促使股票市场上的参与者作出正确的投融资决策，融资企业能够按照公平的价格发行股票，而投资者也可以以公平的价格购买股票。由此可见，暴涨暴跌是股票价格背离内在价值的极端表现，其本质意味着股票市场不成熟、信息效率及资本配置效率低下。低效的资本市场不但不能引导资本有效配置，还会危及实体经济发展并给投资者利益造成巨大损失。

股价波动剧烈及暴涨暴跌现象与市场投资者的非理性以及政府干预有较大关联。投资者的非理性交易是股价剧烈波动的重要原因。在我国，投资者通常不关注上市公司的基本面并且侧重于短线交易。我国股票市场上散户投资者较多，他们通常缺乏专业的知识，也没有风险观念，在股票交易过程中侧重于短期获利，因而其投资决策存在非理性。即使是专业的投资者（如基金公司），也往往倾向于短线交易，按月或按季的业绩衡量区间通常促使他们作出非理性的投资决策，追涨杀跌更是常见行为。

政府对股市的干预也是影响股价波动的重要原因。比如，在2015年股市出现连续暴跌后，中国政府实施了强有力的救市措施，包括暂停发行新股、要求国有资金购买股票、要求央行提供无限量的支持等。这些政策虽然起到了明显的托底功效，但也加剧了股市的波动，政府的买入卖出会直接引起股市的大幅震荡，救市政策何时、如何退出也将持续影响股价波动。

与投资者非理性及政府干预相比，上市公司的信息披露问题是影响股价不稳定更重要的因素。股票市场的效率与信息披露的真实、公允、及时、充分的程度有直接关联。准确、及时的信息披露不仅对股票市场配置效率有着重要意义，对市场流动性与稳定性也有着很大影响。信息披露制度已经成为各国资本市场上的通行规则，作为资本市场的基础制度之一，信息披露制度对于降低股票市场的信息不对称具有重要的制度保障意义。随着股票市场的发展，我国上市公司的信息披露制度也逐步建立和完善起来。在证券市场的各项基础制度的建设过程中，信息披露制度作为核心内容，经历了从无到有，从不健全到较完善，从零星的法规约束到体系化、层次化的制度规范，走过了一条不断进步和完善的发展之路。然而"天下之事不难于立法，而难于法之必行"，信息披露制度的落实有赖于监管部门对信息披露违规行为的遏制与处罚。就我国股票市场的现状而言，信息透明度依然较低，股票市场的信息环境较差仍然是信息披露制度改革面临的严峻挑战（Piotroski & Wong，2012）。

较低的信息透明度与管理层的信息操纵行为不无关联。作为内部人控制主体，上市公司的管理层可能为实现自身利益而实施逆向选择行为，也就意味着管理层进行信息披露的管理行为可能存在机会主义，包括有选择地披露相关信息、选择披露的时机等，这些行为都会导致上市公司信息透明度的降低（涂建明，2009）。陈俊和张传明（2010）也指出，上市公司信息透明度低可能与管理层试图隐瞒公司不良业绩、坏消息以及内幕交易相联系。由于企业契约的不完备性，管理层掌握着更多的剩余控制权，从而有能力和动机选择不披露或披露加工后的信息以谋取私利。如管理层出于机会主义考虑有捂盘坏消息的倾向，容易引发股价崩盘（Jin & Myers，2006；权小锋等，2015）；同时管理层也有操纵好消息获利的动机，推动市值高估，引起股价泡沫（陆蓉和潘宏，2012；徐寿福和徐龙炳，2015；贾明德和王峰虎，2002）。

健全有效的内部控制是制约管理层机会主义行为的重要机制，在约束管理层的信息操纵行为方面应该发挥着重要作用。魏明海等（2007）认为，内部控制是确保上市公司信息可靠、透明的最为直接的因素，不但能够降低企业随机错报的概率，更有助于减少管理层的操纵行为。因此，有效的内部控制应当能够约束管理层的信息操纵行为，从而提升上市公司信息透明度。

综上所述，股价剧烈波动、暴涨暴跌的不稳定现象除受市场自身因素影响外，更多缘于股票价格不能真实反映公司内在价值，股价承载和传递的公司特质信息量较低。信息不透明被认为是影响股价信息含量较低的原因。而内部控制有助于约束管理层信息操纵引起信息不透明。那么内部控制能否营造出透明的信息环境，从而降低股价的暴涨暴跌，并对股价稳定产生积极影响？若存在显著影响，其作用机理又是什么？为探究以上问题，本书基于管理层信息操纵行为，结合中国独特的股市环境，力求从微观视角研究内部控制质量对股价稳定的影响机制和传导路径。本书的研究为相关部门通过完善企业内部控制来防范和化解股市风险、促使股价稳定提供了必要的经验证据和理论支撑。

1.2　研究思路、内容及意义

1.2.1　研究思路及内容

1.2.1.1　研究思路

通过对研究背景的分析，本书提出应当通过提高内部控制质量，来约束管理层的信息操纵行为，进而改善上市公司的信息环境，降低股价暴涨暴跌风险，促使股价稳定。围绕这一话题，本书首先对内部控制质量、股价稳定的内涵展开了分析。在对股价稳定内涵进行分析时，本书根据价格围绕价值在一定范围内波动的规律，揭示了暴涨暴跌是股价不稳定的外在表现，而信息含量低是股价不稳定的内在原因。由此本书研究了内部控制质量与股价稳定的三大部分内容，即内部控制质量与股价泡沫、内部控制质量与股价崩盘风险以及内部控制质量与股价信息含量。在此基础上，本书进一步回顾了相关文献并阐述了相关理论，有效市场理论是其中最重要的理论，它与信息不对称理论、信号传递理论的结合是分析上市公司信息不透明与股价剧烈波动、暴涨暴跌的理论基础；而信息不对称理论与委托代理理论的结合是分析内部控制质量、管理层信息操纵与信息透明度之间关系的理论基础。有效市场理论与其他理论的结合可以将内部控制质量、信息透明度及股价稳定放在同一框架下进行分析。有了这些理论基础就可以对各部分内容逐一展开分析。具体来说，针对内部控制质量与股价泡沫，本书通过分析管理层在操纵好消息时采取的盈余激进和平滑处理方式，来研究内部控制在约束管理层操纵好消息行为中减少股价泡沫的作用机制；对于内部控制质量与股价崩盘风险，本书通过分析管理层在信息披露中隐瞒或推迟披露负面信息行为，来研究内部控制在减少管理层捂盘行为中降低股价崩盘风险的作用机制；对于内部控制质量与股价信息含量，本书通过分析管理层的应计及真实盈余管理的信息操纵行为，来研究内部控制在制约管理层信息操纵行为中提升股价信息含量的作用机制。此外，本书还从注册会计师审计、证券交易所监管以及证监会处罚分析了外部治理机制与内部控制在促进股价稳定中所产生的交互作用。

在理论分析的基础上，本书展开了经验研究。首先是统计分析。在确定各个变量测度方法后，借助上市公司数据，研究了我国上市公司内部控制质量、股价泡沫、股价崩盘风险及股价信息含量的基本情况。其次展开实证研究。通过中介效应分析方法，研究了三大部分内容：一是实证分析内部控制质量与股价泡沫的关系，并检验盈余激进度和盈余平滑度在其中的中介作用；二是实证分析内部控制质量与股价崩盘风险的关系，并检验信息披露质量和代理成本在其中发挥的中介作用；三是实证分析内部控制质量与股价信息含量的关系，并检验应计盈余管理和真实盈余管理在其中发挥的中介作用。再次是实证分析了注册会计师审计、证券交易所监管以及证监会处罚三大外部治理机制在内部控制影响股价稳定中的调节作用。最后是对研究的总结，并给出了相关的政策建议。研究思路及框架如图1-1所示。

1.2.1.2 研究内容及框架安排

根据上述思路，本书共分八章展开研究。具体安排如下。

第1章，绪论。本章首先阐述了本书的研究背景，并根据文献及现实情况提出内部控制质量是否可以影响股价稳定及其影响路径。在这样的问题指引下，本书厘清了研究的具体思路，构建了理论框架，阐述了研究内容、研究意义、研究方法及创新。

第2章，理论基础与研究综述。本章包括三节内容。2.1节回顾并分析内部控制质量、股价稳定、股价泡沫、股价崩盘风险、股价信息含量的内涵。2.2节回顾了委托代理理论、有效市场理论、信息不对称理论及信号传递理论，这些理论是本书研究的基础，是本书构建逻辑框架的理论依据。2.3节对与本书研究相关的文献进行回顾和评述。首先，在回顾内部控制相关文献时发现，已有文献从多个方面研究了内部控制质量的衡量方法以及内部控制对信息透明度的影响，但对约束管理层信息操纵行为的分

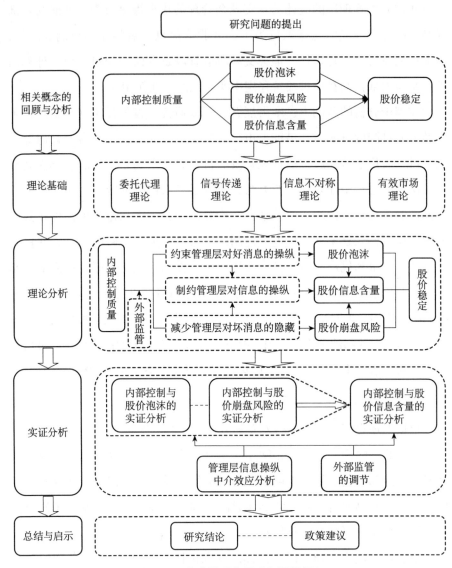

图 1-1 本书的研究思路与逻辑框架

析较少。其次，在回顾股价稳定相关文献时发现，已有文献主要从影响因素和衡量方法两方面对股价稳定进行研究，但在分析影响因素时，着重考察市场层面因素，即使涉及公司层面也仅限于治理结构、信息披露等内容，还缺乏对内部控制的考察。再次，在回顾内部控制与资本市场关系文献时发现，已有少量文献从资本市场角度研究了内部控制的经济后果，但重在考察其信息披露的市场反应，而对内部控制整体质量的作用研究还相当缺乏。

第 3 章，理论框架的构建及实证研究的总体设计。本章内容是全书的研究基础，主要包括两节内容。3.1 节构建了本书的理论框架，以内部控制质量为起点，以管理层信息操纵为中介，从股价泡沫、股价崩盘风险、股价信息含量角度构建了内部控制质量影响股价稳定的三条路径，以及外部治理机制的调节作用。3.2 节是对实证研究的总体设计，由于后面的实证内容均采用到了中介效应分析方法，因此这部分内容主要是阐述中介效应检验程序，为后续实证过程作铺垫。

第 4 章，内部控制质量与股价泡沫：操纵好消息的中介作用。本章在文献回顾的基础上，从管理层操纵好消息角度分析了内部控制质量对股价泡沫的影响机理。本章以股票的市场价值对内在价值偏离比率衡量股价泡沫，以迪博内部控制指数衡量内部控制质量，借助最小二乘法及面板数据固定效应方法分析表明，提升上市公司的内部控制质量有助于降低股价泡沫；进一步以盈余激进度和盈余平滑度作为中介变量分析内部控制质量影响股价泡沫的传导机制发现，盈余激进度和盈余平滑度均存在显著的中介效应，高质量的内部控制可以通过抑制管理层的盈余激进和平滑行为来降低股价泡沫。

第 5 章，内部控制质量与股价崩盘风险：隐藏坏消息的中介作用。本章在文献回顾的基础上，从管理层隐藏坏消息角度分析了内部控制质量抑制股价崩盘风险的作用路径。本章以负收益偏态系数、收益上下波动比率及崩盘概率来度量股价崩盘风险，以迪博内部控制指数衡量内部控制质量，借助面板数据固定效应方法分析表明，提高内部控制质量能够有效抑制管理层的捂盘行为，减轻坏消息的集中释放对股价的负面冲击，从而降低股价崩盘风险；进一步以信息披露质量和代理成本作为中介变量分析内部控制质量影响股价崩盘风险的传导机制发现，信息披露质量和代理成本均存在显著的中介效应，高质量的内部控制可以通过提高信息披露质量和减少代理成本来降低股价崩盘风险。

第 6 章，内部控制质量与股价信息含量：信息操纵的中介作用。本章在文献回顾的基础上，从管理层信息操纵角度分析内部控制质量对股价信息含量的作用机制。本章以分析知情者交易的收益率与换手率动态模型的交乘项系数衡量股价信息含量，以迪博内部控制指数衡量内部控制质量，借助面板数据固定效应方法分析表明，高质量的内部控制能够显著提升股价信息含量；进一步以应计盈余管理和真实盈余管理作为中介变量分析内部控制质量影响股价信息含量的传导机制发现，高质量的内部控制可以通过抑制应计盈余管理和真实盈余管理等降低信息透明度的行为来促进股价信息含量的提升。

第7章，外部监管、内部控制质量与股价稳定。本章在文献回顾的基础上，从注册会计师审计、证券交易所监管以及证监会处罚三大角度分析了外部治理机制与内部控制质量在影响股价稳定中的交互作用。本章以是否聘请国际四大会计师事务所审计衡量注册会计师审计质量，以年报问询函和纪律处分考察交易所监管效果，以证监会处罚考察行政监管效果，借助面板数据固定效应方法分析表明，外部监管在促进股价稳定中能够发挥一定的作用，表现为注册会计师审计显著提升了股价信息含量、降低了股价泡沫，证券交易所的年报问询函监管和纪律处分显著降低了股价崩盘风险，证监会处罚显著降低了股价泡沫。进一步的相互关系检验表明，外部监管与内部控制在促进股价稳定中存在显著的替代关系，表现为注册会计师审计与内部控制质量在提升股价信息含量中存在显著的替代关系，证券交易所的年报问询函和纪律处分两类监管措施与内部控制质量在降低股价崩盘风险中均存在显著的替代关系，证监会处罚和内部控制质量在降低股价泡沫中存在显著的替代关系。

第8章，研究结论与政策建议。本章首先全面概括了本书的研究结论，其次从提高企业内部控制质量、抑制信息操纵等角度给出了减少股价泡沫、降低股价崩盘风险及提升股价信息含量的政策建议。

1.2.2　研究意义

本书的研究不仅为股价剧烈波动及股价暴涨暴跌导致股价不稳定现象找到可行的解决途径，而且也从理论及实证上分析并检验了内部控制质量影响股价稳定的路径模式和作用机制，因而具有一定的理论价值和现实意义。

1.2.2.1　理论价值

本书构建了内部控制质量影响股价稳定的理论分析框架，揭示内部控制影响股价稳定的路径模式和作用机制，并通过实证分析证实高质量的内部控制在抑制股价泡沫、降低股价崩盘风险以及提升股价信息含量中所发挥的积极作用，丰富并拓展了内部控制经济后果和股价稳定影响因素的文献。

1.2.2.2　现实意义

本书从管理层信息操纵角度揭示股价不稳定的影响因素有助于上市公司不断完善财务报告制度，抑制盈余管理行为，降低代理成本，提高信息披露水平。本书以内部控制质量作为研究影响股价不稳定因素的起点，有助于为上市公司实施内部控制的成本效益分析提供新的经验证据，为金融监管部门通过完善企业内部控制来防范和化解股市风险提供理论依据，同时也为投资者关注内部控制信息进而改善投资决策、规避投资风险提供有价值的参考。

1.3　研究方法及创新

1.3.1　研究方法

1.3.1.1　规范分析方法

本书在现有研究成果的基础上对相关概念——内部控制质量、股价稳定、股价泡沫、股价崩盘风险及股价信息含量进行了分析。同时，根据价格围绕价值在一定范围内波动的规律，揭示了暴涨暴跌是股价不稳定的外在表现，而信息含量低是股价不稳定的内在原因。因此，从股价泡沫、股价崩盘风险及股价信息含量三个方面对股价稳定进行分析比较全面、合理。

本书采用逻辑演绎法，以信息与信号理论为基础，综合运用委托代理理论、信息不对称理论及有效市场理论演绎推理内部控制通过约束管理层信息操纵行为影响股价稳定的三条路径，并据此提出研究假设。进一步利用经验证据修正后的作用机理，从降低股价泡沫、防范股价崩盘风险和提升股价信息含量角度系统地分析完善内部控制的有效措施。

1.3.1.2 实证分析方法

本书的实证分析过程基本是基于回归分析进行的，即使是对相关变量（如股价泡沫、股价崩盘风险、股价信息含量等）的现状分析，也是建立在回归分析的基础之上。具体来说，本书的实证分析方法包括以下几个方面。

（1）普通最小二乘回归分析法。为了衡量股价泡沫、股价崩盘风险、股价信息含量、应计盈余管理和真实盈余管理，并进行描述性分析，本书采用了普通最小二乘法对相关模型进行回归。具体来说，借助剩余收益模型（RIM）进行普通最小二乘法回归计算股票内在价值，并进行股价泡沫的计算；借助股价崩盘风险模型分年度分企业进行普通最小二乘法回归计算衡量股价崩盘风险的三个指标；借助分析知情者交易的收益率与换手率动态模型分年度分企业进行普通最小二乘法回归计算模型的交乘项系数衡量股价信息含量；借助修正琼斯（Jones）模型分年度分行业进行普通最小二乘法回归计算应计盈余管理程度；借助经营现金流量模型、生产成本模型以及酌量性费用模型分年度分行业进行普通最小二乘法回归计算。

（2）面板模型回归分析方法。本书的实证章节均是基于非平衡的 Panel 固定效应方法展开的，主要包括第 4 章的内部控制质量影响股价泡沫的实证分析、内部控制质量影响盈余激进度和盈余平滑度的实证分析；第 5 章的内部控制质量影响股价崩盘风险的实证分析、内部控制质量影响代理成本和信息披露质量的实证分析；第 6 章的内部控制质量影响股价信息含量的实证分析以及内部控制质量影响应计盈余管理和真实盈余管理的实证分析。

（3）基于回归的中介效应分析方法。本书根据巴伦和肯尼（Baron &

Kenny, 1986) 以及温忠麟等 (2004, 2014) 的中介效应分析方法检验管理层信息操纵行为在内部控制质量影响股价稳定中发挥的中介作用。该方法以回归为基础提供了一个检验中介变量是否显著的程序，本书正是依据该程序安排了章节内容。采用该方法具体检验的内容包括：盈余激进度和盈余平滑度在内部控制质量影响股价泡沫中的中介作用；代理成本和信息披露质量在内部控制质量影响股价崩盘风险中的中介作用；应计盈余管理和真实盈余管理在内部控制质量影响股价信息含量中的中介作用。

（4）基于分组和交互项的相互关系检验方法。本书在研究内部控制质量与外部监管在促进股价稳定中的相互关系时，同时采用了分组和交互项检验方法，以确保研究结论的可靠性。该方法主要体现在第 7 章的相关内容，包括检验注册会计师审计、年报问询函监管、纪律处分、证监会处罚等外部监管手段与内部控制质量之间的相互关系。

（5）基于 Heckman 和倾向得分匹配法（PSM）的内生性分析方法。本书在研究内部控制质量时采用了迪博内部控制指数，而该指数的构建可能存在自选择的内生性问题，因此采用 Heckman 两阶段模型进行处理分析。本书在研究内部控制质量与外部监管的相互关系时，采用了一系列虚拟变量考察外部监管的效果，而这些虚拟变量的划分往往可能是不同上市公司间存在的固有差异导致。为降低这些固有差异的影响，本书采用 PSM 进行处理分析。

1.3.2 创新之处

本书以管理层信息操纵为中介，研究内部控制质量对股价稳定的影响以及内部控制与外部监管的相互作用，创新主要体现在以下四个方面。

第一，从管理层信息操纵视角构建了内部控制影响股价稳定的分析框架。本书不仅分析了管理层信息操纵行为的整体作用，还分别研究了管理层操纵好消息和隐藏坏消息所产生的作用差异，为内部控制通过约束管理层信息操纵行为进而促使股价稳定构建了多路径的分析框架。

第二，对股价稳定的多角度分析扩展和丰富了相关研究内容。已有文献主要从股价波动角度研究股价稳定，但股价在一定程度或正常范围内的波动并不会给投资者带来实质损害。本书则从股价不稳定的极端表现（暴涨暴跌）和内在原因（信息含量低）展开分析，分别从股价泡沫、股价崩盘风险和股价信息含量三方面考察股价稳定，对投资者及资本市场更具实际意义。

第三，本书不仅研究了内部控制质量对股价稳定的影响，还从盈余激进度、盈余平滑度、信息披露质量、代理成本、应计盈余管理和真实盈余管理等多个角度分析并检验了管理层信息操纵的中介作用，为深入理解内部控制影响股价稳定的内在机制提供了可靠解释。

第四，本书还从注册会计师审计、证券交易所监管以及证监会处罚三个方面考察了外部治理机制与内部控制在影响股价稳定中的交互作用，为合理利用内外部资源改善股市信息效率提供了有益的参考。

第 2 章

理论基础与研究综述

2.1 相关概念的回顾与分析

2.1.1 内部控制概念的回顾与分析

2.1.1.1 内部控制的概念

内部控制经历了不断发展、逐步完善的过程。由于不同的历史阶段，内部控制承担的主要职责不同，因而实务界及理论界对其定义也不同。即使在同一历史阶段，不同地域或领域内部控制的主要职责也存在差异，因而对其定义也有所不同。

较为明确提出内部控制概念的是美国会计师协会的审计委员会，其在1949 年的关于内部控制报告的一份文件中指出，内部控制包括组织机构的设计和企业内部采取的所有相互协调的方法和措施。这些方法和措施主要用于保护企业的财产，检查会计信息的准确性，提高经营效率，推动企业执行既定的管理政策。而被广泛认可的内部控制概念出现于 20 世纪 90 年代初，1992 年美国反虚假财务报告委员会下属的内部控制专门研究委员会发起组织委员会（以下简称 COSO）发布了《内部控制——整合框架》，该框架将内部控制定义为，内部控制是由企业董事会、经理层和其他员工实施的，为营运的效率效果、财务报告的真实性、相关法令的遵循性等目标达成而提供合理保证的过程，包括控制环境、风险评估、控制活动、信息与沟通和监控五个要素。2004 年 COSO 进一步拓展与细化了内部控制，发布了《企业风险管理——整合框架》，将内部控制由五个要素拓展到八个要素，即内部环境、目标设定、事项识别、风险评估、风险应对、控制活动、信息与沟通、监控。2013 年 COSO 发布了新的内部控制框架，在基于 1992 年版本五要素基础上，提出了 17 条内部控制的核心原则，提高了内部控制各要素的可操作性。从上述定义的发展过程来看，内部控制的变化发展主要产生于美国，与其资本市场发展程度密切相关。

相对而言，我国的资本市场起步较晚，内部控制的发展也较为滞后，且对内部控制的认识受美国等西方发达国家的影响较大。国内较早对内部控制作出定义的是中国注册会计师协会，其在 1996 年制定的《独立审计具体准则第九号——内部控制与审计风险》中将内部控制定义为，被审计单位为了保证业务活动的有效进行，保证资产的安全和完整，防止、发现、纠正错误与舞弊，保证会计数据的真实、合法、完整而制定和实施的政策与程序。该定义着重揭示了内部控制查错纠弊的职能，有助于审计工作的顺利开展。2001 年，财政部先后发布了《内部会计控制规范——基本规范（试行）》和六项具体控制规范，该规范着重从会计控制角度给出相关定义，有助于我国内部控制的发展、完善。之后证监会、审计署、证券交易所等部门也相继发布了一系列有关内部控制的法规文件，对内部控制概念作出界定。2006 年企业内部控制标准委员会的成立，加快了我国内部控制理论的建设和发展。两年后，即 2008 年，财政部等五部委联合发布的《企业内部控制基本规范》，将内部控制定义为，由企业董事会、监事会、经理层和全体员工实施的、旨在实现控制目标的过程。而内部控制的目标是合理保证企业经营管理合法合规、资产安全、财务报告及相关信息真实完整，提高经营效率和效果，促进企业实现发展战略。该定义主要参照了 COSO 的《内部控制——整合框架》和《企业风险管理——整合框架》，是目前为止国内最为权威和全面的内部控制定义。从上述内容可以看出，内部控制从早期内部牵制、会计控制发展到如今的全面控制，一方面是内部控制本身发展的必然，另一方面也是现实资本市场的需要。

2.1.1.2　内部控制质量的概念

社会科学领域内所谈及的"质量"与物理学中的"质量"有所不同，一般较为抽象，主要反映客观上的价值或主体感受的现量。而在管理学领域，质量是指一组固有特性能够满足要求的程度（王晓，2016）。因此，内部控制质量可以理解为满足经营目标、战略目标及控制目标的实现程度。根据该定义，也有学者将内部控制质量称为内部控制有效性。根据2010年财政部会计司编写的《企业内部控制规范讲解》，内部控制有效性是指企业建立与实施内部控制对实现目标提供合理保证的程度。

由上述分析可知，内部控制质量实际上是对内部控制目标实现程度的描述。根据我国《企业内部控制基本规范》，内部控制目标主要包括五个方面，即战略目标、经营目标、报告目标、合规目标和资产安全目标。战略目标是企业管理层为实现企业价值最大化的根本目标而针对环境作出的一种反应和选择。战略目标在该目标体系中属于最高层次，其他目标应与其协调一致。要达到战略目标，企业内部控制应达到以下要求：一是管理层制定总体战略目标，并根据内外部环境变化作出调整，使其在风险容忍度内；二是将战略目标划分为具体目标，确保经营活动围绕目标展开；三是实施资源分配促使战略实施；四是围绕目标实行绩效考核。经营目标就是指内部控制应当促进经营效率和效果的提升。内部控制可以从以下方面来实现经营目标：一是精简组织、明确权责划分；二是建立良好的信息沟通体系；三是建立有效的内部考核机制。报告目标即内部控制要合理，保证企业提供真实、可靠的财务报告及其他信息。内部控制可以从以下方面来实现报告目标：一是保证所有交易和事项都能够在恰当的会计期间内及时地记录于适当的账户；二是保证会计报表的编制符合会计准则、有关会计制度的规定；三是保证账面资产与实存资产定期核对相符；四是保证所有会计记录都经过必要的复核，并确认正确无误。合规目标就是内部控制要确保企业遵循有关法律法规的规定，不得违法经营。资产安全目标就是内部控制要保证财产物资安全与完整，可以从以下方面来实现：一是资产的记录与保管分开；二是任何资产的流动都必须详细记载；三是建立完善的资产管理制度，明确相应的岗位职责；四是对资产进行盘点，确保账面与实际一致。因此，在考察内部控制质量时应当从上述各类要求出发，分析内部控制实现各类目标的程度。

2.1.2 股价稳定概念的回顾与分析

2.1.2.1 股价稳定的内涵

通常情况下，股票市场中的股票价格不会完全脱离其内在投资价值，只是围绕内在价值上下波动，且这样的波动还会受到制约，即当波动幅度过大时就会遭到交易者套利行为的抵制，促使股票价格逐步回归其内在价值，这就是股价稳定的内在机制（武志，2001；赵利人，2005；秦海英，2008）。

股票价格的波动主要源于两个方面：一是基础价值的变化，如上市公司基本面发生变化；二是纯粹的价格波动，这通常是随机的。通常认为，在一段时间内股票的基础价值是比较稳定的，因此股价的变动主要受随机因素影响。所以在现实情况中，一些投资者在一段时间内会忽略基础价值的变化，仅分析随机因素对股价波动的影响。通过对股价波动原因的分析，就不难理解股价稳定的含义。所谓股价稳定，就是指股票价格波动幅度较小，投资者的投资较为理性，不以获取差价为目的，而是根据股票的内在价值进行投资，从而获取分红派现。需要注意的是，因为公司经营管理以及外部市场环境等因素的变化，也会导致上市公司基础价值发生改变，进而导致股票的内在投资价值发生变化，股价也将随之波动。但这种基于公司基本面变化引起的股价波动并不是对内在价值的偏离，相反，恰恰是更准确地反映了内在价值，所以这样的波动依然属于股价稳定的范畴（赵利人，2005）。

通过对股价稳定及波动的分析可知，上市公司基本面情况是决定股价稳定的内在因素。如果股票价格能够承载和传递更多的上市公司特质信息，则股价将更趋向于稳定。而随机因素引起的价格波动有两个方向，即股价的上涨和下跌，从极端表现来看就是股价泡沫和股价崩盘。根据价格围绕价值在一定范围内波动的规律，并总结上述分析及李增泉等（2011）和李志生等（2015）的研究可知，暴涨暴跌是股价不稳定的外在表现，而信息含量低是股价不稳定的内在原因。因此，通过分析股价泡沫、股价崩盘以及股价信息含量这三个可度量的变量，可以很好地揭示股价稳定的内在规律。

2.1.2.2　股价泡沫和股价崩盘

与股价稳定相对的两个概念——股价泡沫和股价崩盘，可以反映股价剧烈波动的两个极端现象。

布莱克（Black，1986）认为噪声交易会导致噪声不断地累加到股票价格中，使得股票价格越来越偏离其内在投资价值，从而形成股价泡沫。因此，股价泡沫可以表述为股票实际价格对内在投资价值系统性、持续性的向上偏差（陈国进等，2009）。对于股价泡沫，具体可以从以下三个方面来理解：一是股票的实际市场价格远高于其内在投资价值；二是有假性的超额需求，即虽然股票实际价格已经很高，但有假性超额需求的存在，投资者仍预期股价会进一步上涨；三是股票市场会出现"博傻"现象，即非理性的投资者过度自信，固执地认为自己不是最后的接棒人，可以以更高的价格出售股票，导致股票价格不断上涨（章晓霞，2007）。综上所述，分析股票实际价格与其内在价值的差异是考察股价泡沫的基础。

崩盘，是指股票价格急剧下跌或其泡沫突然破裂的情形。崩盘存在两种情形：一种是当股价存在泡沫时，泡沫突然发生破裂，从而形成崩盘；另一种是股价本身不存在泡沫，但也发生了巨幅下跌，这也是崩盘。对于崩盘的情形，陈国进等（2008）认为存在三个特征：一是即使没有坏消息传递到市场，股价也会发生巨幅下跌；二是股价虽然会上下波动，但多数情况下的大幅波动表现为下跌，即股价波动并不对称；三是崩盘具有传染效应，个别股票价格崩盘会传染到其他股票，甚至会引起整个市场乃至其他市场的下跌。

股价崩盘通常表现为投资者大量抛售股票，致使股价迅速无限度地下跌。对于股价崩盘的理解，可以从三个方面分析：一是股票的实际价格远低于其内在投资价值；二是股价被市场严重低估，即股价虽然已经很低，但仍被投资者预期会进一步下跌；三是非理性的投资者会造成市场恐慌，导致更多的投资者跟随抛售，加速股价下跌。

股价泡沫和股价崩盘是股价不稳定的两个极端表现，对这两个极端现象的考察有助于探索股价稳定的影响机制。

2.1.2.3 股价信息含量

如前所述，影响股价价格的因素较多，除上市公司基本面信息外，行业层面信息、市场层面信息也会影响股价（Campbell & Lettau, 1999）。此外，与信息无关的噪声也会被非理性投资者接受并融入股价交易中，从而影响股价波动（Black, 1986）。因此，股价实际上是对各类信息及噪声的综合反映，体现了投资者对各类信息及噪声的处理和交换过程。

虽然影响股价的因素较多，但大多数因素对股价的影响不具有持续性，有些影响较为短暂。噪声的存在严重干扰了正常信息融入股价，通常会引起股价异常波动。因此，噪声是导致股价不稳定的重要因素。但噪声的影响不具有持续性，价值信息的出现往往会打破噪声的负面影响。市场信息会引起整个市场所有股票变化，因而并不会影响市场内投资组合，所以它不是市场内某股票或某组合股票价格变化的主要因素。行业信息主要会引起同行业股票变化，所以对非跨行业股票组合影响较小。此外，市场信息和行业信息通常也不具有持续性。公司层面信息则会持续影响股票价格变化，因而是计算股票内在价值的主要依据。公司层面信息也是投资者理性决策的关键信息源。有效市场假说中论述的历史信息、公开信息及内幕信息其实都是公司信息，所以股票价格应当包括所有与公司基本价值密切相关的信息。

综上所述，影响股价变化的众多因素中公司层面信息最为关键。若公司层面信息能够被投资者广泛接受并融入股票交易，则股价将更接近内在价值。因此，我们把股票价格承载和传递公司层面信息量的多少理解为股价信息含量。股价信息含量越高，越有助于投资者理性决策，股价也更能体现真实价值并趋向稳定。

不论是股价泡沫还是股价崩盘，都是股票实际价格背离内在价值的极端表现，也是股票实际价格承载和传递公司基本面信息较少的反映，这两种现象都意味着股价信息含量较低。

2.2　相关理论的回顾与分析

2.2.1　委托代理理论

早在 1772 年，亚当·斯密就在其经典著作《国民财富的性质和原因的研究》中指出，"在钱财的处理上，股份公司的董事为他人尽力，而私人合伙的伙员，则纯为自己打算。所以，想要股份公司视钱财用途，像私人合伙公司那样用意周到，那是很难做到的"。这里，斯密从直观的描述中切中了股份公司制度下的委托代理问题的实质——受托经营者总不可能像维护自身利益一样去维护所有者利益。伯利和米恩斯（Berle & Means，1932）在《现代企业与私人财产》中正式提出了公司所有权和控制权分离的命题，认为由于利益分歧的存在，经营者会更多地为自己考虑，追求自身利益最大化，而非所有者的利益，并将解决所有者和经营者之间的利益冲突当做公司治理的核心内容，从而开创从委托代理角度研究企业管理的先河。罗斯（Ross，1973）首次将该问题称为"委托代理"问题。委托代理问题是指由于代理人目标与委托人目标的不一致，在存在信息不对称的情况下，代理人有可能会偏离委托人的目标，而委托人难以观察并监督，而出现的代理人损害委托人利益的现象。委托代理理论的核心任务是研究在利益相冲突和信息不对称的环境下，委托人如何设计最优契约激励代理人。

詹森和麦克林（Jensen & Meckling，1976）指出，代理关系是指一种显性或隐含的契约关系，根据这种契约关系，一个行为主体指定或雇用另一些行为主体为其提供服务，与此同时授予后者一定的决策权力，并依据其提供服务的数量和质量支付相应的报酬。这种关系，实质上是一种非对称信息条件下所结成的契约关系。代理关系会产生相应的代理成本，具体包括：监督和控制代理人的成本；确保代理人作出最优决策或保持委托人由于遭受次优决策的后果而得到补偿的保证成本；不能完全控制代理人的行为而引起的剩余损失。

在证券市场上，代理问题的产生在于管理者与投资人之间的利益冲突和两者的信息不对称，管理者为了自身利益可能侵占投资人的利益。作为委托方——股东的目标是追求公司价值的最大化。公司经营的管理者，一方面作为股东的代理人，接受股东的委托，负有实现股东财富最大化的责任；另一方面也会追求个人利益的最大化。当两种利益存在冲突时，管理者掌握着内部信息，可以作出有利于自身的信息披露行为。因此，从委托代理理论的角度，股东与管理者之间的利益冲突是形成违规信息披露的主要原因，而信息不对称的客观市场环境为违规行为提供了前提条件。

在委托代理关系中，股东之间的委托代理问题逐渐成为理论界和实务界关注的焦点，由于大股东掌握公司的控制权，拥有决定公司经营管理政策的权利，而小股东虽然拥有股权，但是由于影响力不足，因此，对公司的重大经营政策往往很难影响。这样小股东的利益往往取决于大股东的选择，而二者的利益如果是一致的，就不会产生任何冲突问题，但事实上，大股东可能通过种种利益侵占行为侵害小股东的利益，从而产生股东之间的委托代理问题。在这种代理关系下，大股东为了自身利益最大化将会可能采取不利于小股东利益的行为，例如，通过资金转移、违规担保、委托理财等方式违规占用上市公司的资金，损害中小投资者的利益，而大股东为了掩盖这些违规行为，就会采用违规披露的形式隐瞒其对中小投资者的利益侵占行为。

委托代理理论为本书分析内部控制影响股价稳定提供重要的理论支撑，尤其有助于分析管理层信息操纵的中介作用。内部控制本质上是企业契约的一种实现机制和再谈机制，能够使得各利益相关者的权利得到合理配置，因而有助于管理层代理问题的解决。

2.2.2 有效市场理论

有效市场假说自20世纪60年代提出以来，经历众多学者的发展和完善，已成为金融经济学中最为重要的理论。对于有效市场的概念，法马（Fama，1970）认为如果价格充分反映了可获得信息，则市场有效。詹森（Jensen，1978）则认为，如果市场上的参与者根据给定的信息集从事交易而不能获取利润，则市场有效。麦基尔（Malkiel，1992）在总结法马和詹森观点后提出，如果在确定证券价格时市场能够充分、准确反映所有相关信息，那么该市场就是有效的。可见，有效市场假说揭示了股票价格的形成机理，或者更进一步地，为信息决定股价提供了理论基础。如果市场是有效的，那就意味着股票价格充分反映了所有可能影响其变动的信息，且这种反映是迅速的、几乎无偏的反映，因此，股票价格总能有效地回归其真实价值。有效的市场构建了一个公平的交易环境，任何参与者在这样的环境里都不能获取超出平均水平的收益。

基于股票价格对信息反映程度的不同，有效市场又可以分为三类：一是弱式有效市场，在这样的市场中股票价格只能充分反映所有历史相关信息，投资者仅依赖历史信息进行交易是不可能获取超额回报的；二是半强式有效市场，在这样的市场中股票价格除了充分反映历史相关信息外，还充分反映了一切公开的相关信息，因此，投资者要想通过股票交易获取超额回报，必须利用除历史信息和公开信息以外的相关信息；三是强式有效市场，在这样的市场中股票价格充分反映了所有可能影响其变动的信息，包括历史信息、公开信息以及其他信息（如私有信息、内幕信息等），此时任何投资者不管获取了何种信息均不可能获得超额回报。

然而，有效市场的成立是建立在三个基础假设之上的：一是投资者是理性的，均以自身利益最大化为交易原则，对股价现有信息及未来信息有相同的认识；二是市场是完全竞争的，投资者可以自由买卖，不存在交易成本；三是投资者不存在信息获取成本。显然现实股票市场与之不符，投资者不可能是完全理性的，市场也难以达到完全竞争，信息获取成本难以避免，甚至会很大。一些学者基于对某些严格假设的放宽，进一步发展了有效市场理论。格罗斯曼和斯蒂格利茨（Grossman & Stiglitz，1980）放松了获取信息不存在成本的假定，他们通过构建两期单一风险带噪声的预期模型，发现存在信息成本时，股票价格不能反映所有信息，而只能体现部分知情者的私有信息，进一步分析认为，如果股票价格反映了所有信息，将导致花费成本的知情者无法得到补偿，而如果所有投资者都不愿意花费成本获取信息，那么股票价格就很难反映公司层面信息。奥哈拉（O'Hara，

2003）继格罗斯曼和斯蒂格利茨的研究，进一步放松了市场交易不存在成本的假定，他将流动性交易成本纳入研究框架，发现当同时存在价格发现风险及交易成本时，股票价格同样不能完全反映所有相关信息。

2.2.3　信息不对称理论

信息经济学派对有效市场中信息是充分的假设提出了质疑。他们从现实资本市场中发现，资本市场参与者所获取的信息不但难以达到充分，而且信息在不同主体之间的分布也是不均匀和不对称的，这就严重影响了现实资本市场的有效运行。阿克洛夫（Akerlof，1970）最早提出了信息不对称的概念，并对之作了描述。之后的一些学者沿其思路，对信息不对称理论进行了丰富和发展。信息不对称是对信息在不同交易主体之间呈不均匀分布状态的描述。比如，公司管理层作为内部人对公司现实信息的掌握远多于外部投资者；再比如，同样是外部投资者，知情交易者所掌握的信息多于不知情交易者。信息的不对称分布使得掌握更多信息的主体能够在交易中获取更多利益，所以市场参与者愿意花费成本去获取更多相关信息，这也否定了有效市场理论中信息无成本的假设。

信息不对称可以从时间及内容上予以区分。从时间上来看，可以划分为事前和事后的信息不对称，前者是指信息不对称发生在参与者签约之前，容易产生逆向选择问题；而后者是指信息不对称发生在参与者签约之后，容易产生道德风险问题。从内容上来看，可以划分为参与者的行动或者参与者的知识引起的信息不对称，对前者问题的研究形成了隐藏行动模型，而对后者的研究则形成了隐藏知识模型。

阿克洛夫（Akerlof，1970）通过对旧车市场的分析，揭示了信息不对称导致了逆向选择，进而形成"劣币驱逐良币"的现象。这一分析过程同样适用于分析股票市场中的逆向选择问题。假设将股票市场中的上市公司划分为绩优公司和绩差公司，所有上市公司都对自己的实际情况非常清楚。但由于信息不对称，股票市场上的投资者却无法区分上市公司是绩优公司还是绩差公司，而且绩差公司有强烈动机来标榜自己是绩优公司，此时投资者只能根据自己的经验对所有上市公司的平均经营情况作出判断，那么在确定股票价格时也只能依据平均经营情况。这就导致绩优公司的股票价格被低估，而绩差公司的股票价格被高估，进而导致绩优公司不得不选择退出股票市场，这就形成了绩差公司驱逐绩优公司现象。最终的股票市场将充斥着绩差公司，股票市场的资本配置功能失效，投资者或者是对股票市场丧失信心或者是要求更高的资本回报。而道德风险则是由参与者签约之后的信息不对称引起的，在股票市场中表现为外部投资者将资本投入到上市公司之后，由于两权分离的制度及信息不对称的情况导致代理人作出不利于投资者的决策。道德风险又有两种类型，即隐藏行动的道德风险和隐藏知识的道德风险。前者是指委托人因信息不对称而无法知道代理人的行动及自然选择状态，而后者是指委托人虽可知道代理人的行动，但无法知道代理人的自然选择状态。以隐藏行动的道德风险为例，投资者虽然可以知道上市公司的经营结果，但却不知道这样的结果是管理层努力经营产生的还是其他因素造成的。因此，管理层可以借助信息不对称来隐藏行动，投资于可能有损投资者利益的高风险项目。而当外部投资者意识到这种情况时可能减少投资或者退出股票市场，这同样有损股票市场的资本配置功能。

可见，信息不对称所引致的逆向选择问题和道德风险问题均会导致股票市场资本配置功能的失效，而降低信息不对称的有效手段就是提高上市公司的信息透明度。特别是在逆向选择问题中，绩优上市公司更应当提高信息披露水平和质量，这不仅有助于向投资者传达公司良好的发展现状和前景，同时也是将自己与绩差公司区别开来的有效手段。

2.2.4　信号传递理论

为避免信息不对称所造成的逆向选择等问题，绩优上市公司应当积极努力向股票市场传递有效的信息，使外部投资者能够充分了解公司的真实情况，进而作出正确的投资决策。斯彭斯（Spence，1973）在分析信息不对称的劳动力市场时，提出优秀的应聘者应当通过有效的途径向雇主传递自己是优秀的信息，并称之为信号的传递。罗斯（Ross，1977）则将信息传递引入财务研究领域，他认为公司的资本结构可以传递一种优质信号，盈利能力强的公司更愿意向外部投资者传递负债比率状况的信息，这有助于投资者区分绩优公司和绩差公司。

信号传递理论也有助于解释上市公司在没有法规制度及监管部门强制性要求的情况自愿披露信息的动因。当上市公司的数量不断增加时，股票市场上的资本就更为稀缺，为了获取更多的股权融资，优秀的企业更应当主动出击，不断向市场传递出自己是优秀的信号，以吸引投资者的关注。这种自愿性信息披露行为有助于投资者对公司未来经营的不确定性作出准确预期，降低其投资风险，同时也减少了其要求的投资回报。这就为优秀公司采用较低的成本进行融资创造了可能。由于信号传递具有这样的功能，即使是业绩不好的公司也会尽可能地主动披露一些信息，因为沉默往往意味着坏消息，而业绩处于中等水平的公司则更需要主动披露更多的信息，以防止被外部投资者当作业绩差的公司。

2.3　研究综述

本书着重研究内部控制质量对股价稳定的影响，并考察管理层信息操纵在其中发挥的中介作用。因此，与本书相关的研究文献主要是两大方面，即内部控制质量的经济后果文献和股价稳定的影响因素文献。而在考虑管理层信息操纵导致信息不透明时，两方面的文献又可以聚焦于内部控制质量对信息透明度影响和信息透明度对股价稳定的影响。

2.3.1　内部控制质量的相关文献综述

在回顾内部控制质量经济后果的文献前，有必要回顾内部控制质量的衡量方法。此外，由于内部控制质量与信息透明度的关系是本书研究的重点，因此，在回顾内部控制质量经济后果时将其与其他方面的经济后果区别开来，着重评析。

2.3.1.1　内部控制质量的度量方法

对于内部控制质量的衡量，学术界进行了许多探索，形成了多种衡量方法。较为广泛采用的有以下几种。

（1）以是否存在内部控制缺陷衡量内部控制质量。国外学者尤其是美国学者对内部控制质量的研究主要集中在《萨班斯—奥克斯利法》（SOX-2002）颁布之后。美国学者多以企业是否按照 SEC 要求披露内部控制实质性漏洞（material weakness）作为内部控制质量的衡量标准（Ashbaugh-Skaife et al.，2008；Chan et al.，2008）。美国证监会规定企业内部控制的评价标准是，如果财务报告内部控制存在实质性缺陷，管理层就不能将财务报告内部控制评价为有效。由于美国的惩罚措施严厉、法律效力较高，因而内部控制缺陷情况的披露能够真实反映内部控制质量。基于这一标准，学者们研究了内部控制质量的影响因素（Krishnan，2005；Ashbaugh-Skaife et al.，2008）；内部控制质量的经济后果，如内部控制质量对权益资本成本的影响（Ogneva et al.，2007）、对公司治理结构改善的影响（Hoitash et al.，2009）等。但国内学者很少采用披露内部控制缺陷来度量内部控制质量。因为从我国现有内部控制信息披露情况来看，很多上市公司都是报喜不报忧，仅有很少公司披露内部控制缺陷，采用内部控制缺陷度量内部控制质量不可行。国内学者更多的是采用构建内部控制指数的方法衡量内部控制质量。

（2）以内部控制目标实现程度来构建内部控制指数衡量内部控制质量。林斌等（2014）依据中国上市公司内部控制实施情况，在将内部控制五大目标划分为基础、经营、战略三个层级的基础上，选取相应指标，同时以内部控制重要缺陷和重大缺陷进行修正，构建了目标导向的内部控制指数。此外，张先治和戴文涛（2011）、张兆国等（2011）也采用这样的方法构建内部控制指数。

（3）以内部控制要素完善情况来构建内部控制指数衡量内部控制质量。厦门大学内部控制评价课题组以内部控制五要素来构建内部控制指数，即该指数以内部环境、风险评估、控制活动、信息与沟通和内部监督作为一级指标，并进一步细化为二级、三级、四级指标，从而构建了要素导向的内部控制指数。孙光国和莫冬燕（2012）等也采用了这样的方法衡量内部控制质量。

不论是以缺陷衡量内部控制质量还是通过构建指数衡量内部控制质量，其本质上都是对企业实施内部控制情况的考察。鉴于研究环境及目的的不同，这些方法都在一定程度上为内部控制研究作出重要贡献。

2.3.1.2 内部控制质量的经济后果

纵观国内外文献，学者们主要从代理成本、资本成本及企业价值角度研究内部控制质量的经济后果。

（1）内部控制质量与代理成本。内部控制作为弥补契约不完全的控制系统，可缓解两权分离所产生的代理问题，良好的内部控制应当有助于降低股东和管理层之间的代理成本。

希利和帕勒普（Healy & Palepu, 2001）从信息不对称角度出发，分析了股东和管理层之间的代理问题，并指出内部控制质量的提升可以在很大程度上缓解股东和管理层之间的信息不对称，从而降低代理成本。布什曼和史密斯（Bushman & Smith, 2003）研究发现，内部控制质量较高的公司对管理层的监督力度较强，有助于缓解两权分离导致的信息失衡问题，从而降低代理成本。道尔等（Doyle et al., 2007）研究发现，内部控制质量高低对管理层的行为有显著影响，如果公司的内部控制质量较低，管理层就可以利用控制上的漏洞实施自利行为，从而产生代理问题。阿什博-斯凯夫等（Ashbaugh-Skaife et al., 2008）不仅研究内部控制质量对管理层自利行为的积极影响，还分析了内部控制质量可以避免公司日常经营中的失误造成的损失。

杨德明等（2009）研究发现，高质量的内部控制不仅可以降低股东和管理层之间的代理成本，还可以降低大股东和小股东之间的代理成本，但是内部控制质量对代理成本的显著作用仅存在于低审计质量的样本中。杨玉凤等（2010）通过构建内部控制信息披露指数，检验了内部控制与代理成本之间的关系，结果发现内部控制信息披露指数显著降低了隐性代理成本，但对显性代理成本没有显著作用。彭桃英和汲德雅（2014）研究发现，内部控制质量与媒体监督均有助于降低股东和管理层之间的代理成本，而且内部控制质量与媒体监督存在互补关系，两者整合治理对降低代理成本的作用效果更好。周美华等（2016）研究了内部控制在企业腐败治理中的作用，发现管理层拥有的权力是导致腐败的重要因素，而高质量的内部控制可以有效约束管理层的权力，从而减少腐败行为的发生。

（2）内部控制质量与资本成本。外部利益相关者通过关注企业内部控制实施情况作出相应决策，如果内部控制实施效果显著，则会增强外部利益相关者的信心，降低其对回报率的要求，从而降低企业的资本成本。

兰伯特等（Lambert et al.，2007）研究发现，较低的内部控制质量会导致较高的权益资本成本，因为较低的内部控制质量意味着对管理层的约束较弱，公司经营风险增加。此外，较低的内部控制质量也意味着公司财务信息的可靠性下降，提高了投资者的信息风险预期，使权益资本成本升高。金等（Kim et al.，2011b）研究了内部控制质量对债务资本成本的影响，发现当公司存在内部控制缺陷时，债权人会要求更高的利率和更为严格的贷款条款，并且当内部控制缺陷得以改善后，债权人的要求会相应降低。戈登和威尔福德（Gordon & Wilford，2012）研究了内部控制质量的改善对资本成本的影响，发现存在内部控制缺陷的公司如果不对缺陷进行修正，则资本成本较高，如果进一步修正内部控制缺陷，资本成本将相应降低。

方红星和施继坤（2011）研究发现，上市公司自愿披露内部控制鉴证信息能够发挥信号功能，显著降低权益资本成本。李晓慧和杨子萱（2013）从债务契约视角探讨了内部控制对债权人的保护作用，如果上市公司内部控制质量较高，债权人会感知到更多的保护信号，债权人会通过放宽债务契约条件、要求较低的资本成本和较长的债务期限表现出来。

（3）内部控制质量与企业价值。提高企业经营的效率和效果以及促进企业实现发展战略均是内部可控制的目标，因而有效实施内部控制应当能够实现企业价值最大化。

现有文献在考察内部控制对企业价值的影响时得出的结论并不一致。一些文献认为，内部控制质量的提升有助于企业价值目标的实现。胡楠等（Hu et al.，2013）研究了内部控制质量对企业价值的影响，发现在控制了公司治理因素和资本成本后，低质量的内部控制会导致企业市场价值显著下降。林钟高等（2007）通过要素导向构建了内部控制综合评价指数，实证研究了内部控制质量对企业价值的影响，发现完善的内部控制对提高企业价值有显著的促进作用。池国华和杨金（2013）在构建内部控制质量指数的基础上，实证研究发现高质量的内部控制能够改善公司价值创造的效果。还有一些文献发现内部控制不利于企业价值的实现，这类文献着重探讨了内部控制实施的成本与效益。一些文献发现实施内部控制所发生的成本与其带来的收益不相匹配，不利于企业价值的提升（Ribstein，2002；Krishnan et al.，2008）。

回顾内部控制质量对代理成本、资本成本及企业价值的影响可以发现，内部控制在约束管理层行为、缓解代理问题、促进信息透明度方面发挥着重要作用，这为本书后续研究信息操纵的中介作用做了铺垫。

2.3.2 内部控制质量与管理层信息操纵的文献综述

由于合理保证财务报告质量是内部控制的核心目标。因此，较多学者研究了内部控制质量对管理层信息操纵引起的财务不透明的影响，但所得结论并不一致。

从国外学者的研究来看，高质量内部控制显著提高了信息透明度。唐纳森（Donaldson，2005）认为有效的内部控制对财务报告质量的长期提高有显著作用。道尔等（Doyle et al.，2007）认为内部控制较差的上市公司可能会故意或无意地通过盈余管理来操纵应计项目，降低了财务透明度，实证研究结果也证实了存在内部控制缺陷的公司应计质量较差。陈等（Chan et al.，2008）研究发现，内部控制质量对公司盈余质量有显著影响，当公司存在内部控制缺陷时会有较多正向操控性应计。埃普斯和格思里（Epps & Guthrie，2010）研究发现，存在重大内部控制缺陷的公司，操纵性应计项目更高。吴和李（Gohn & Li，2011）研究发现，内部控制质量的改善有助于提高会计稳健性。也有学者研究发现，存在内部控制缺陷的公司与对照公司的应计质量差异不大（Hogan & Wilkins，2010）。还有学者从另一种角度分析了两类盈余管理的关系，科恩等（Cohen et al.，2008）研究发现，企业应计操纵项目在 SOX 法案实施后减少了，但是真实活动盈余管理增加了，表明 SOX 法案的实施使企业从应计盈余管理向真实盈余管理转变。贝达德等（Bedard et al.，2012）分析了内部控制缺陷的修正与盈余质量的关系，发现公司对于实质性的缺陷修正率通常较低，但是如果能够对实质性缺陷进行修正，则公司的盈余质量会显著提升。

国内学者也从不同角度研究了内部控制质量与管理层信息操纵的关系，所得结论并不一致。方红星和金玉娜（2011）研究发现，内部控制质量的提升有助于抑制会计选择盈余管理和真实活动盈余管理。程小可等（2013）以自愿披露内部控制信息衡量内部控制质量，发现自愿披露内控信息的上市公司真实活动盈余管理程度较低。刘启亮等（2013）研究发现，会计信息质量随着内部控制质量的改善而不断提升，但是在高管权力较为集中时，内部控制质量提升会计信息质量的作用不再显著。方红星和张志平（2012）研究发现，较高的内部控制质量能够限制管理层的机会主义行为，有助于增加对坏消息的及时识别和确认，从而增强了会计稳健性。孙光国和杨金凤（2013）研究发现，高质量的内部控制能够有效制约管理层的盈余信息操纵行为，促进会计信息可靠、及时地确认与计量，显著提升上市公司信息透明度。也有学者发现，内部控制质量对信息透明度的影响不显著。张国清（2008）基于中国 A 股上市公司数据的研究发现，高质量的内部控制并未伴随高质量的盈余，内部控制质量得到改善并没有伴随盈余质量的提升，作者认为这是公司内在特征和治理因素影响所致。齐保垒等（2010）研究发现，内部控制质量对会计稳健性和应计质量均有显著影响，但是对盈余价值相关性的提高没有显著作用。范经华等（2013）研究发现，高质量的内部控制虽然有助于抑制上市公司的应计盈余管理行为，但对真实盈余管理行为的抑制作用不显著。

由于内部控制质量的衡量方法不同，学者从多个角度研究了内部控制质量对管理层信息操纵引起的财务不透明的影响，总体上得出了内部控制有助于提升上市公司信息透明度的结论，这为本书后续研究其对股价稳定的影响做了铺垫。

2.3.3 股价稳定影响因素的文献综述

如前所述，本书对股价稳定的考察主要从股价泡沫、股价崩盘风险及股价信息含量三个方面进行分析，因而在回顾相关文献时也是从这三方面展开的，具体包括股价泡沫的衡量方法及影响因素文献、股价崩盘风险的衡量方法及影响因素文献和股价信息含量的衡量方法及影响因素文献。

2.3.3.1 股价泡沫的相关文献综述

股价泡沫是股票实际价格对内在价值系统性、持续性的向上偏差（陈国进等，2009）。学术界对如何检验股价泡沫还未形成一致看法，从已有文献来看，可简单划分为直接检验法和间接检验法。前者通过直接设定一个泡沫过程来检验泡沫的存在，如马尔科夫区制转移模型（Hamilton，1989；Hall et al.，1999）、VNS 模型（Van Norden S，1996）、三区制模型（Evans，1991；陈国进和颜诚，2013）等。后者不需设定泡沫的具体过程，借助单位根和协整检验方法从股价的分布特征来检验泡沫（Diba & Grossman，1988；潘国陵，2000；张兵和徐炜，2003；Phillips et al.，2011）。此外，还有学者采用动态剩余收益估值模型估计股票的真实价值，并用股票的市场价值与真实价值比较的方式衡量股价泡沫（陈国进等，2009；徐浩峰和朱松，2012）。这种衡量方法可以计算出单只股票的泡沫情况，因而在多公司分析时存在优势。

由于各类检验方法在具体设定上的差异，对股价泡沫的考察结果也不尽相同。针对我国股市的研究发现，卖空约束以及投资者的异质信念、过度自信、羊群行为、通胀幻觉等均是引起股价泡沫的重要原因。彭惠（2000）研究认为，信息不对称、羊群行为会导致泡沫的产生。周春生和杨云红（2002）分析了中国证券市场存在理性泡沫的原因，包括政府托市、缺乏卖空机制及有效的套利机制、上市公司很少分红、投资者买卖股票只为获取差价等六种情况。陈国进等（2009）以实际价格偏离真实价值衡量股价泡沫，并分析检验了再售期权和通胀幻觉对股价泡沫的影响，结果表明再售期权和通胀幻觉对股价泡沫均有显著影响，且再售期权对股价泡沫的解释作用更强。徐浩峰和朱松（2012）同样采用股票市场价格对真实价值的偏离衡量股价泡沫，实证研究发现，机构投资者的交易具有"投机"特征，这是导致股票价格偏离内在价值进而引起股价泡沫的重要原因。徐寿福和徐龙炳（2015）研究发现，股票实际价格对真实价值的偏离程度与信息披露质量显著负相关，即高质量的信息披露有助于降低市值高估公司的股价泡沫，修正资本市场的估值偏误。徐长生和马克（2017）研究发现，牛市中融资交易规模的扩大是融资融券标的股票价格高估的重要原因。

2.3.3.2　股价崩盘风险的相关文献综述

自股票市场出现股价崩盘现象以来，不少学者对其进行了深入研究，并产生了多种理论解释。早期学者主要从市场整体对崩盘现象进行分析。基于完全信息和理性预期假设，"财务杠杆效应假说"和"波动率反馈假说"从不同角度解释了股票价格波动的非对称性，即解释了股价波动为什么更多地表现为下跌而不是上涨。但这两种学说对股市崩盘的传染性特征不能给出合理解释。基于不完全信息和理性预期假设，也形成两种观点：一是认为知情交易者私人信息的集中释放是导致崩盘的重要原因；二是认为崩盘是那些对资产基本价值不确定的非知情交易者推动的结果。放松理性经济人假设，行为金融学派从异质信念和投资者情绪角度对股市崩盘现象进行了解释，他们认为投资者情绪的突然变化（指从过度乐观突然转变为过度悲观）是导致崩盘的重要原因。异质信念假说认为市场在卖空限制情况下积累的过多悲观预期集中释放也会导致崩盘。不同于早期学者对市场整体层面的分析，一些学者开始关注个股层面的崩盘现象。金和迈尔斯（Jin & Myers，2006）基于委托代理理论，分析了管理层在信息披露中隐藏坏消息进而导致股价崩盘的现象，形成了管理层捂盘假说。该假说是后续学者从公司层面研究股价崩盘影响因素的理论基础。

关于公司层面的股价崩盘风险的衡量方法，陈等（Chen et al.，2001）作了开创性贡献，他们分别采用负收益偏态系数（NCSKEW）和收益上下波动比率（DUVOL）衡量个股层面的股价崩盘风险。上述的负收益偏态系数，是用股票日报酬率的三阶矩除以股票日报酬率的标准差的三次方再乘以 −1 表示。其中，乘以 −1 可以使负收益偏态系数为正向指标，与股价崩盘风险的含义同向；除以股票日报酬率的标准差的三次方是为了控制股票波动性差异的影响。收益上下波动比率也是衡量股价崩盘风险的方法，由于它不需进行三次方的运算，可以克服负收益偏态系数在三次方运算时对个别极端收益率放大的影响。

后续学者也对陈等（Chen et al.，2001）的衡量作了一些改进和补充。金和迈尔斯（Jin & Myers，2006）除了使用上述两个指标外，还通过设置哑变量的方法考察股价崩盘风险，即当公司在某年内至少经历过一次股价崩盘，设置为 1，否则为 0。赫顿等（Hutton et al.，2009）还在原模型中加入了市场回报率及其相应的超前和滞后项，以剔除市场因素和股价同步性的影响。

基于金和迈尔斯（Jin & Myers，2006）的管理层捂盘假说和陈等（Chen et al.，2001）的衡量方法，学者们从不同角度研究了股价崩盘风险的影响因素。一些学者从管理层捂盘的动机展开研究。金等（Kim et al.，2011a）研究发现，管理层出于自利目的通过复杂难懂的避税行为，对投资者隐瞒公司的负面信息，增加了股价崩盘风险。金等（Kim et al.，2011b）研究发现，由于期权激励使得股价与管理层个人利益密切相关，因而管理层难以接受股价的下跌，所以对于公司的负面信息，管理层通常都是隐瞒不予披露的，久而久之的累积必然会增加股价崩盘风险。许年行等（Xu et al.，2014）研究发现，企业管理层为了维持超额福利，对公司的负面信息有动机进行隐瞒，从而增加了股价崩盘风险。

而更多的学者对如何约束管理层的捂盘行为，进而降低股价崩盘风险进行了研究。他们发现会计稳健性、大股东持股、债务诉讼、媒体治理及外部审计均有助于抑制管理层选择性信息披露行为引发的股价崩盘风险。王化成等（2015）研究发现，大股东持股比例的上升，使其更有动力去监督管理层，抑制管理层隐瞒负面信息的行为，从而降低股价崩盘风险。李小荣等（2014）研究认为，债务契约有助于监督和约束管理层，提高信息透明度，增强会计稳健性，减少坏消息的累积程度，从而降低股价崩盘风险。罗进辉和杜兴强（2014）分析认为，新闻媒体对上市公司的深度调查和追踪报道有效缩减了管理层信息操纵的空间，且引起的公众舆论压力也减少了管理层的信息管理行为，从而有助于降低股价崩盘风险。王冲和谢雅璐（2013）研究认为，会计稳健性可以使坏消息更及时地反映到盈余中，有助于遏制管理层隐藏坏消息的行为，避免坏消息在企业内积累，从而降低股价崩盘风险。江轩宇和伊志宏（2013）研究认为，会计师事务所行业专长有助于注册会计师在审计过程中发现管理层通过信息操纵隐瞒负面信息的机会主义行为，注册会计师可以要求管理层进行披露或更正，甚至可以在审计报告中指出，因而有助于降低管理层对坏消息的隐藏，降低股价崩盘风险。

信息透明度对股价崩盘风险的显著影响也得到了众多学者的支持。金和迈尔斯（Jin & Myers，2006）以及赫顿等（Hutton et al.，2009）均通过实证分析检验了信息透明度对股价崩盘风险影响，有所不同的是前者将公司信息透明度简化为市场透明度，进行了跨国比较研究；而后者直接以一国上市公司为研究对象，从应计盈余管理角度证实了信息透明度对股价崩盘风险的显著影响。国内学者潘越等（2011）研究认为，管理层通常会利用会计应计制和会计政策选择弹性进行盈余管理，从而囤积大量的负面信息，因此盈余管理造成的信息不透明将会导致股价崩盘风险增加。施先旺等（2014）研究也发现，管理层采用盈余管理手段隐瞒坏消息时，会降低会计信息质量，从而增加了股价崩盘风险。杨棉之和刘洋（2016）通过实证分析也表明，盈余质量越高，股价崩盘风险越低。

2.3.3.3　股价信息含量的相关文献综述

罗尔（Roll，1988）在分析资本资产定价模型解释力下降时提出了两个可能的原因，一是公司特质信息融入股价，二是噪声交易。杜尔涅夫等（Durnev et al.，2003）则在莫克等（Morck et al.，2000）基于 R^2 提出股价同步性概念后，实证检验发现股价同步性较低的公司股票回报对未来盈利的预测能力更强，从而表明低 R^2 主要是由公司特质信息融入股价所致[8]，即股价信息含量与股价同步性应当显著负相关。至此，从股价非同步性的角度间接衡量股价信息含量的做法被广泛采用。

一些学者基于股价非同步性方法研究了股价信息含量的影响因素。莫克等（Morck et al.，2000）采用股价同步性指标进行了跨国研究，发现发达国家的股价信息含量普遍高于欠发达国家，进一步研究发现，这种差距与各国对投资者产权保护的程度不同有关。金融体制发达、法律制度健全的国家，较好地保护了投资者的产权，从而促使投资者更有动力去挖掘与公司基本价值相关的特质信息，并通过交易方式实现这些信息向股票价格融入，进而提升了股价信息含量；而产权保护环境较差的国家，信息的获取成本更高，降低了投资者收集私有信息的意愿，投资者通常只能以市场平均收益对公司价值作出评估，这就导致了较高的股价同步性，也即公司层面信息难以融入股票价格，股价信息含量较低。李等（Li et al.，2004）进一步研究发现，一国或地区的司法质量及市场开发程度也是影响股价信息含量的重要因素，即法律环境好、资本市场开放的国家及地区股价信息含量较高。奥特洛斯基和罗尔斯登（Piotroski & Roulstone，2004）则考察了三类知情交易者对股价信息含量的影响，研究认为证券分析师更善于获取宏观市场及行业层面信息，因而它与股价信息含量负相关；而机构投资者及内部人则在获取与公司价值相关的特质信息方面有优势，因而他们与股价信息含量正相关。布罗克曼和严（Brockman & Yan，2009）则从股权结构角度研究发现，持股大股东与股价同步性显著负相关，而与信息交易概率显著正相关，认为持股大股东在信息获取及信息解读上有优势，因而有助于公司层面特质信息融入股价。

金和迈尔斯（Jin & Myers，2006）较早分析了公司层面信息对股价信息含量的影响。他们研究发现信息透明度的不同是引起各国股价同步性差异的主要因素，当信息透明度较低时，公司外部信息使用者无法像内部管理层那样获取更多的公司特质信息，只能以市场平均收益对公司价值作出评估，导致公司特质信息难以融入股价，造成股价信息含量的降低和股价同步性的上升。不同于金和迈尔斯（Jin & Myers，2006）的国别研究，哈格德等（Haggard et al.，2008）及赫顿等（Hutton et al.，2009）均从公司微观层面展开研究，前者从公司自愿性信息披露角度证实了信息透明度与股价信息含量显著正相关；后者则从盈余管理角度证实了信息不透明与股价同步性显著正相关。纵观国内文献，不少学者以中国上市公司为研究对象，借助股价同步性模型，从盈余管理角度证实了会计信息透明度与股价信息含量显著正相关，如游家兴等（2007）、陆瑶和沈小力（2011）等。

然而，同样是采用股价非同步性指标，一些学者在研究公司层面信息与股价信息含量的关系时却得出了截然相反的结论。特奥等（Teoh et al.，2006）通过检验会计异象发现，股价同步性较低的公司，其会计异象更加显著，进一步研究表明股价同步性与会计信息质量显著正相关。达斯古普塔等（Dasgupta et al.，2010）认为，提升信息透明度有助于增加股票价格的信息含量。然而，研究结果却发现股价同步性也随之提高了，他们认为噪声是干扰因素，因为信息不透明的公司，股价噪声往往较大，个股波动的不确定性较强，从而降低了股价同步性。国内也不乏得出相反结论的文献。王亚平等（2009）基于中国股市噪声较多的现实分析了信息透明度应当与股价同步性正相关，并借助盈余管理指标证实了这样的分析。金智（2010）则借助私有信息交易理论分析并通过经验研究证实了会计信息质量与股价同步性正相关的关系。

上述文献在采用同样的模型研究公司层面信息与股价信息含量关系时得出了矛盾的结论，不得不使人质疑主流所采用的股价非同步性模型在衡量股价信息含量时的可靠性。由于一些文献在得出相反结论时推测噪声是重要的干扰因素，这是否意味着支持罗尔（Roll，1988）的第二种观点呢？或者如王亚平等（2009）在开篇提到的，在噪声较多的股票市场信息透明度与股价同步性正相关，而在噪声较少的股票市场反之。不难发现，大多得到相反结论的文献多是基于噪声较多的新兴市场，而杜尔涅夫等（Durnev et al.，2003）、金和迈尔斯（Jin & Myers，2006）等的研究则是基于美国等成熟市场。可是依然存在依据中国这样噪声较多的新兴市场的研究支持信息论的，如游家兴等（2007）、陆瑶和沈小力（2011）等。况且，同样是成熟市场国家，阿什博 - 斯凯夫等（Ashbaugh-Skaife et al.，2008）对英美等六国的研究指出，股价非同步性与股价信息含量不存在一致的对应关系。先不论噪声论是否正确，至少信息论无法立足，一些学者给出了经验证据。李和刘（Lee & Liu，2011）研究发现，股价非同步性与以信息交易概率等六个指标衡量的股价信息含量间不存在显著的单调关系，而是显著的 U 形关系。林忠国等（2012）基于中国股票市场研究发现，股价非同步性与构造的信息指标及噪声指标均存在显著的 U 形关系，从而继李和刘（Lee & Liu，2011）后给出了新兴市场的证据。

可见，从股价非同步性角度来衡量股价信息含量并不合适，那么基于非同步性指标研究的信息透明度与股价信息含量的关系就有待选取新的指标来考证。黄政（2014）在通读国内外相关文献时发现，除了股价波动非同步性指标外，未来获利反应系数、信息交易概率以及信息交易度等指标也是衡量股价信息含量的常用指标。他还指出股价波动非同步性方法虽然能够通过回归来排除系统性信息的影响，但却无法排除噪声的干扰，因此只适合资本市场有效、噪声很小的情况。未来获利反应系数首先由柯林斯等（Collins et al.，1994）提出，后经杜尔涅夫等（Durnev et al.，2003）发展而得到广泛运用，由于该方法直接依据盈余信息来度量，有失全面性；而且不同公司在计算盈余过程中存在差异，这就不利于公司间的比较。信息交易概率模型最早由伊斯利等（Easley et al.，1996，1997）提出，后来费雷拉等（Ferreira et al.，2011）以及李和刘（Lee & Liu，2011）等借助该模型衡量了股价信息含量。信息交易度指标是建立在略伦特等（Llorente et al.，2002）构建的股票收益率与换手率动态模型基础之上的，后来费尔南德斯和费雷拉（Fernandes & Ferreira，2008）以及弗雷萨尔（Frésard，2012）采用该模型中交叉项的系数来衡量股价信息含量。信息交易概率及信息交易度指标均是通过直接考察知情交易程度的方式来衡量股价信息含量，与股价信息含量的内涵更为接近（知情信息交易程度越高，与公司基本价值相关的信息被更多的纳入股价），因而具备合理性。但信息交易概率模型的假设过于严格，部分假设与现实情况不符，且一些规模较大、活跃程度较高的股票难以估计出 PIN 值，这些不足限制了它的使用。此外，建立在做市商交易制度下的信息交易概率模型是否适用于基于指令驱动的中国股市还有待验证。因此，信息交易度指标更合适衡量股价信息含量。

2.3.4　内部控制影响股价稳定的文献综述

现有文献主要从内部控制信息披露角度分析了内部控制对资本市场的作用。哈默斯利等（Hammersley et al.，2008）研究发现，披露内部控制缺陷的公司存在负向的累积异常收益，表明内部控制缺陷信息具有信息含量，会对资本市场产生影响。金和朴（Kim & Park，2009）发现，内部控制缺陷信息的披露向投资者传递了增量信息，减少了市场的不确定性，降低了股票异常损失。国内学者也做了相关的研究，但是所采用的方法或者研究的角度有所不同。陈共荣和刘燕（2007）分别通过超额收益法和多元回归法考察了内部控制信息披露的市场反应，两类方法的结果均支持，详细披露内部控制信息的上市公司累积超额收益率更高。邱冬阳等（2010）通过分析 IPO 公司内部控制信息披露状况，发现内部控制信息披露有显著的正向市场反应。杨清香等（2012）研究内部控制信息披露的市场反应发现，披露内部控制有效会引起股价上涨，而披露内部控制存在缺陷则会引起股价下跌；详细披露内部控制信息会引起股价上涨，而简单披露则不一定。也有学者得出不一样的结论，如于忠泊和田高良（2009）研究认为，股票市场对内部控制信息披露也许是有反应的，但是在多元回归分析中，没有发现内部控制信息披露对异常收益有显著影响。

一些学者不局限于简单的市场反应，还研究内部控制信息披露对股价波动程度、股票流动性等方面带来的影响。黄寿昌等（2010）研究发现，自愿披露内部控制信息的上市公司，股票交易更为活跃，股价波动也更低。宋淑琴和张艳（2015）采用熵权法考察了内部控制信息披露质量，并通过实证研究发现，内部控制信息披露质量越高，股票风险越低，股票流动性越高。林钟高和胡苏华（2015）研究表明，内部控制在抑制股价同步性方面具有明显的治理作用。徐飞和薛金霞（2021）研究发现，上市公司发布内部控制评价报告，特别是内部控制无缺陷的评价报告时，未来股价崩盘风险反而会显著增加。

上述文献回顾表明，从资本市场角度研究了内部控制的经济后果的文献，着重是对内部控制信息披露的考察，而对内部控制质量的分析还相当缺乏。

综上所述，众多文献研究了内部控制对信息透明度的影响，但从制约管理层信息操纵行为角度展开分析的文献还比较少见；尽管少量文献发现内部控制信息披露存在显著的市场反应，但对内部控制整体质量的市场作用还缺乏研究。而在股价特征方面，大多从卖空限制、投资者异质信念等市场因素进行研究，较少分析管理层信息操纵造成的负面影响，更没有充分挖掘内部控制应当发挥的积极作用。本书研究内部控制对股价稳定的影响，希望能够对现有研究进行补充和完善，并对稳定资本市场提供有益建议。

第 3 章

理论框架的构建及实证研究的总体设计

3.1 理论框架的构建

3.1.1 公司信息与股票价格

关于信息和价格的关系，哈耶克（Hayek，1945）较早做了详细分析，他认为价格是归集、处理信息的机制，商品的价格越具弹性，意味着其承载和传递的信息量越多，进而引导资源配置的效率也就更高。而在股票市场上，传统的金融理论学者认为信息决定股票价格。法马（Fama，1970）总结并提出的有效市场假说为信息决定股价提供了理论基础。该假说认为，当股票市场有效时，股票价格可以充分迅速甚至以无偏的方式反映一切可能影响其变动的信息，股票价格总能有效地回归其真实价值。根据有效市场假说的内涵，与公司基本价值相关的信息是影响股价变化的最为关键的信息，这也正是传统金融学利用公司未来现金流贴现模型估算股票价格的依据。可见，公司层面信息决定了股票价格。

然而，行为金融学者认为，市场并非有效，除公司价值信息外，其他与公司价值信息无关的因素也是影响股价波动的重要变量。非理性行为学派的代表人韦斯特（West，1988）研究发现，股票市场中诸多的非理性行为（如投资者因心里恐慌或狂热所引发的从众、追涨杀跌等），会导致与公司价值信息无关的噪声和泡沫融入股价。因此，仅从公司层面信息来解释股价波动还不够全面。此外，坎贝尔和莱陶（Campbell & Lettau，1999）认为，早期金融学者忽视了行业和市场信息对股价的影响，他们通过实证研究发现，公司层面信息、行业层面信息以及市场层面信息均对股价的波动产生影响，且公司层面信息对股价波动的影响显著高于行业和市场层面信息。上述研究虽然表明，公司信息不是影响股价波动的唯一因素，但并不否认它在股价波动中发挥关键作用。道和戈顿（Dow & Gorton，1997）指出，股票市场要想充分发挥资本配置的作用，就需要股价承载和传递更多的公司层面信息，这离不开股市参与者对公司层面信息的深入研究和挖掘，并将之融入股价。可见，公司层面信息应当是影响股价波动最为关键的因素。

会计信息作为公司层面对外提供的最为重要的信息，其对股价的作用机制得到学者们的广泛探究，并形成了两种观点，即信息观和计量观。信息观认为会计信息是股市参与者有效估计股票期望收益和风险进而作出正确决策的关键。计量观是指采用计量方法揭示会计信息与股价的关系，即根据会计信息采用剩余收益模型估计股票的内在价值。这两种观点都揭示了会计信息影响股价的作用机制。不同之处在于，前者重在分析会计信息与股票实际价格的关系；而后者则研究会计信息与股票内在价值的关系，通过对比实际价格与内在价值的差异可以考察股票现实价格的合理性。

综上所述，虽然非理性因素、行业及市场信息也会影响股票价格，但公司信息始终是决定股票价格的基本因素，而其中会计信息对股价的作用机制是学者们持续研究的重点。

3.1.2　管理层信息操纵与股价稳定

如前所述，股价稳定并不是指股票价格不发生变化，而是指股票的实际价格与内在价值保持一致。因此，股票的实际价格随着内在价值的变化而波动，也是股价稳定表现，如果股票的实际价格脱离了内在价值即可视为股价不稳定。根据前文对股价稳定内涵的分析，暴涨暴跌是股价不稳定的外在表现，而信息含量低是股价不稳定的内在原因。本书将从股价泡沫、股价崩盘风险以及股价信息含量三个方面揭示股价稳定的内在规律。

由于公司层面信息是影响股票价格的关键因素，这就意味着股票价格的变化与公司层面信息有很强的关联性。因此，从公司层面信息分析股价泡沫、股价崩盘风险以及股价信息含量的形成机理就显得十分必要。如果公司层面信息没有问题，是及时、透明、可靠的，那么由此产生的股票实际价格应当与其内在价值相吻合，也即股价趋于稳定；而如果公司层面信息存在问题，那么就会引起股价大幅波动，表现为股价信息含量低、暴涨暴跌风险大。

3.1.2.1　公司信息与管理层信息操纵

公司层面信息从其产生到引起股价发生变化可以划分为四个阶段，即信息的内部生产阶段、信息对外披露阶段、信息在资本市场中的传递阶段以及信息被投资者理解并运用的阶段。四个阶段中任何一个阶段出现问题都可能导致信息的扭曲进而影响股价的真实性。以公司层面最为核心的信息——会计信息为例，在信息的生产阶段，会计信息主要由企业的财会人员完成，而这些财会人员通常都是具备职业胜任能力的，若能切实按照会计准则及有关会计规章制度的要求生成会计信息，则在生产阶段出现信息扭曲的概率就比较小；然而，从诸多现实案例来看，财会人员虽具备相应技能，但难以排除公司管理层的强行干预，造成生产阶段的信息扭曲。信息对外披露阶段是指管理层将公司层面信息向资本市场披露的阶段。信息对外披露有助于解决两权分离所导致的信息不对称问题，从而降低代理成本。由于信息披露主体是管理层，其很可能为实现自身利益而不向资本市场披露真实的公司信息，因而这一阶段的公司信息最容易受到管理层的扭曲。信息在资本市场中的传递阶段，是指各类传播媒介、市场分析师等对公司层面信息进行筛选、解读及加工的过程，传递阶段受信息中介的影响较大，也可能产生信息的扭曲。在信息被投资者理解并运用的阶段，如果投资者对公司层面信息的理解与实际情况存在较大偏差，就容易作出错误的决策，而这与投资者自身的知识水平及所处环境有关。上述四个阶段中，虽然后两个阶段也会造成信息的扭曲，但前两个阶段更具源头性和危害性。根据委托代理理论，作为代理人的管理层更有动机制造信息的不对称以从中获利。而信息的生产阶段和对外披露阶段，则是管理层操纵公司信息最为便捷的环节。

管理层在信息生产和披露过程中违背真实情况的干预行为，我们通常称为管理层的信息操纵行为。那么，管理层为什么要进行信息操纵呢？主要存在以下几个方面的动机。一是政治动机。由于公司业绩是考察管理层工作能力的核心指标，也是评价管理层能否晋升或保持职务的依据，因此，管理层有政治动机进行信息操纵，以应对股东对公司业绩的考察。二是小团体利益动机。由于企业职工的待遇也与业绩挂钩，管理层为小团体利益也有信息操纵动机。三是取得贷款动机。企业的经营业绩、财务状况和现金流情况均是债权人进行贷款的评价依据，管理层为了能够获取贷款，有动机操纵信息，编制满足要求的报表。四是取得权益融资动机。管理层通过信息操纵，粉饰财务报表，使公司达到增发配股的条件，获得再融资机会。五是避税动机。管理层通过信息操纵改变账面利润，从而实现对应纳税额的调整，最终达到避税的目的。六是保壳动机。当公司出现财务困境时，管理层为避免公司被特别处理，采取信息操纵的方式保住壳资源。七是操纵股价动机。一方面有些管理层直接持有股份，另一方面为满足股东或"庄家"需求，管理层通过信息操纵的方式披露"利好消息"。

3.1.2.2 管理层信息操纵方式与股价波动

上市公司管理层出于自利等动机可能实施信息披露管理。管理层对信息披露的内容扭曲以及时机选择均会降低信息透明度，影响投资者的决策，进而导致股票价格背离内在价值。管理层不同的信息操纵方式所导致的股价波动情况也不同。

（1）管理层操纵好消息与股价泡沫。管理层在信息披露中操纵好消息是导致股价泡沫的重要原因之一。一方面，管理层出于自利动机制造并披露好消息会导致股价泡沫。如管理层通过盈余激进或盈余平滑的处理方式，不断向资本市场传递公司前景乐观的信息，营造业绩稳定繁荣的假象，容易导致股价泡沫（谢雅璐，2016；涂建明，2009）。管理层对盈余的激进处理就是加快确认收入、延迟确认损失，这必然导致财务报表中收入和利润的增加。而外部投资者接收到这一好消息时，也会对投资决策作出改变，乐观的投资者会继续持有或者作出购入决策，而悲观投资者也会放弃卖出或者进一步购入，这就促使股价上涨。管理层对盈余的平滑处理就是隐藏公司业绩的波动，平滑真实收益的变化，向投资者传递公司业绩稳定的假象。投资者面对这样一个好消息依然会作出利好的决策，促进股价上扬。另一方面，管理层也会隐瞒利好信息以维持股价泡沫。基于意见分歧理论及信息不对称理论，陆蓉和潘宏（2012）研究表明，管理层为进行市值管理，在投资者意见分歧较大时倾向于隐瞒利好的业绩信息以维持甚至促进股价高估。管理层进行市值管理就是希望实现股价最大化。意见分歧理论认为，在卖空约束下，如果投资者对公司业绩情况了解不多就会产生分歧，并且这种分歧会导致股价被高估；而当投资者对公司深入了解后，分歧就会相应减少，股价高估也会逐渐减弱。因此，即使是实现盈利的好消息，管理层也不将其披露出来，避免投资者对公司的深入了解，保持他们的意见分歧，继续维持股价高估的状态。通过上述两方面的分析可知，管理层通过盈余管理及信息披露决策来操纵好消息是产生股价泡沫的重要原因。

（2）管理层隐藏坏消息与股价崩盘。管理层在信息披露中的捂盘行为会导致股价崩盘。金和迈尔斯（Jin & Myers，2006）在分析股价崩盘现象时，不同于以往学者仅限于资本市场，而是从公司层面出发，研究管理层隐藏坏消息在股价崩盘中的作用机制，从而形成了管理层捂盘假说。他们研究发现，公司管理层为实现自利动机，通常在信息披露中报喜不报忧，推迟披露或刻意隐瞒负面信息；但随着时间的推移，当不断积累的负面信息超过公司最大承载能力时，突然集中的释放势必对股价造成巨大的负面冲击并最终崩盘。因此，除市场因素外，管理层捂盘动机的强度以及在信息披露中隐瞒坏消息的程度也是引发股价崩盘风险的重要原因。

一方面，两权分离产生了代理问题。作为代理人的管理层并不总是站在委托人股东角度进行决策，管理层往往有很强的自利动机，追求高额薪酬、扩大在职消费、构建企业帝国等自利行为均会引起严重的代理问题。因此，代理成本越高，通常意味着管理层的自利动机越强，进而引发股价崩盘风险的概率就越大（陈翔宇和万鹏，2016）。另一方面，稳健性较低的环境，助长了管理层的捂盘行为，容易引发股价崩盘（王冲和谢雅璐，2013）。而及时、准确的信息披露有助于降低管理层隐瞒坏消息的程度，从而降低股价崩盘风险（叶颖玫，2016）。如果信息披露质量较高，意味着管理层在信息披露过程中受到监督，难以隐藏公司的负面信息，那么通过捂盘造成股价崩盘的概率就非常低。通过上述分析可知，管理层对坏消息的隐藏会导致股价崩盘，但若能够降低代理成本、提升会计稳健性及信息披露及时性，将有助于遏制管理层的捂盘行为。

（3）管理层信息操纵与股价信息含量。研究管理层操纵好消息和坏消息的行为，主要是考察股价不稳定的极端表现，而对股价信息含量的研究，则能够揭示管理层信息操纵影响股价稳定的一般规律。管理层的信息操纵行为，不论是对好消息的操纵还是对坏消息的隐藏，均降低了股价信息含量。管理层通过盈余管理、信息披露等手段实施的信息操纵行为降低了公司信息透明度。而外部投资者在不透明的信息环境中更难以获取和理解公司特质信息，只能对企业价值进行平均估计，这就抑制了特质信息融入股价，降低了股价信息含量；但如果管理层不进行信息操纵，则高质量的信息披露有助于促使投资者在股票交易中融入更多的公司特质信息，进而提高股价信息含量。管理层的盈余管理方式主要有两种，即应计盈余管理和真实盈余管理。应计盈余管理是企业管理层在不违背会计准则或相关规定的情况下，通过会计方法选择或会计估计变更对盈余在不同会计期间的人为规划与调整。公司管理层进行应计盈余管理会误导投资者对公司业绩的理解，从而使其作出不正确的投资决策。真实盈余管理是管理层通过安排真实交易直接影响现金流的盈余管理行为，这种被安排的真实交易通常与正常的经营决策相背离，会对公司未来业绩造成严重的负面影响。但是，外部投资者却不能辨别这样的交易，依然会作出与报表相符的正常决策。可见，不管是应计盈余管理还是真实盈余管理均会造成信息不透明，致使投资者作出错误决策，降低了股价信息含量。因此，通过上述分析可知，管理层的信息操纵行为会降低股价信息含量。

综上所述，管理层对信息的操纵会导致股价泡沫和股价崩盘，且会降低股价信息含量，因而它是影响股价不稳定的重要因素。

3.1.3　内部控制与管理层信息操纵

内部控制制度是使企业行为符合法律法规、确保财务报告准确可靠并最终促使经营效率效果提升的制度安排。内部控制也被公认为是一种有效的权力约束机制（周美华等，2016），内部控制的实施有效约束了管理层的自利行为（卢锐等，2011）。

内部控制作为权力制衡的基本措施（杨雄胜，2005），应当能够有效制约管理层的信息操纵行为（杨德明等，2009）。内部控制在抑制盈余管理及提升信息披露可靠性方面的显著作用得到了学者们的广泛证实（方红星和金玉娜，2011；范经华等，2013；曹建新等，2011）。因此，提高内部控制质量有助于约束管理层对好消息的操纵。

内部控制所包含的监督激励机制能够有效限制管理层对剩余控制权的滥用，在降低代理成本、提升会计稳健性及信息披露及时性方面发挥了显著作用（杨德明等，2009；彭桃英等，2014；曹建新等，2011）。因此，提高内部控制质量有助于减少管理层对坏消息的隐藏。

内部控制是保证信息透明、可靠的关键因素，从内部牵制到风险管理整合框架，内部控制的内涵和外延虽然在不断拓展，但增强财务报告的可靠性一直是监管机构设计内控框架以及企业实施内控制度的主要目标（王晶等，2015）。证券市场监管者更是希望通过完善企业内部控制来减少管理层的信息操纵行为，发挥公司特质信息在股市定价中的功能（魏明海等，2007）。因此，提高内部控制质量有助于制约管理层的信息操纵行为。

3.1.4　内部控制影响股价稳定的作用机制

从上文的分析可知，对股价稳定的研究可以分别从股价泡沫、股价崩盘和股价信息含量角度进行分析，而这些与管理层的信息操纵行为有很大关联。具体来说，管理层对信息的操纵会导致股价泡沫、引起股价崩盘以及降低股价信息含量。而内部控制对管理层的信息操纵行为有较强的约束作用。

基于上述分析，可以提出内部控制影响股价稳定的三条途径：高质量的内部控制可以通过抑制激进或平滑的盈余处理行为来约束管理层对好消息的操纵，从而减少股价泡沫；可以通过降低代理成本、提升信息披露质量来减少管理层对坏消息的隐藏，从而降低股价崩盘风险；可以通过抑制应计及真实盈余管理来制约管理层的信息操纵行为，从而提升股价信息含量。

管理层对好消息的操纵所产生的股价泡沫以及对坏消息的隐藏所引发的股价崩盘均是股价不稳定的极端表现；而管理层的任何信息操纵行为均会导致股价信息含量降低，这是股价不稳定的内在原因。这可以很好地揭示股价不稳定的内在规律。

3.1.5 外部监管与内部控制在影响股价稳定中的相互作用

公司外部治理机制也有助于抑制管理层的信息操纵行为，进而影响股价稳定。由于外部治理机制众多，我们主要关注经常性的外部监管机制，包括中介机构监管（如注册会计师审计）、自律性组织监管（如证券交易所监管）以及政府监管（如证监会监管）。注册会计师作为独立的第三方对上市公司财务等信息进行审计，有助于降低管理层信息操纵引起的信息不对称。交易所作为自律组织可以对上市公司信息披露情况进行事前问询或事后审查，对发现的问题有权给予纪律处分或采取其他监管措施。证监会作为我国政府监管证券市场的最高主管机构，对发现的信息披露违规问题拥有行政处罚权。我们将这三类外部监管机制引入内部控制影响股价稳定的基本框架，检验各类外部监管机制与内部控制在抑制管理层信息操纵进而影响股价稳定中的交互作用，有助于探索内外部治理机制的交互治理效果。

综上所述，本书构建了内部控制、管理层信息操纵影响股价稳定的作用机制（如图 3 - 1 所示），为后续实证研究提供理论基础。

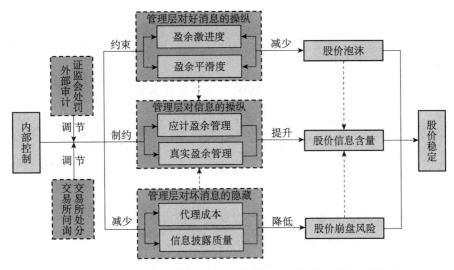

图 3-1　内部控制、管理层信息操纵影响股价稳定的内在机制

3.2　实证研究的总体设计

3.2.1　研究变量的数据获取途径

本书基于中国股票市场研究股价稳定问题，主要数据均来自中国的上市公司，包括了在深交所和上交所上市的所有 A 股公司。由于研究过程中采用了 22 年所有公司的股票日交易数据，数据量庞大，因此借助相关数据库获取更为便利。CSMAR 经济金融研究数据库是国泰安公司根据学术需求，借鉴芝加哥大学 CRSP、标准普尔 Compustat 等国际知名数据库的专业标准，并结合中国实际国情开发的经济金融型数据库。该数据库收集了上市公司对外公布的绝大部分数据，并且对所有上市公司的股票交易数据也进行了全面的收集，因而符合本书研究数据的需求。该数据库专业、全面、精准、及时，受到国内学者的广泛认同。本书除了内部控制、信息披露相关数据外，其余数据均是选自国泰安经济金融研究数据库。

对于内部控制质量数据，可以通过构建内部控制指数，选取上市公司数据代入相关指标计算求得。但是本书研究包含了所有 A 股公司，且时间跨度较长，若手工处理将会花费很长时间，因此这方面的数据本书也借助了相关的数据库。迪博（DIB）的内部控制与风险管理数据库是专业从事内部控制指数构建及衡量的数据库。该数据库是国内首个专业针对内部控制进行研究并走向商业化的数据库，由于其具备客观、真实、科学、合理、全面、完整等特色，受到国内学者的广泛认同。DIB 内部控制与风险管理数据库提供了 2000 年以来的所有上市公司的内部控制指数数据，满足本书对内部控制质量衡量的需求。因此，本书涉及的内部控制数据均选自DIB 数据库。

对于信息披露质量的考察，可以通过构建信息披露指数，并根据上市公司对外披露信息的情况进行评价求得。同样由于数据量庞大，手工处理效率低，本书在考察信息披露质量时依据了深交所信息披露考评结果。该考评结果是深圳证券交易所对所有在该交易所上市的公司进行信息披露评价的结果。由于是交易所的行为，因而具备权威性和专业性，该评价结果也受到国内学者的广泛采纳。

3.2.2 核心变量衡量的可行性分析

本书研究所涉及的核心变量包括内部控制质量、股价泡沫、股价崩盘风险、股价信息含量、盈余激进度、盈余平滑度、信息披露质量、代理成本、应计盈余管理、真实盈余管理等。这些变量中绝大多数变量均采用成熟的模型衡量，比如对股价泡沫、股价崩盘风险、股价信息含量、盈余激进度、盈余平滑度、代理成本、应计盈余管理、真实盈余管理等的衡量均采用国内外学者广泛认可的模型进行衡量，这些模型均经过了长期、频繁的验证，因而具有很强的可行性和可靠性。但是对于内部控制质量和信息披露质量的衡量，没有国际通行的模型，多数是相关学者和机构自行构建指标进行考察，其可行性还需分析。本书对内部控制质量和信息披露质量的衡量采用了国内专业机构的评价方法，这些方法也得到了学者们的广泛采用，应当具有较强的可行性。

本书采用 DIB 内部控制指数衡量内部控制质量，该指数根据中国制度背景，将内部控制五大目标划分为基础、经营、战略三个层级，并选取与其对应的指标，同时以内部控制重要缺陷和重大缺陷作为修正指标，构建了目标导向的内部控制指数。该指数包括三个层级，第一层级是基础层级，包括三个目标，即财务报告目标、相关信息真实完整和资产安全目标以及合理保证企业经营管理合法合规目标。这一层级是企业发展的基本层级，确保企业不走歪路。该层级的三级指标包括财务报表审计意见、财务报表重述、盈余质量、资产减值、投资损失、调整的营业外支出、违法违规、立案调查、公司诉讼。第二层级是经营层级，即要求企业提高经营效率和效果，这一层级是对企业经营的要求，有助于企业走上正路。经营层级是以基础层级为基础的，如果企业不能实现基础层级的目标，也即企业存在报告不可靠、资产不安全或违法违规，则企业不可能实现经营层级的目标。第二层级要求企业优化流程、提高效率，促进经营效率效果的最大化。这一层级的三级指标包括总资产周转率、人均营业收入、净资产收益率。第三层级是战略层级，即要求企业实现发展战略，这一层级要求企业持续创造价值，走正确的道路。战略层级又是以基础层级和经营层级为基础的，实现企业战略目标是确保企业长远发展的要求。这一层级的三级指标包括经营计划、竞争优势、系统风险。从时间维度看，第一层级体现了企业的过去，第二层级描述了企业当前状况，第三层级是对企业未来的展望。除了这三个层级外，该指数还将内部控制重要缺陷和重大缺陷作为修正指标纳入指数。该指数从实践检验标准出发，围绕内部控制目标的实现程度设计目标导向的内部控制质量衡量方法，应当说是比较全面、客观、科学、合理地评价了上市公司的内部控制水平。因此，采用这套指数衡量内部控制质量具有较强的可行性。

本书采用沪深交易所信息披露考评结果衡量信息披露质量。深交所自2001年5月发布《深圳证券交易所上市公司信息披露工作考核办法》（以下简称深交所信息披露考评）以来，随着时间的推移、市场形势的变化及相关规章制度的改变，经历了2008年12月、2011年11月、2013年4月、2017年5月、2020年9月以及2022年1月的多次修订。深交所每年都会对在其上市的公司进行信息披露考评，并按信息披露质量由高到低划分为A（优秀）、B（良好）、C（合格）、D（不合格）四个等级。2022年1月修订版的信息披露考评采用深交所考评与上市公司自评相结合的办法，对上年度 5 月 1 日至当年度 4 月 30 日期间的信息披露情况进行评价。新修订的深交所信息披露考评办法主要包括九大方面：一是对上市公司所披露信息本身的真实性、及时性、准确性、公平性、完整性以及合法合规性六个方面进行评价；二是对信息披露有效性的评价；三是对自愿信息披露规范情况的评价；四是对投资者关系管理情况的评价；五是对履行社会责任披露情况的评价；六是对上市公司信息披露事务管理情况进行评价；七是对上市公司在考核期间被处分、处罚以及采取其他监管措施等情况进行评价；八是对上市公司与深交所配合情况进行评价；九是对深交所认定的其他情况的评价。同时新修订的考评办法还规定了十种不得被评为 A（优秀）的情况，四种只能被评为 C（合格）的情况以及四种只能被评为 D（不合格）的情况。

上交所在 2001 年 5 月也发布了相关的信息披露考核办法，但可惜的是该考评办法只是对 2001 年沪市上市公司信息披露进行了评价，且评价结果无法获取。2017 年 6 月上交所修订了相关的信息披露考评办法，并从 2018 年开始连续披露信息披露考评结果。至今上交所信息披露考评办法也经历多次修订，且考核内容与深交所基本一致，考评结果同样分为四个等级。

交易所信息披露考评结果由于具有较强的优势而受到了理论界及实务界的广泛认同。首先，信息披露考评具有连续性，尤其是深交所考评自 2001 年开始一直持续至今，上交所虽披露较晚但自 2018 年开始也持续披露；其次，交易所不断修订和完善考核办法，使评价结果更具合理性和全面性；最后，交易所作为专业权威的评价主体，其评价结果更具准确性、公正性和客观性。

3.2.3 实证分析过程的总体设计

本书在研究内部控制质量影响股价稳定时，以管理层信息操纵为中介，构建了整体理论框架。因此，在实证分析过程中需要体现管理层信息操纵的中介作用。为检验该中介作用，本书借助了中介效应检验方法展开相关研究。

3.2.3.1　中介效应分析方法

如果解释变量 X 能够通过变量 M 来影响被解释变量 Y，那么变量 M 就称为中介变量。以本书研究的内容为例，解释变量 X 就是内部控制质量，被解释变量 Y 就是衡量股价稳定的各类变量，而中介变量 M 就是衡量管理层信息操纵的各类变量。该方法可以检验内部控制质量通过管理层信息操纵来影响股价稳定。为了更加清晰地呈现三者之间的关系，本书设计了中介变量示意图，如图 3 - 2 所示。

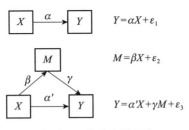

图 3 - 2　中介变量示意

图 3 - 2 来源于温忠麟等（2004，2014）研究的文章。他们认为考虑中介变量的前提是解释变量 X（内部控制质量）与被解释变量 Y（股价稳定）显著相关，也就是第一个方程的回归系数 α 应当是显著的。进一步的如果系数 β、γ 以及 α' 也均显著，那么变量 M（管理层信息操纵）起着部分中介作用，而如果系数 α' 不显著，其他系数均显著，则变量 M（管理层信息操纵）起着完全中介作用。温忠麟等（2004，2014）在归纳总结中介效应分析方法后，提出了既能够同时降低两类错误概率又能够检验部分中介与完全中介的程序，如图 3 - 3 所示。

图 3 - 3 也是来源于温忠麟等（2004）的研究文章。该图的检验过程十分清晰，首先对系数 α 进行检验，如果不显著就停止中介效应分析，如果显著则再对系数 β 及系数 γ 依次检验。若系数 β 及 γ 均显著则中介效应显著，进一步检验系数 α' 则可区分中介效应是完全中介还是部分中介。若系数 β 及 γ 中有一个不显著或均不显著，则应当作 Sobel 检验，如果 Sobel 检验显著则中介效应显著，反之中介效应则不显著。其中，Sobel 检验的统计量 Z 表达式如式（3 - 1）所示，公式中 s_β 及 s_γ 分别是系数 β 及 γ 估计值

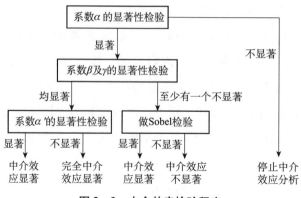

图 3－3　中介效应检验程序

的标准误，统计量 Z 对应的临界值可查 MacKinnon 临界值表。

$$Z = \frac{\hat{\beta} \times \hat{\gamma}}{\sqrt{\hat{\beta}^2 \times s_\gamma^2 + \hat{\gamma}^2 \times s_\beta^2}} \qquad (3-1)$$

此外，弗里德曼和舍茨基（Freedman & Schatzkin，1992）指出，在分析中介效应时应当比较模型三中系数 α' 和模型一中系数 α 的大小，如果系数 α' 相对于系数 α 出现显著下降则表明中介效应是显著的，他们还给出了检验这种下降是否显著的 t 统计量表达式，如式（3－2）所示。

$$t_{N-2} = \frac{\hat{\alpha} - \hat{\alpha}'}{\sqrt{s_\alpha^2 + s_{\alpha'}^2 - 2s_\alpha s_{\alpha'} \sqrt{1 - r_{XM}^2}}} \qquad (3-2)$$

其中，s_α 及 $s_{\alpha'}$ 分别是系数 α 及 α' 估计值的标准误，r_{XM} 是解释变量与中介变量的相关系数。

3.2.3.2　实证分析的实施过程

根据温忠麟等（2004，2014）提供的中介效应检验程序，本书要想证实前文的理论框架，必须首先构建内部控制质量影响股价稳定的实证模型，并通过实证分析，验证系数 α 的显著性。也就是首先必须证实内部控制质量对股价稳定有显著的影响。结合理论部分，就是要首先证实内部控制质量可以显著减少股价泡沫、降低股价崩盘风险和提升股价信息含量。如果这些内容均得到证实，即系数 α 显著，则根据中介效应检验程序，应当继续检验内部控制质量对管理层信息操纵的影响以及管理层信息操纵对股价稳定的影响。如果系数 α 不显著，即内部控制质量对股价泡沫、股价崩盘风险和股价信息含量没有显著影响，则将停止中介效应分析。

根据理论分析，内部控制质量应当可以显著减少股价泡沫、降低股价崩盘风险和提升股价信息含量，即系数 α 应该是显著的。那么就需要进一步检验系数 β 和 γ 的显著性，也就是分别检验内部控制质量对管理层信息操纵的影响和管理层信息操纵对股价稳定的影响。对于系数 β 的检验，根据前文理论框架部分，就是要检验内部控制质量对盈余激进度、盈余平滑度、信息披露质量、代理成本、应计盈余管理和真实盈余管理的影响是否显著，当然根据理论分析，我们预期这些都应当是显著的。对于系数 γ 的检验，就是在模型一的基础上纳入管理层信息操纵这一中介变量。根据前文理论框架部分，即检验盈余激进度和盈余平滑度分别在内部控制质量影响股价泡沫中对应系数的显著情况、信息披露质量和代理成本分别在内部控制质量影响股价崩盘风险中对应系数的显著情况、应计盈余管理和真实盈余管理分别在内部控制质量影响股价信息含量中对应系数的显著情况。当然根据理论分析，我们也预期这些内容是显著的。对系数 γ 检验的同时，我们也会得到系数 α' 的显著情况，也即可以得到在纳入衡量管理层信息操纵变量时内部控制质量的显著性。如果系数 β 和 γ 均显著，我们至少可以肯定管理层信息操纵存在中介作用，至于是完全中介还是部分中介，还需分析系数 α'，如果系数 α' 显著则为部分中介，否则就是完全中介。当然如果系数 β 和 γ 有一个不显著，还需做 Sobel 检验，若 Sobel 检验显著，则管理层信息操纵的中介作用显著，否则就是不显著。

由于本书涉及三个被解释变量和六个中介变量，若放在同一章中进行实证分析就会显得十分混乱。为使后续研究清晰、可理解以及与理论框架相符合，本书根据理论分析过程，将实证内容划分为三个章节进行，即后文第 4 章检验内部控制质量对股价泡沫的影响以及管理层操纵好消息的中介作用，第 5 章检验内部控制质量对股价崩盘风险的影响以及管理层隐藏坏消息的中介作用，第 6 章检验内部控制质量对股价信息含量的影响以及管理层信息操纵的中介作用。每一章内容均根据中介效应分析方法进行，首先检验内部控制质量对股价稳定的影响，然后分析管理层信息操纵可能发生的中介作用。具体内容详见第 4 章、第 5 章和第 6 章。第 7 章是考察外部治理机制与内部控制在影响股价稳定中的交互作用，我们同时采用分组和交互项的方法进行实证研究。

第 4 章

内部控制质量与股价泡沫：操纵好消息的中介作用

我国股市虽然起步较晚，但经过三十多年的发展，已经成为我国金融市场的核心组成部分，尤其是在促进企业融资、优化资源配置方面发挥着极其重要的作用。然而，我国股市自诞生以来就在暴涨暴跌中挣扎前行。经济基本面、政策及投资者非理性等因素的共同作用使得股市不断出现周期性泡沫。股市泡沫不但对上市公司、监管机构及投资者的风险管理提出严峻挑战，而且还会破坏股市的稳定性，阻碍其资源配置功能的发挥。因此，探究股价泡沫的发生机制、挖掘抑制股价泡沫的有效途径是亟待解决的重要课题。

现有文献主要从市场层面以及投资者角度来探讨股价泡沫产生的原因，而对股价波动的基础——上市公司价值信息研究甚少。我们则从内部控制出发，探讨内部控制在提高价值信息质量，尤其是在约束管理层操纵好消息方面所发挥的重要作用，为抑制股价泡沫提供了新的思路。具体来说，我们首先从理论上分析了内部控制质量影响股价泡沫的作用机制和路径模式，并提出研究假设，然后以中国 A 股上市公司为样本，进行了系统的实证检验。我们的主要贡献在于：第一，现有文献在研究股价泡沫影响因素时，着重考察市场层面因素，即使涉及公司层面也仅限于信息披露等内容，我们则将研究视角进一步拓展到内部控制，发现高质量的内部控制在降低股价泡沫方面发挥着重要作用，丰富了股价泡沫影响因素的研究内容；第二，现有文献研究内部控制对资本市场的影响，主要侧重于其信息披露的市场反应，我们则将研究点落脚到股价泡沫，为内部控制经济后果的研究提供了新的经验证据；第三，我们在研究内部控制影响股价泡沫的基础上，还进一步分析并检验了管理层操纵好消息所发挥的中介作用，为深入理解内部控制影响股价泡沫的内在机制提供了可靠解释。

4.1　理论分析及假设

股价泡沫是股票实际价格对内在价值系统性、持续性的向上偏差（陈国进等，2009）。较多学者从市场层面及投资者角度对股价泡沫的形成机理进行了有益探索，并形成了丰富的研究成果，如针对我国股票市场，学者们发现卖空约束、投资者异质信念、过度自信、羊群行为、通胀幻觉等均是引起股价泡沫的重要原因（周春生和杨云红，2002；吴卫星等，2006；彭惠，2000；陈国进等，2009）。然而，股票市场本质是一个信息市场，股票价格是对市场参与者所掌握信息的反映。因此，研究股价泡沫可以从参与者所掌握的信息角度展开。

在通行的财务理论中，股票价格被表述为由未来现金流量按一定贴现率进行折现的现值。剩余收益模型也同样表明公司层面信息，尤其是财务信息是分析股票价格的关键依据。虽然这些模型并不能完全刻画股票的实际价格，但却得出了信息是决定股票价格的最关键因素。如果信息真实、准确且被充分反映，那么基于投资者交易形成的股票价格应当与其内在价值相吻合；但如果信息存在错误或者未得到充分反映，则可能产生噪声交易，从而导致股票实际价格背离其内在价值。由于制度的不健全以及信息成本的存在，现实资本市场中的信息通常是不完全的，这就导致市场参与者间存在信息不对称（翟林瑜，2004）。非对称信息致使投资者不能形成合理预期，无法对公司价值作出准确判断。因此，信息不对称是导致上市公司股票价格长期偏离内在价值的根本原因，也是股价泡沫产生的关键因素。上市公司可以通过信息披露向市场传递价值信息，提高市场参与者的认知，降低其意见分歧，从而减轻股票价格对内在价值的偏离（徐寿福和徐龙炳，2015）。

诸多学者研究发现，中国上市公司的信息透明度较低，违规披露、盈余操纵等问题层出不穷（高雷和宋顺林，2007；张宗新等，2007），这也是股市长期存在泡沫的重要原因。内部控制作为权力制衡的重要手段，可以有效制约管理层的信息操纵行为，降低信息不对称程度。合理保证财务报告质量也是内部控制的核心目标之一。此外，企业对外披露内部控制信息也有助于投资者决策，金和朴（Kim & Park，2009）发现，内部控制缺陷信息的披露向投资者传递了增量信息，减少了市场的不确定性，降低了股票异常损失。邱冬阳等（2010）及杨清香等（2012）也发现内部控制信息披露具有显著的市场反应。可见，提高内部控制质量，可以改善信息不对称，进而降低股价泡沫。根据上述分析，我们提出以下假设。

H4.1：限定其他条件，高质量的内部控制能够显著降低股价泡沫。

信息不对称会导致管理层产生道德风险和机会主义行为。在管理层占有信息优势，而外部投资者处于信息劣势的非对称信息条件下，管理层与投资者间不可避免地会产生利益冲突。操纵信息披露是管理层掩盖真实情况进而获取最大化利益的主要手段。就股价泡沫而言，管理层操纵好消息是导致股价高估的重要原因。一方面，管理层出于自利动机制造并披露好消息会导致股价泡沫。管理层往往采用激进的盈余处理方式，使好消息更早地反映到盈余中，营造业绩繁荣的假象，促使股价高估；管理层也会隐瞒不利信息，有选择地向资本市场传递公司乐观的盈余预测信息，导致股价面临暴涨风险（谢雅璐，2016）。另一方面，意见分歧及信息不对称理论表明，管理层为进行市值管理，在投资者意见分歧较大时倾向于隐瞒利好的业绩信息以维持甚至促进股价高估（陆蓉和潘宏，2012）。因此，抑制管理层操纵好消息的行为，特别是管理层的盈余激进和平滑行为，不断提高信息披露质量无疑会减轻信息供给者和需求者之间的信息不对称，降低投资者间的意见分歧，从而促进股票价格回归内在价值。徐寿福和徐龙炳（2015）的研究证实，提高信息披露质量是降低市值高估公司股价泡沫的主要途径。

作为弥补契约不完全性的控制系统，内部控制可以有效制约管理层的自利行为，从而提升信息披露质量（孙光国和杨金凤，2013）。增强财务报告可靠性也一直是监管机构设计内控框架以及企业实施内控制度的主要目标。自2000年以来，我国逐步加强了内部控制制度建设。2001年财政部发布了《内部会计控制规范》，2006 年两个交易所先后发布了《上市公司内部控制指引》，2008 年五部委联合发布了《企业内部控制基本规范》以及随后又颁布了相关的配套指引和解释公告等。国内学者结合我国实际情况，对内部控制与信息披露质量的关系进行了研究。齐保垒等（2010）以重大会计差错作为内部控制缺陷的代理变量，研究发现存在缺陷公司的应计质量显著更低。董望和陈汉文（2011）以及范经华等（2013）均以厦门大学内部控制评价指数衡量内部控制质量，研究发现高质量的内部控制有助于抑制上市公司的应计盈余管理行为，显著提高了财务报告质量。方红星和金玉娜（2011）从自愿披露内部控制鉴证报告角度衡量内部控制质量，研究发现高质量的内部控制对应计盈余管理和真实盈余管理均有显著的抑制作用。孙光国和杨金凤（2013）从内部控制自评报告、鉴证报告以及违规处罚三个方面综合评价了内部控制质量，实证结果表明高质量的内部控制能够提升会计信息透明度。李万福等（2014）研究发现，存在内部控制重大缺陷的上市公司会有更多的异常应计和更大的盈余噪声，且治理层面的重大缺陷引起的这种负面效应显著高于会计层面。

上述分析表明，管理层操纵好消息的行为，特别是管理层的盈余激进和平滑行为是导致股价泡沫的重要原因。而高质量的内部控制可以制约管理层的信息操纵行为，不断提升信息披露质量。较高的信息披露质量又有助于股票价格回归其内在价值，降低市值高估公司的股价泡沫。因此，通过制约管理层操纵好消息行为（盈余激进和平滑行为）这样的中介路径，内部控制可以有效降低股价泡沫。根据上述分析，我们提出以下假设。

H4.2：限定其他条件，管理层操纵好消息存在显著的中介效应，内部控制可以通过制约管理层操纵好消息行为来降低股价泡沫。

4.2 研究设计

4.2.1 样本选择与数据处理

我们以中国 A 股上市公司为研究对象。如前所述，我们采用迪博

（DIB）内部控制指数来衡量中国 A 股上市公司内部控制质量。由于迪博是从 2000 年开始提供内部控制指数数据，所以我们实证研究数据起始时间为 2000 年。在衡量股价泡沫时需要使用现金流等相关数据进行 10 年的滚动回归，但我国上市公司从 1997 年才披露现金流数据，因此在计算股价泡沫时数据样本从 1997 年开始，即 2000～2006 年的股价泡沫的计算采用了不足 10 年的数据滚动回归。此外，股价泡沫中剩余收益模型的计算需要使用未来 3 年盈余数据，由于当前（2022 年）只能获得 2021 年数据，也即无法计算 2019～2021 年的股价泡沫，所以股价泡沫的计算结果起止时间为 2000～2018 年。综上所述，本章使用了 1997～2021 年数据进行计算分析，但由于上述原因，实证分析数据区间为 2000～2018 年。

　　除内部控制数据取自迪博内部控制与风险管理数据库外，其他数据来源于国泰安数据库。为确保数据的准确性和可靠性，我们作了如下处理：（1）剔除金融行业上市公司，因为这类行业的相关数据与其他行业差异较大，不具有可比性；（2）剔除当年度新上市的公司，相关研究表明一些公司 IPO 前 3 年及当年的数据存在异常，可靠性较低；（3）对于行业的分类，除制造业因数量较多采用二级代码分类外，其他行业均为一级代码分类；（4）剔除观测值明显异常的样本，如净资产小于 0、资产负债率大于 1 的样本；（5）剔除数据缺失样本；（6）对连续变量进行双侧共计 1% 的缩尾处理，以避免极端值的影响。经处理后，我们得到 19 年共 30129 个样本的非平衡面板数据。

4.2.2　变量的选择和度量

4.2.2.1　股价泡沫

　　股价泡沫是股票实际价格对内在价值系统性、持续性的向上偏差（陈国进等，2009）。虽然很多学者从不同角度衡量股价泡沫，但基本思路都是通过比较股票的内在价值与市场价值的差异进行分析的。因此，度量股价泡沫首先需要解决内在价值的计算。

　　对于股票内在价值的计算，剩余收益模型（RIM）是常用的方法。剩余收益模型是在股利折现模型基础上发展起来的，该模型明确了会计信息在股票定价中的作用，避免了无股利企业价值难以估计的弊端。根据奥尔森（Ohlson，1995）的研究，当每股收益、现金股利及每股权益账面价值满足干净盈余关系时，股票的内在价值可以用账面价值和未来预期收益表示。弗兰克尔和李（Frankel & Lee，1998）在奥尔森（Ohlson，1995）的基础上简化了未来预期收益的计算，他们假设公司未来3年的盈余能够持续，并采用分析师预测盈余进行 RIM 计算，其表达式如式（4-1）所示。

$$V_t = b_t + \frac{f(1)_t - r \times b_t}{1+r} + \frac{f(2)_t - r \times b(1)_t}{(1+r)^2} + \frac{f(3)_t - r \times b(2)_t}{(1+r)^2 \times r} \qquad (4-1)$$

其中，V 表示股票的内在价值；b 表示权益账面价值；$f(\ )$ 表示分析师预测的公司未来盈余；r 表示资本成本。但饶品贵和岳衡（2012）在运用上述方法估计股票内在价值时，并没有选择分析师的预测盈余，而是采用了侯等（Hou et al.，2012）的方法预测公司未来 1~3 年的盈余。他们认为，我国资本市场上分析师数量较少，对样本选择存在偏差且多倾向于乐观估计，所以分析师的预测盈余并不适合剩余收益模型的计算。侯等（Hou et al.，2012）的预测模型如式（4-2）所示。

$$Earnings_{i,t+j} = \lambda_0 + \lambda_1 Asset_{i,t} + \lambda_2 Dividend_{i,t} + \lambda_3 DD_{i,t} + \lambda_4 Earnin g_{i,t} +$$
$$\lambda_5 NegEn_{i,t} + \lambda_6 Accrua l_{i,t} + \mu_{i,t+j} \qquad (4-2)$$

其中，$Earnings_{i,t+j}$ 是 i 公司（$t+j$）年的每股盈余，$j=1$、2、3，每股盈余以营业利润除以总股本计算，对于 2007 年及之后的营业利润，还需加上资产减值损失、减去投资收益和公允价值变动损益，以确保新会计准则实施前后计算口径的一致；$Asset$ 是每股总资产；$Dividend$ 是每股现金股利；DD 为股利发放的虚拟变量，即发放股利取值为 1，否则为 0；$NegEn$ 为会计盈余是否为负的虚拟变量，若会计盈余为负则取值为 1，否则为 0；$Accrual$ 是每股应计项目，以营业利润减去经营活动现金流量净额计算。本书在预测公司未来盈余时，对于样本期间的每一年，使用过去 10 年的滚动数据估计式（4-2）的混合截面模型，由于 1997 年才有相关的现金流数据，因此在 2000~2006 年预测时，估计区间均从 1997 年开始，不足10 年。

我们在计算股票内在价值时，首先根据模型（4-2）估计公司未来1～3年的预测盈余，其次将估计值代入式（4-1）中的$f(1)$、$f(2)$、$f(3)$以计算股票的内在价值。在采用式（4-1）计算内在价值时，还需要考虑两个问题。一是$b(1)_t$和$b(2)_t$的计算，即对未来两期每股权益账面价值进行预测，计算公式如式（4-3）及式（4-4）所示。其中，*Earnings* 和 *Dividend* 分别是每股盈余和每股现金股利。二是资本成本 r 的确定，弗兰克尔和李（Frankel & Lee，1998）的研究表明，选择不同的资本成本对分析结果的影响不大，因此，本书依据徐寿福和徐龙炳（2015）的做法，采用5%作为资本成本进行计算。

$$b(1)_t = b_t + Earnings_{t+1} - Dividend_{t+1} \qquad (4-3)$$

$$b(2)_t = b(1)_t + Earnings_{t+2} - Dividend_{t+2} \qquad (4-4)$$

通过上述方法可以计算出股票的内在价值 V，而对于股票的市场价值 P，我们采用年度内所有交易日股票收盘价的平均值计算。我们将股价泡沫定义为股票的市场价值对内在价值偏离的比率，可以用式（4-5）表示为：

$$Bubble_{i,t} = \frac{P_{i,t} - V_{i,t}}{P_{i,t}} \qquad (4-5)$$

4.2.2.2　内部控制质量

对于内部控制质量的衡量，一些学者以是否存在内部控制缺陷、是否自愿披露内部控制评价报告或鉴证报告等作为衡量标准。但是这类指标较为单一，难以全面衡量内部控制质量；而且国内上市公司大多存在报喜不报忧的情况，基于自愿披露得出的内部控制质量可靠性无法保证。

我们借鉴逯东等（2015）的做法，以迪博·中国上市公司内部控制指数衡量内部控制质量。该指数以内部控制五大目标的实现程度为基础，并纳入内部控制缺陷进行修正，因而能够综合反映上市公司内部控制质量。为方便后续实证研究，我们以该指数加1后取自然对数作为内部控制质量的代理变量。

4.2.2.3 管理层操纵好消息

由于理论部分着重分析了管理层操纵好消息行为所引起的股价泡沫，因此主要选择能够反映管理层操纵好消息行为的相关指标。我们以盈余激进度和盈余平滑度来衡量管理层操纵好消息的行为。

（1）盈余激进度。盈余激进度可以反映管理层在信息披露中延迟确认损失而加快确认收益的倾向。管理层的盈余激进行为加大了上市公司的不透明度，降低了信息披露质量。根据巴塔查里亚等（Bhattacharya et al.，2003）的研究，我们采用式（4-6）和式（4-7）计算盈余激进度。

$$ACC_{it} = \Delta CA_{it} - \Delta CL_{it} - \Delta CASH_{it} + \Delta STD_{it} - DEP_{it} + \Delta TP_{it} \quad (4-6)$$

$$EA_{it} = \frac{ACC_{it}}{TA_{i,t-1}} \quad (4-7)$$

其中，EA_{it} 为 i 公司第 t 年的盈余激进度；ACC 为应计项目；ΔCA 是流动资产增加额；ΔCL 是流动负债增加额；$\Delta CASH$ 是货币资金增加额；ΔSTD 是一年内到期的长期负债增加额；DEP 是折旧和摊销费用；ΔTP 是应交所得税增加额；$TA_{i,t-1}$ 是 i 公司第 $t-1$ 年的总资产。

（2）盈余平滑度。盈余平滑度是指上市公司对外公布的收益波动偏离真实收益波动的程度。上市公司管理层通过盈余的平滑处理，故意隐藏公司业绩波动，向资本市场传递经营状况良好且稳定的假象，降低了信息透明度。根据巴塔查里亚等（Bhattacharya et al.，2003）的研究，本章采用式（4-8）计算盈余平滑度。

$$ES_{it} = Correl(\Delta ACC_{it}, \Delta CF_{it}) \quad (4-8)$$

其中，ES_{it} 是 i 公司第 t 年的盈余平滑度；$Correl(\cdot)$ 是相关系数；ΔACC 是应计项目的增加额，ΔCF 是现金流量的增加额。

4.2.2.4 控制变量

根据以往研究股价泡沫及股价估值偏误的做法（徐寿福和徐龙炳，2015；徐浩峰和朱松，2012），我们在研究内部控制质量影响股价泡沫时选择的控制变量包括：（1）公司规模（size），以总资产的自然对数衡量；（2）财务杠杆（lev），以资产负债率衡量；（3）董事会规模（bsize），以董事会人数的自然对数衡量；（4）独立董事比例（*indrct*），以独立董事人数占董事会人数的比例衡量；（5）股权集中度（*top*1），以第一大股东持股比例衡量；（6）成长性（*mb*），以市值账面比衡量；（7）换手率（*yrtr*），以流通股年换手率衡量；（8）上市年限（*age*），以上市年数的自然对数衡量。

具体变量的选择与定义如表 4 – 1 所示。

表 4 – 1　　　　　　　　　　变量的选择与定义

变量类型	变量名称	变量符号	变量定义
被解释变量	股价泡沫	*Bubble*	股票市场价值对内在价值的偏离比率
解释变量	内部控制质量	*IC*	迪博内部控制指数加 1 的自然对数
中介变量	盈余激进度	*Ea*	见式（4 – 7）
	盈余平滑度	*Es*	见式（4 – 8）
控制变量	公司规模	*size*	年末总资产的自然对数
	财务杠杆	*lev*	年末资产负债率
	董事会规模	*bsize*	董事会人数的自然对数
	独立董事比例	*indrct*	独立董事人数占董事会人数的比例
	股权集中度	*top*1	第一大股东持股比例
	成长性	*mb*	市值账面比
	换手率	*yrtr*	流通股年换手率
	上市年限	*age*	上市年数的自然对数
	年度	*Year*	各年份虚拟变量
	行业	*Ind*	证监会行业分类虚拟变量

4.2.3　实证模型

为检验假设 H4.1，我们采用模型（4 – 9）进行实证分析。

$$Bubble_{i,t} = \alpha_0 + \alpha_1 IC_{i,t} + \sum_{j=1}^{8} \alpha_{1+j} Con_{i,t}^j + \sum_{k=1}^{19} \alpha_{9+k} Yea^k +$$

$$\sum_{f=1}^{26} \alpha_{28+f} Ind^f + \varepsilon_{i,t} \tag{4 – 9}$$

其中，$Bubble_{i,t}$ 表示公司 i 第 t 年的股价泡沫，采用股票市场价值对内在价值的偏离比率衡量；IC 是上市公司的内部控制质量；Con 为控制变量；Year 和 Ind 分别表示年度和行业的虚拟变量；求和符号中的 j、k 及 f 分别表示控制变量、年度及行业的数量。例如，控制变量有 8 个，则 j 的赋值为 1 ~ 8，Con^1 即表示第一个控制变量（公司规模）。若假设 H4.1 成立，即高质量的内部控制可以降低股价泡沫，则 IC 的系数 α_1 应显著为负。

为检验管理层操纵好消息的中介效应，本书根据巴伦和肯尼（Baron & Kenny，1986）以及温忠麟等（2004）提出的中介效应检验程序，构建实证模型，即在模型（4 - 9）的基础上，进一步构建模型（4 - 10）和模型（4 - 11）。

$$E_{i,t} = \beta_0 + \beta_1 IC_{i,t} + \sum_{j=1}^{7} \beta_{1+j} Con_{i,t}^j + \sum_{k=1}^{19} \beta_{8+k} Year^k +$$

$$\sum_{f=1}^{26} \beta_{27+f} Ind^f + \mu_{i,t} \qquad (4-10)$$

$$Bubble_{i,t} = \alpha_0' + \alpha_1' IC_{i,t} + \gamma E_{i,t} + \sum_{j=1}^{8} \alpha_{1+j}' Con_{i,t}^j +$$

$$\sum_{k=1}^{19} \alpha_{9+k}' Year^k + \sum_{f=1}^{26} \alpha_{28+f}' Ind^f + \varepsilon_{i,t} \qquad (4-11)$$

模型（4 - 10）和模型（4 - 11）中的 $E_{i,t}$ 表示管理层操纵好消息行为，分别用盈余激进度（Ea）和盈余平滑度（Es）表示。

4.3 实证结果及分析

4.3.1 描述性统计分析

表 4 - 2 列示了各研究变量的描述性统计结果。从表 4 - 2 中可以看出，股价泡沫（Bubble）的均值和中位数均大于零，分别为 0.532 和 0.647，表明我国上市公司的股票价格普遍高于内在价值，存在明显的泡沫。内部控制质量（IC）的均值和中位数较为接近，分别为 6.302 和 6.515，标准差为 1.108，表明上市公司间的内部控制质量存在一定的差异。衡量管理层操纵好消息的两个指标盈余激进度（Ea）和盈余平滑度（Es）在均值、中位数及最值方面的表现相似；但标准差相差较大，盈余平滑度（Es）明显

高于盈余激进度（*Ea*），表明不同上市公司间采取盈余平滑处理的程度相差较大，而采取盈余激进处理的程度相差较小。控制变量的统计结果符合我国上市公司的实际情况，不再赘述。

表4-2　　　　　　　　　　　变量的描述性统计

变量	样本量	均值	标准差	P25	中位数	P75	最小值	最大值
Bubble	30129	0.532	0.516	0.342	0.647	0.854	-1.590	1.644
IC	30129	6.302	1.108	6.430	6.515	6.569	0	6.832
Ea	30129	-0.011	0.095	-0.058	-0.014	0.032	-0.301	0.359
Es	30129	-0.232	0.619	-0.798	-0.375	0.282	-0.998	0.987
size	30129	21.91	1.274	21.00	21.76	22.64	19.24	25.78
lev	30129	0.469	0.202	0.316	0.475	0.622	0.062	0.916
bsize	30129	2.281	0.244	2.197	2.197	2.398	1.609	2.890
indrct	30129	0.351	0.101	0.333	0.333	0.400	0	0.583
*top*1	30129	0.361	0.156	0.238	0.338	0.474	0.090	0.750
mb	30129	2.439	1.736	1.340	1.876	2.858	0.878	10.88
yrtr	30129	5.008	3.660	2.271	3.979	6.687	0.557	17.71
age	30129	2.091	0.676	1.609	2.197	2.639	0.693	3.332

4.3.2　主要变量的相关性分析

表4-3列示了主要变量间的相关系数。由表4-3可知，无论是Pearson结果还是Spearman结果，股价泡沫与内部控制质量均在1%水平上显著负相关，表明内部控制质量的提升有助于减少股价泡沫，初步证实假设H4.1。股价泡沫与盈余激进度和盈余平滑度在两类相关系数中均在1%水平上显著正相关，表明管理层采取盈余激进和平滑的处理方式均会增加股价泡沫，即管理层操纵好消息的行为会导致股票市场价值高估。内部控制质量与盈余激进度显著正相关，表明内部控制质量越高，盈余激进度越高，这与理论分析不同，可能还需考虑其他条件。内部控制质量与盈余平滑度显著负相关，表明内部控制质量越高，盈余平滑度越低，这与理论分析相符，内部控制质量较高时管理层的盈余平滑行为会受到抑制。控制变量与主要变量间的相关性基本符合实际情况，不再赘述。另外，通过计算

方差膨胀因子，发现变量间不存在严重的共线性问题。

表4-3　　　　　　　　主要变量的相关系数矩阵

变量	Bubble	IC	Ea	Es
Bubble	1	− 0. 332 ***	0. 099 ***	0. 023 ***
IC	− 0. 075 ***	1	0. 114 ***	− 0. 049 ***
Ea	0. 073 ***	0. 059 ***	1	0. 032 ***
Es	0. 004 ***	− 0. 023 ***	0. 020 ***	1

注：右上角为 Spearman 相关系数，左下角为 Pearson 相关系数；＊＊＊表示在 1% 的统计水平上显著（双尾检验）。

4.3.3　回归分析

表4-4 列示了内部控制质量与股价泡沫的回归结果。其中第（1）列和第（2）列是采用混合最小二乘法的回归结果，第（3）列和第（4）列是采用面板数据随机效应的回归结果，第（5）列和第（6）列是采用面板数据固定效应的回归结果。在混合最小二乘法回归中，内部控制质量（IC）的回归系数分别为 − 0. 0434 和 − 0. 0092，且均在 1% 的水平上显著；在面板数据随机效应回归中，内部控制质量（IC）的回归系数分别为 − 0. 0241 和 − 0. 0058，也均在 1% 的水平上显著；在面板数据固定效应回归中，内部控制质量（IC）的回归系数分别为 − 0. 0218 和 − 0. 0064，依然均在 1% 的水平上显著。这六列回归结果均说明内部控制质量越高的上市公司，其股票市场价值对内在价值向上偏离程度越低，即提高上市公司的内部控制质量有助于显著降低股价泡沫，假设 H4. 1 得到证实。

表4-4　　　　　　　内部控制质量与股价泡沫的回归结果

变量	（1） OLS	（2） OLS	（3） RE	（4） RE	（5） FE	（6） FE
IC	− 0. 0434 *** （− 17. 29）	− 0. 0092 *** （− 3. 91）	− 0. 0241 *** （− 10. 49）	− 0. 0058 *** （− 2. 57）	− 0. 0218 *** （− 9. 32）	− 0. 0064 *** （− 2. 75）
size		− 0. 194 *** （− 65. 72）		− 0. 197 *** （− 52. 26）		− 0. 192 *** （− 36. 79）
lev		0. 259 *** （17. 55）		0. 292 *** （17. 06）		0. 300 *** （14. 72）

续表

变量	（1）OLS	（2）OLS	（3）RE	（4）RE	（5）FE	（6）FE
bsize		0.013		0.012		0.031 **
		(1.19)		(1.06)		(2.39)
indrct		−0.020		−0.098 ***		−0.167 ***
		(−0.54)		(−2.61)		(−4.14)
*top*1		−0.128 ***		−0.177 ***		−0.240 ***
		(−7.35)		(−7.85)		(−7.72)
mb		−0.011 ***		−0.018 ***		−0.025 ***
		(−5.96)		(−8.91)		(−11.00)
yrtr		0.004 ***		−0.001		−0.004 ***
		(4.03)		(−1.29)		(−3.72)
age		0.015 ***		0.009 *		0.080 ***
		(3.47)		(1.72)		(6.55)
Constant	1.228 ***	4.899 ***	1.056 ***	5.000 ***	0.929 ***	4.822 ***
	(39.23)	(71.49)	(28.06)	(58.83)	(18.23)	(40.05)
Year	Yes	Yes	Yes	Yes	Yes	Yes
Industry	Yes	Yes	Yes	Yes	Yes	Yes
Fixed Effects	No	No	No	No	Yes	Yes
N	30129	30129	30129	30129	30129	30129
Adj. R^2/Within. R^2	0.151	0.304	0.148	0.196	0.153	0.201
F/Wald	121.68 ***	252.18 ***	5093.89 ***	9169.08 ***	110.63 ***	130.89 ***
LM 检验			20182.8 ***	9154.8 ***		
LR 检验					5.71 ***	3.81 ***
Hausman 检验					432.60 ***	379.34 ***

注：括号中数据为 $t(z)$ 值；＊＊＊、＊＊和＊分别代表在1%、5%和10%的统计水平上显著。

在这六列回归结果中，第（1）、第（3）、第（5）列是只控制年度和行业效应的回归结果，而第（2）、第（4）、第（6）列是控制所有变量的回归结果。从调整 R^2 和联合统计显著性来看，加入所有控制变量的回归效果更好。我们还分别采用 *LM*、*LR* 和 *Hausman* 检验混合最小二乘、面板固定效应和面板随机效应三种回归方法的可靠性。*LM* 检验结果表明，面板随机效应回归显著优于最小二乘回归；*LR* 检验结果表明，面板固定效应回归也显著优于最小二乘回归；最后的 *Hausman* 检验结果表明，面板固定效应回归显著优于面板随机效应回归，所以面板固定效应回归更加可靠，后续我们将采用加入所有控制变量的面板固定效应法作进一步回归分析。

从控制变量来看，除了董事会规模、独立董事比例及换手率与股价泡沫的回归显著性不稳健外，其他变量的回归显著性均是稳健的。具体来看，公司规模、独立董事比例、股权集中度、市账比、流通股换手率越高的上市公司，其股价泡沫越小；而财务杠杆、董事会规模、上市年限越高的上市公司，其股价泡沫越大。

4.3.4　稳健性检验

为使上述结论更加稳健，我们进行了如下的稳健性测试。

4.3.4.1　变更股价泡沫的度量指标

由于式（4-5）在计算股价泡沫时采用了年度内所有交易日股票收盘价的平均值来计算 P 值，但平均值容易受极端值的影响，为此，我们选取年度内所有交易日股票收盘价的中位数以及年末最后一个交易日的收盘价来分别替代 P 值进行稳健性检验。根据中位数计算的股价泡沫我们采用 Bubble2 表示；根据年末收盘价计算的股价泡沫我们采用 Bubble3 表示。面板固定效应回归结果见表 4-5 第（1）列和第（2）列，内部控制质量（IC）的回归系数分别为 -0.005 和 -0.006，且均在 5% 的水平上显著，表明替换股价泡沫计算指标后高质量的内部控制依然可以显著降低股价泡沫，假设 H4.1 得到进一步证实。

4.3.4.2　变更内部控制质量的度量方法

从内部控制缺陷角度来考察内部控制质量也是学者们常用方法（Chan et al.，2008；宋迪等，2019；陈汉文和杨晴贺，2021）。为避免迪博内部控制指数可能存在的主观性，本书进一步采用内部控制是否存在重大或重要缺陷设置虚拟变量（存在缺陷 IC2 = 1，否则为 0），来考察内部控制对股价泡沫的影响。由于缺陷数据在 2007 年以后才公布，因此样本量将相应减少。面板固定效应回归结果见表 4-5 第（3）列，IC2 回归系数为

0.045，且在 5% 水平上显著，表明存在内部控制缺陷的上市公司股价偏离内在价值的程度更高，间接验证了内部控制质量对股价泡沫的显著负向影响。

4.3.4.3 进一步控制其他影响因素

为缓解遗漏变量可能导致的内生性问题，根据前期文献，本书进一步控制了投资者异质性（$dturn$）、个股收益波动（$sigma$）及会计稳健性（C_Score）三个因素。投资者异质性以月平均超额换手率除以 100 衡量；个股收益波动以个股特有周收益率的标准差衡量；会计稳健性是通过式（4 – 12）计算的。而式（4 – 12）中系数 $\lambda_1 - \lambda_4$ 是由模型（4 – 13）进行年度横截面回归估计出来的，$size2$、mb 及 lev 分别为权益市值的自然对数、市账比和资产负债率。模型（4 – 13）中 X_i 等于 EPS/PC，EPS 为公司 i 第 t 年每股盈余，PC 为公司 i 第 t 年 4 月最后一个交易日的股票收盘价；R_i 表示公司 i 从 t 年 5 月至 $t+1$ 年 4 月经市场调整的股票回报率，其计算表达式如式（4 – 14）所示，$r_{i,t}$ 为考虑现金红利再投资的月个股收益率，$r_{M,t}$ 为等权平均计算的月市场收益率；D_i 为虚拟变量，当 R_i 小于 0 时取值 1，否则为 0。

$$C_{Score} = \lambda_1 + \lambda_2 size2_i + \lambda_3 mb_i + \lambda_4 lev_i \qquad (4-12)$$

$$\begin{aligned} X_i = &\beta_1 + \beta_2 D_i + R_i(\mu_1 + \mu_2 size2_i + \mu_3 mb_i + \mu_4 lev_i) \\ &+ D_i R_i(\lambda_1 + \lambda_2 size2_i + \lambda_3 mb_i + \lambda_4 lev_i) + \\ &(\delta_1 size2_i + \delta_2 mb_i + \delta_3 lev_i + \delta_4 D_i size2_i \\ &+ \delta_5 D_i mb_i + \delta_6 D_i lev_i) + \varepsilon_i \end{aligned} \qquad (4-13)$$

$$R_i = \prod_{t,5}^{t+1,4}(1 + r_{i,t}) - \prod_{t,5}^{t+1,4}(1 + r_{M,t}) \qquad (4-14)$$

由于新增的控制变量存在数据缺失，导致样本量相应减少。进一步控制这三个变量后的实证结果如表 4 – 5 第（4）列所示，新增控制变量对股价泡沫均有显著影响，其中投资者异质性（$dturn$）和会计稳健性（C_Score）有助于降低股价泡沫，而个股收益波动（$sigma$）会增加股价泡沫。内部控制质量（IC）的回归系数为 – 0.006，且在 1% 水平上显著，即增加控制变量后高质量的内部控制依然可以显著降低股价泡沫。

表 4-5 关键变量变更和增加控制变量的稳健性结果

变量	(1) Bubble2	(2) Bubble3	(3) Bubble	(4) Bubble
IC	-0.005 ** (-2.19)	-0.006 ** (-2.45)		-0.006 *** (-2.71)
IC2			0.045 ** (2.46)	
size	-0.201 *** (-37.24)	-0.213 *** (-37.10)	-0.195 *** (-29.73)	-0.190 *** (-36.23)
lev	0.310 *** (14.68)	0.373 *** (16.66)	0.260 *** (10.30)	0.305 *** (14.23)
bsize	0.031 ** (2.31)	0.033 ** (2.29)	0.050 *** (3.40)	0.030 ** (2.29)
indrct	-0.168 *** (-4.03)	-0.170 *** (-3.84)	-0.195 *** (-4.17)	-0.167 *** (-4.15)
top1	-0.242 *** (-7.51)	-0.176 *** (-5.16)	-0.271 *** (-6.32)	-0.241 *** (-7.73)
mb	-0.026 *** (-11.32)	-0.019 *** (-7.74)	-0.019 *** (-7.38)	-0.029 *** (-12.41)
yrtr	-0.004 *** (-4.14)	-0.003 *** (-3.16)	-0.003 *** (-2.98)	-0.003 *** (-2.97)
age	0.085 *** (6.76)	0.088 *** (6.53)	0.057 *** (3.92)	0.083 *** (6.68)
dturn				-0.037 *** (-3.69)
sigma				1.088 *** (9.22)
C_Score				-0.184 *** (-2.90)
Constant	5.015 *** (40.18)	5.182 *** (39.14)	4.524 *** (27.61)	4.753 *** (39.13)
Year	Yes	Yes	Yes	Yes
Industry	Yes	Yes	Yes	Yes
Fixed Effects	Yes	Yes	Yes	Yes
N	30129	30129	23358	30002
Within. R^2	0.204	0.238	0.180	0.205
F	133.05 ***	162.13 ***	98.94 ***	125.97 ***

注：括号中数据为 $t(z)$ 值；*** 、** 分别代表在 1%、5% 的统计水平上显著。

4.3.4.4　基于 Heckman 两阶段模型的内生性检验

迪博内部控制指数构造的数据来源主要是上市公司对外公布的年报及内部控制评价（鉴证、审计）报告等。虽然这些报告会受到第三方或监管机构的审核，但仍不能排除上市公司在权衡各种因素后，作出不恰当的披露。所以，以公司披露数据构造的内部控制指数仍有可能存在自选择的内生性问题。为避免可能带来的估计误差，我们借鉴叶康涛等（2015）、陈汉文和杨晴贺（2021）的做法，采用 Heckman 两阶段模型处理自选择的内生性。

第一阶段采用面板 Probit 模型估计内部控制质量的影响因素，并基于此计算逆米尔斯比率（IMR）。根据叶康涛等（2015）的研究，本书首先将被解释变量内部控制质量设置为虚拟变量（IC_D），即当内部控制指数大于样本年度行业中位数时，IC_D 等于 1，否则为 0；其次参照相关文献（Doyle et al. ，2007；叶康涛等，2015；陈作华和方红星，2019）选择公司规模、资产负债率、董事会规模、独立董事比例、市值账面比、上市年限、存货占总资产的百分比（$invent$）等作为解释变量，同时还进一步控制了年度、行业固定效应；然后对模型进行面板 Probit 回归；最后根据预测值的正态分布密度函数和累积分布函数计算逆米尔斯比率。第二阶段将逆米尔斯比率（IMR）纳入前述实证模型进行回归分析。

表 4－6 列示了 Heckman 两阶段回归结果，其中第（1）列为第一阶段面板 Probit 模型回归结果，可见我们选取的解释变量均能显著解释内部控制虚拟变量；第（2）列为第二阶段纳入 IMR 的模型（4－9）回归结果，其中逆米尔斯比率的回归系数在 1% 水平上显著（$t = 3.07$），表明内部控制质量与股价泡沫的回归模型存在自选择问题，有必要进行 Heckman 两阶段处理。更重要的是，在考虑了自选择问题后，内部控制质量回归系数依然在 1% 水平上显著为负，进一步验证高质量的内部控制能够显著降低股价泡沫的研究假设。

表 4 – 6   **Heckman 两阶段模型检验结果**

变量	(1) 第一阶段 *IC_D*	变量	(2) 第二阶段 *Bubble*
size	0.514 *** (41.86)	*IC*	− 0.007 *** (− 2.88)
lev	− 1.184 *** (− 19.91)	*IMR*	0.176 *** (3.07)
bsize	− 0.095 ** (− 2.41)	*size*	− 0.133 *** (− 6.82)
indrct	0.304 ** (2.35)	*lev*	0.167 *** (3.53)
mb	0.101 *** (14.23)	*bsize*	0.023 * (1.70)
age	− 0.244 *** (− 14.41)	*indrct*	− 0.124 *** (− 2.97)
invent	0.561 *** (6.74)	*top*1	− 0.234 *** (− 7.49)
Constant	− 10.067 *** (− 36.12)	*mb*	− 0.014 *** (− 3.37)
		yrtr	− 0.003 *** (− 3.56)
		age	0.056 *** (3.80)
		Constant	3.530 *** (8.20)
Year	Yes	*Year*	Yes
Industry	Yes	*Industry*	Yes
Fixed Effects	No	*Fixed Effects*	Yes
N	30018	*N*	30018
Pseudo R^2	0.0519	*Within. R*^{2}	0.201
Wald	1969.93 ***	*F*	127.70 ***

注：第 (1) 列是 Heckman 第一阶段面板 Probit 估计结果，第 (2) 列是 Heckman 第二阶段纳入逆米尔斯比率的回归结果；括号中数值为 *t*(z) 值；＊＊＊、＊＊和＊分别代表在 1%、5% 和 10% 的统计水平上显著。

4.3.4.5 基于工具变量法的内生性检验

我们的理论逻辑是高质量的内部控制可以降低股价泡沫，反过来，股价泡沫低的公司可能更愿意去完善并有效执行内部控制，以规避泡沫风险。因此，内部控制质量与股价泡沫之间可能存在互为因果的内生性问题。

借鉴敖小波等（2017）做法，我们选取了与本公司内部控制质量相关性较高，而与本公司股价泡沫相关性较低的工具变量，即同年度同行业同地区上市公司内部控制指数均值（MIC）。我们对该工具变量的有效性进行了检验，首先，内生性检验（Endogeneity Test 统计量为 19.51，对应 P 值为 0）表明，内部控制质量确实存在内生性问题；其次，不可识别检验（Kleibergen-Paap rk LM 统计量为 493.98，对应 P 值为 0）表明，工具变量 MIC 与内部控制质量是相关的，因此，不存在不可识别问题，但仍可能存在弱工具变量问题；进一步的弱工具变量检验（Kleibergen-Paap rk Wald F 统计量为 829.58，大于 Stock-Yogo 弱工具变量检验 10% 临界值 16.38）表明，工具变量 MIC 与内部控制质量有较强的相关性，即不存在弱工具变量问题。可见，我们选取的工具变量 MIC 是有效的。

基于工具变量的两阶段回归结果如表 4-7 所示。其中，第（1）列为第一阶段内生解释变量对工具变量的回归结果，同年度同行业同地区上市公司内部控制指数均值（MIC）的回归系数为 0.0035，且在 1% 水平上显著，表明企业内部控制质量受到同年度同行业同地区上市公司内部控制水平的显著影响，进一步验证了工具变量与内生解释变量的相关性；第（2）列为第二阶段被解释变量对第一阶段回归拟合值进行回归的结果，可见 IC_hat 的回归系数为 -0.041，且在 1% 水平上显著，表明在控制了可能的反向因果内生性问题后，内部控制质量依然可以显著降低股价泡沫，即上述结论具有稳健性。

表 4-7　　　　　　　　　　　　工具变量检验结果

变量	（1）第一阶段 IC	（2）第二阶段 Bubble
MIC	0.0035 *** (52.52)	
IC_hat		-0.041 *** (-5.31)

续表

变量	（1）第一阶段 *IC*	（2）第二阶段 *Bubble*
size	0.268 ***	−0.181 ***
	(20.78)	(−31.45)
lev	−0.948 ***	0.261 ***
	(−18.75)	(11.77)
bsize	−0.250 ***	0.021
	(−7.77)	(1.61)
indrct	0.218 **	−0.157 ***
	(2.17)	(−3.88)
*top*1	0.181 **	−0.234 ***
	(2.33)	(−7.48)
mb	−0.027 ***	−0.025 ***
	(−4.89)	(−11.31)
yrtr	0.005 **	−0.003 ***
	(2.04)	(−3.44)
age	0.048	0.083 ***
	(1.59)	(6.75)
Constant	0.062	4.862 ***
	(0.21)	(40.12)
Year	Yes	Yes
Industry	Yes	Yes
Fixed Effects	Yes	Yes
N	30129	30129
Within. R^2	0.177	0.195
F/Wald	111.56 ***	65410.72 ***

注：括号中数值为 $t(z)$ 值；***、** 分别代表在 1%、5% 的统计水平上显著。

4.4 管理层操纵好消息的中介效应分析

上文的实证结果表明，内部控制在降低股价泡沫方面发挥了十分显著的作用。然而，这背后的机理尚不清晰，即内部控制可以通过什么途径来发挥作用，其传导机理是什么。前文基于管理层操纵好消息提出研究假设，即上市公司管理层通常会采用盈余激进或平滑的处理方式来操纵好消息，误导投资者决策，从而导致股票的市场价值持续的向上偏离，引起股价泡沫。下文将从盈余激进度和盈余平滑度角度解释管理层操纵好消息的行为，并通过实证检验揭示内部控制影响股价泡沫的传导路径。

4.4.1 盈余激进行为分析

股票价格上涨对管理层来说是有利的。如果管理层持有股份或者其薪酬中有股份支付，则股价上涨会给管理层带来直接的利益；即使管理层不持有股票，股价上涨也有利于股东向管理层给付更高的薪酬。因此，管理层出于自利动机会促使股价上涨，而制造并披露好消息是重要手段。管理层往往采用激进的盈余处理方式，使好消息更早地反映到盈余中，营造业绩繁荣的假象，促使股价高估；管理层也会隐瞒不利信息，有选择地向资本市场传递公司乐观的信息，比如，发布乐观的盈余预测，导致股价暴涨（谢雅璐，2016）。而良好的内部控制能显著降低管理层的信息操纵行为，确保上市公司及时、准确、公允地披露相关信息，从而提高信息披露质量（孙光国和杨金凤，2013；魏明海等，2007）。由此可见，盈余激进度可能是一条重要的传导路径，高质量的内部控制通过抑制管理层操纵好消息的行为，降低盈余激进度，进而减少股价泡沫。

根据巴伦和肯尼（Baron & Kenny，1986）以及温忠麟等（2004）提出的中介效应检验程序，我们对盈余激进度是否在内部控制质量影响股价泡沫中发挥中介效应进行检验。具体步骤为：第一，检验内部控制质量对股价泡沫的影响，考察模型（4 – 9）中系数 α_1 的显著性，这在上文已证实；第二，检验内部控制质量对盈余激进度（Ea）的影响，考察模型（4 – 10）中系数 β_1 的显著性；第三，同时分析内部控制质量与盈余激进度对股价泡沫的影响，考察模型（4 – 11）中系数 α_1' 和 γ 的显著性。如果系数 α_1、β_1、α_1' 和 γ 均显著，并且系数 α_1' 显著低于系数 α_1，同时 Sobel 检验显著，那么盈余激进度具有部分的中介效应；如果系数 α_1、β_1 和 γ 均显著，而系数 α_1' 不再显著，同时 Sobel 检验显著，那么盈余激进度具有完全的中介效应。

在研究内部控制质量对盈余激进度（Ea）影响时，我们选择公司规模、财务杠杆、净资产收益率（roe）、前3年经营活动现金流量净额占总资产比例的标准差（stdcfo）、独立董事比例、国有股比例（guor）和上市年限进行控制。表4-8示了盈余激进度的中介效应检验结果，其中第（1）、第（2）、第（3）列是模型（4-11）分别采用混合回归、随机效应及固定效应的回归结果，第（4）列是模型（4-10）的回归结果。第（1）~（3）列回归结果表明，在加入盈余激进度（Ea）后，内部控制质量与股价泡沫的回归系数依然显著为负，即内部控制质量越高，股价泡沫越低，进一步证实假设H4.1；盈余激进度与股价泡沫的回归系数均在1%水平上显著为正，表明盈余激进度越高，股价泡沫越高，与预期相符。第（4）列回归结果表明，内部控制质量与盈余激进度的回归系数在1%水平上显著为负，即内部控制质量越高，盈余激进度越低，表明提升内部控制质量有助于抑制管理层的盈余激进行为，与预期相符。

比较表4-8第（1）列和表4-4第（2）列，发现在加入盈余激进度后，混合回归的内部控制质量系数绝对值由0.0092下降为0.0089，t值绝对值也由3.91下降为3.86，根据弗里德曼和舍茨基（Freedman & Schatzkin，1992）在分析中介效应时提供的方法来检验这种下降的显著性，结果表明，该下降在5%的水平上显著（t统计值为-2.06）；进一步的Sobel检验，也达到1%的显著性水平（z统计值为-2.82）。因此，采用混合回归可以证明，盈余激进度具有显著的中介作用。进一步比较表4-8第（2）列和表4-4第（4）列，发现在加入盈余激进度后，随机效应回归的内部控制质量系数绝对值由0.0058下降为0.0052，t值绝对值也由2.57下降为2.19，且这种下降在1%水平上显著（t统计值为-3.33）；Sobel检验也达到1%的显著性水平（z统计值为-2.81）。因此，随机效应回归也可以证明盈余激进度具有中介作用。最后比较表4-8第（3）列和表4-4第（6）列，发现在加入盈余激进度后，固定效应回归的内部控制质量系数绝对值由0.0064下降为0.0051，t值绝对值也由2.75下降为2.09，这种下降同样在1%水平上显著（t统计值为-7.21）；Sobel检验同样达到1%的显著性水平（z统计值为-2.79）。可见，固定效应回归同样可以证明盈余激进度的中介作用。此外，通过LM、LR和Hausman检验发现，面板固定效应法回归显著优于面板随机效应法和最小二乘法回归。上述结论充分说明，盈余激进度具有显著的部分中介效应，即高质量的内部控制可以通过抑制管理层的盈余激进行为来降低股价泡沫。

表4-8　　　　　　　　　　　盈余激进度的中介效应检验

变量	(1) Bubble OLS	(2) Bubble RE	(3) Bubble FE	变量	(4) Ea FE
IC	-0.0089***	-0.0052**	-0.0051**	IC	-0.001***
	(-3.86)	(-2.19)	(-2.09)		(-2.86)
Ea	0.498***	0.417***	0.393***	size	0.008***
	(16.29)	(14.41)	(13.04)		(7.93)
size	-0.199***	-0.204***	-0.201***	lev	-0.030***
	(-61.60)	(-49.29)	(-32.01)		(-6.56)
lev	0.278***	0.322***	0.355***	roe	0.184***
	(16.61)	(16.45)	(14.57)		(59.93)
bsize	0.026**	0.022*	0.042***	stdcfo	0.008***
	(2.18)	(1.71)	(2.80)		(5.42)
indrct	-0.020	-0.102**	-0.185***	indrct	-0.009
	(-0.47)	(-2.38)	(-3.92)		(-1.02)
top1	-0.123***	-0.173***	-0.272***	guor	-0.007**
	(-6.19)	(-6.64)	(-6.92)		(-2.00)
mb	-0.014***	-0.020***	-0.027***	age	-0.019***
	(-6.56)	(-9.25)	(-10.94)		(-7.59)
yrtr	0.003***	-0.001	-0.004***	Constant	-0.155***
	(3.42)	(-1.59)	(-3.71)		(-6.79)
age	0.018***	0.012**	0.084***		
	(4.01)	(1.98)	(6.00)		
Constant	4.663***	4.818***	4.622***		
	(63.12)	(52.11)	(32.24)		
Year	Yes	Yes	Yes	Year	Yes
Industry	Yes	Yes	Yes	Industry	Yes
Fixed Effects	No	No	Yes	Fixed Effects	Yes
N	30129	30129	30129	N	30129
Adj. R^2/Within. R^2	0.311	0.204	0.209	Within. R^2	0.172
F/Wald	257.51***	9575.09***	134.85***	F	109.85***
LM 检验		8862.07***			
LR 检验			3.78***		
Hausman 检验			389.72***		

注：括号中数据为 $t(z)$ 值；***、**和*分别代表在1%、5%和10%的统计水平上显著。

4.4.2 盈余平滑行为分析

盈余激进度是管理层对当期盈余的操纵，是一种短期的盈余管理行为。而盈余平滑度则是管理层在多个会计期间调整会计盈余实现的，是一种长期的盈余管理行为。管理层的盈余平滑行为导致真实的业绩波动被隐藏，降低了公司透明度，增加了信息不对称。

意见分歧理论表明，在卖空约束下，投资者对股价估值的分歧将会导致股价高估，并且高估幅度与分歧程度正相关；随着投资者深入了解公司情况，分歧会逐渐减少，股价高估状况也会相应减弱。管理层对盈余的平滑处理，隐藏了真实的业绩波动，导致投资者难以深入了解公司业绩情况，使其在投资决策时存在较大分歧，从而促使股价高估。内部控制作为行之有效的权力制衡重要手段，可以减少管理层机会主义选择的可能性，限制管理层的信息操纵和盈余管理行为，从而起到降低盈余平滑度的作用。由此可见，盈余平滑度也可能是一条重要的传导路径，高质量的内部控制通过抑制管理层的盈余平滑行为，从而减少股价泡沫。

同样采用上述中介效应分析方法对盈余平滑度是否在内部控制质量影响股价泡沫中发挥中介作用进行检验。在研究内部控制质量对盈余平滑度（Es）影响时，我们同样选择了影响盈余激进度的变量进行控制。表4-9列示了盈余平滑度的中介效应检验结果，其中第（1）、第（2）、第（3）列是模型（4-11）分别采用混合回归、随机效应及固定效应的回归结果，第（4）列是模型（4-10）的回归结果。第（1）~第（3）列回归结果表明，在加入盈余平滑度（Es）后，内部控制质量回归系数依然显著为负，即内部控制质量越高，股价泡沫越低，进一步证实假设H4.1；盈余平滑度与股价泡沫的回归系数均在5%水平上显著为正，表明盈余平滑度越高，股价泡沫越高，与预期相符。第（4）列回归结果表明，内部控制质量与盈余平滑度的回归系数在1%水平上显著为负，即内部控制质量越高，盈余平滑度越低，表明提升内部控制质量有助于抑制管理层的盈余平滑行为，与预期相符。

比较表4-9第（1）列和表4-4第（2）列，发现在加入盈余平滑度后，混合回归的内部控制质量系数绝对值由0.0092下降为0.0091，t值绝对值也由 3.91 下降为 3.90，根据弗里德曼和舍茨基（Freedman & Schatz-kin，1992）在分析中介效应时提供的方法来检验这种下降的显著性，结果表明，该下降在 10% 的水平上显著（t 统计值为 -1.74）；进一步的 Sobel 检验，也达到 5% 的显著性水平（z 统计值为 -2.05）。因此，采用混合回归可以证明，盈余平滑度具有显著的中介作用。进一步比较表 4 - 9 第（2）列和表 4 - 4 第（4）列，发现在加入盈余平滑度后，随机效应回归的内部控制质量系数绝对值由 0.0058 下降为 0.0056，t 值绝对值也由 2.57 下降为 2.54，且这种下降在 1% 水平上显著（t 统计值为 -2.74）；Sobel 检验也达到 5% 的显著性水平（z 统计值为 -2.05）。因此，随机效应回归也可以证明盈余平滑度具有中介作用。最后比较表 4 - 9 第（3）列和表 4 - 4 第（6）列，发现在加入盈余平滑度后，固定效应回归的内部控制质量系数绝对值由 0.0064 下降为 0.0060，t 值绝对值也由 2.75 下降为 2.71，这种下降同样在 1% 水平上显著（t 统计值为 -3.20）；Sobel 检验同样达到 5% 的显著性水平（z 统计值为 -2.03）。可见，固定效应回归同样可以证明盈余平滑度的中介作用。此外，通过 *LM*、*LR* 和 *Hausman* 检验发现，面板固定效应法回归显著优于面板随机效应法和最小二乘法回归。上述结论充分说明，盈余平滑度具有显著的部分中介效应，即高质量的内部控制可以通过抑制管理层的盈余平滑行为来降低股价泡沫。

表 4 - 9　　　　　　　　　　　盈余平滑度的中介效应检验

变量	(1) *Bubble* OLS	(2) *Bubble* RE	(3) *Bubble* FE	变量	(4) *Es* FE
IC	- 0.0091 *** (- 3.90)	- 0.0056 ** (- 2.54)	- 0.0060 *** (- 2.71)	*IC*	- 0.009 *** (- 2.94)
Es	0.0093 ** (2.87)	0.0094 ** (2.86)	0.0101 ** (2.82)	*size*	- 0.026 *** (- 3.90)
size	- 0.194 *** (- 65.72)	- 0.197 *** (- 52.25)	- 0.192 *** (- 36.78)	*lev*	0.013 (0.43)
lev	0.259 *** (17.54)	0.292 *** (17.06)	0.300 *** (14.72)	*roe*	0.021 ** (2.08)
bsize	0.013 (1.18)	0.012 (1.06)	0.031 ** (2.39)	*stdcfo*	- 0.042 *** (- 4.46)

续表

变量	(1) Bubble OLS	(2) Bubble RE	(3) Bubble FE	变量	(4) Es FE
indrct	-0.020	-0.098***	-0.167***	indrct	-0.086
	(-0.54)	(-2.61)	(-4.14)		(-1.52)
top1	-0.128***	-0.177***	-0.240***	guor	0.059**
	(-7.36)	(-7.85)	(-7.72)		(2.47)
mb	-0.011***	-0.018***	-0.025***	age	0.116***
	(-5.96)	(-8.91)	(-11.00)		(6.91)
yrtr	0.004***	-0.001	-0.004***	Constant	0.175
	(4.03)	(-1.29)	(-3.72)		(1.18)
age	0.015***	0.009*	0.080***		
	(3.46)	(1.71)	(6.55)		
Constant	4.900***	5.000***	4.822***		
	(71.49)	(58.82)	(40.05)		
Year	Yes	Yes	Yes	Year	Yes
Industry	Yes	Yes	Yes	Industry	Yes
Fixed Effects	No	No	Yes	Fixed Effects	Yes
N	30129	30129	30129	N	30129
Adj. R^2/Within. R^2	0.308	0.198	0.203	Within. R^2	0.012
F/Wald	254.42***	9172.22***	131.42***	F	6.30***
LM 检验		9153.76***			
LR 检验			3.81***		
Hausman 检验			379.37***		

注：括号中数据为 $t(z)$ 值；***、** 和 * 分别代表在 1%、5% 和 10% 的统计水平上显著。

4.5　本章小结

　　本章通过理论分析和实证检验考察了内部控制质量与股价泡沫的关系，并从约束管理层操纵好消息（以盈余激进度和盈余平滑度衡量）角度深入分析了内部控制降低股价泡沫的路径模式和作用机理。实证研究发现：（1）提高上市公司内部控制质量有助于降低股价泡沫；在变更股价泡沫度量方法、采用内部控制缺陷指标、进一步控制其他变量以及考虑内生性问题后，该结论依然成立。（2）管理层操纵好消息的盈余激进和平滑行为容易导致股价泡沫。（3）高质量的内部控制可以抑制管理层操纵好消息的盈余激进行为和盈余平滑行为，从而提升信息透明度。（4）盈余激进度存在显著的中介效应，高质量的内部控制可以通过抑制管理层的盈余激进行为来降低股价泡沫。（5）盈余平滑度在内部控制质量影响股价泡沫过程中也发挥了显著的中介作用。

　　本章研究了内部控制质量对股价泡沫的影响，拓展了内部控制经济后果和股价泡沫影响因素的研究内容。本章还从管理层操纵好消息的盈余激进行为和平滑行为角度揭示了内部控制影响股价泡沫传导机理，为相关企业和部门从完善内部控制、约束管理层操纵好消息行为等角度来预防股价泡沫的产生提供了经验证据。

第 5 章

内部控制质量与股价崩盘风险：
隐藏坏消息的中介作用

我国股票市场自诞生以来就在暴涨和暴跌的交替中挣扎前行，暴涨的背后是股价泡沫的膨胀，暴跌的背后是泡沫的破灭（陈国进等，2009）。而与暴涨相比，股价暴跌的可能性往往更大，且持续时间更长（王冲和谢雅璐，2013）。频繁暴跌所引致的股价崩盘风险，不仅侵蚀了股东财富，打击了投资者信心，破坏了资本市场稳定，更可能扭曲资源配置，损害实体经济。因此，探究股价暴跌的发生机制，挖掘抑制股价崩盘风险的有效途径是亟待解决的重大理论和现实问题，广受实务界和学术界的关注。

早期学者从市场层面对股价崩盘风险的形成机理进行了有益探索，并形成了丰富的研究成果，如基于完全信息理性均衡框架下的波动率反馈假说、基于不完全信息理性均衡框架下的不对称信息假说以及基于行为金融框架下的异质信念假说等（陈国进等，2008；曹丰等，2016；谢雅璐，2016）。近年来，一些学者尝试从公司微观层面研究股价崩盘风险的形成原因，其中，金和迈尔斯（Jin & Myers，2006）提出的管理层捂盘假说得到学术界的广泛认可。该假说认为，公司管理层出于个人机会主义动机在信息披露中通常报喜不报忧，刻意隐瞒公司负面信息，造成市场对股价的高估，形成泡沫。而随着时间的推移，当负面信息累积至公司最大承载能力时，管理层迫于继续隐藏的高昂成本或其他客观性压力不得不集中释放众多负面信息，导致泡沫破裂，引发股价崩盘。基于管理层捂盘假说，一些学者研究发现信息透明度、避税行为、期权激励以及会计稳健性等因素对股价崩盘风险产生显著影响（Hutton et al.，2009；Kim et al.，2011a；

Kim et al.，2011b；Kim & Zhang，2015）。

　　管理层的捂盘行为之所以能够实施缘于企业契约的不完备性，企业剩余控制权的不对称分部使得管理层掌握更多内部资源。而内部控制作为弥补契约不完全性的控制系统，可以对企业各个环节中的非对称剩余控制权进行重新划分，从而有效制约了管理层的机会主义行为（孙光国和杨金凤，2013）。魏明海等（2007）也指出内部控制是确保财务信息可靠性的最为直接的因素，它不但降低了企业随机错报的概率，更有助于减少管理层机会主义选择的可能性。可见，基于管理层捂盘假说，内部控制应当对股价崩盘风险产生显著影响。然而，鲜有文献从这一角度展开分析。那么，内部控制到底会不会对股价崩盘风险产生显著影响？若存在显著影响，内部控制又是通过怎样的机制发挥作用呢？

　　为解答上述疑问，本章以 2000～2021 年中国 A 股上市公司为样本，系统检验了内部控制质量影响股价崩盘风险的客观表现和传导路径。我们的研究结果表明，随着上市公司内部控制质量的不断提升，股价崩盘风险显著降低；进一步的影响机制分析和中介效应检验表明，信息披露质量和代理成本在内部控制质量影响股价崩盘风险中均发挥了显著的中介作用。我们的主要贡献在于：第一，当前从资本市场角度研究内部控制经济后果的文献着重考察其信息披露的市场作用（杨清香等，2012；邱冬阳等，2010；叶康涛等，2015），而对上市公司内部控制整体质量及有效程度的分析还相当缺乏。我们以股价崩盘风险为落脚点研究内部控制质量对资本市场的影响，不仅拓展了内部控制经济后果的研究，也为实施内部控制的成本效益分析提供了新的经验证据。第二，现有文献在研究股价崩盘风险的影响因素时，着重考察市场层面因素，即使涉及公司层面也多集中于管理层动机、会计信息特征等内容，我们则将研究视角进一步拓展到内部控制，发现高质量的内部控制在抑制股价崩盘风险方面发挥着重要作用，丰富了股价崩盘风险影响因素的研究内容。第三，我们不仅检验了内部控制质量对股价崩盘风险是否存在显著影响，还通过理论分析和实证检验考察了代理成本和信息披露质量在其中发挥的中介作用，为深入理解内部控制影响股价崩盘风险的内在机制提供了可靠解释。第四，不同于以往文献将影响因素和经济后果割裂研究，我们基于双链条理论推演和中介效应方法，同时考察了信息披露质量和代理成本的影响因素和经济后果，丰富了相关文献。

5.1　理论分析及假设

崩盘，是指股票价格或市场指数急剧下跌或其泡沫突然破裂的情形。由于崩盘现象在资本市场中时有发生，因此，直接从市场层面分析原因并探寻影响因素自然成为众多学者研究的着力点。早期金融学者主要基于理性预期均衡框架对崩盘现象进行理论解释。而随着行为金融学的发展和崩盘风险衡量方法的不断成熟，借助经验研究从市场层面分析股价崩盘风险影响因素的文献逐渐增多。陈等（Chen et al.，2001）认为，投资者的异质信念和市场的卖空限制是股价崩盘风险产生的主要因素：由于卖空限制，持有负面消息的悲观投资者不能参与市场交易，导致股价只能体现拥有好消息的乐观投资者的看法，而当负面消息累积到一定程度致使乐观投资者也作出卖出行为时，负面消息就得到集中释放，从而引发股价崩盘；他们进一步的实证研究也支持这一推断。国内学者陈国进和张贻军（2009）针对中国股市限制卖空的背景也作了相似研究，结果证实，投资者异质信念程度越大，股价暴跌的可能性越大。然而，褚剑和方军雄（2016）却发现，旨在引入卖空机制的融资融券制度的实施不但没有降低标的股票的崩盘风险，甚至可能会进一步恶化。除了卖空限制和异质信念外，学者们还考察了其他市场因素。比如，许年行等（2012）研究发现在资本市场中发挥信息中介作用的分析师，受制于各种利益冲突，倾向于发布乐观的盈余预测和股票评级，掩盖了负面消息，而当高估的股价面临负面消息集中释放时，崩盘在所难免；许年行等（2013）研究发现作为资本市场的重要参与者，机构投资者没能发挥"市场稳定器"的作用，其卖方羊群行为加剧了股价崩盘风险。

不同于市场层面强调对投资者异质信念的分析，金和迈尔斯（Jin &

Myers，2006）假设投资者信念同质，从拥有信息优势并具有一定信息披露选择权的管理层角度分析了崩盘发生机理，所形成的管理层捂盘假说更是奠定了从公司层面研究股价崩盘风险影响因素的理论基础。管理层捂盘的直接后果就是信息不透明，因此，金和迈尔斯（Jin & Myers，2006）以及赫顿等（Hutton et al.，2009）均从公司信息透明度角度给出了经验证据。所不同的是，前者将公司信息透明度简化为市场透明度，进行了跨国比较研究；而后者直接以一国上市公司为研究对象，从应计盈余管理角度证实了信息透明度对股价崩盘风险的显著影响。还有学者从管理层捂盘的动机展开研究，如管理层出于利益侵占的税收规避、维持超额福利以及扩大期权激励价值所实施的隐藏负面信息行为均会增加股价崩盘风险（Kim et al.，2011a；Xu et al.，2014；Kim et al.，2011b）。而更多学者对如何有效约束管理层捂盘行为进行了有益探讨。现有文献发现，会计稳健性、大股东持股及债务诉讼均有助于抑制管理层选择性信息披露行为引发的股价崩盘风险（Kim & Zhang，2015；王化成等，2015；李小荣等，2014）。

内部控制作为一种行之有效的管理工具和权力制衡手段，引起了各国监管机构的重视，他们希望通过强化内部控制的方式来减少管理层的机会主义选择行为。如 2002 年美国监管机构颁布了萨班斯·奥克斯利法案，旨在通过加强对内部控制的关注来遏制管理层的财务舞弊、信息披露违规等行为，以增强投资者信心，稳定资本市场秩序。我国进入 21 世纪以来也相继出台了一系列制度规范，从 2001 年财政部发布的《内部会计控制规范》，到 2006 年沪深交易所发布的《上市公司内部控制指引》，再到 2008 年五部委联合发布的《企业内部控制基本规范》以及随后的配套指引和解释公告，充分体现了监管部门对促进企业内部控制体系建设与完善的决心。基于上述制度背景，一些学者研究了内部控制在监督约束管理层进而增强财务报告可靠性方面的作用。阿什博 - 斯凯夫等（Ashbaugh-Skaife et al.，2008）研究发现，当公司的内部控制存在缺陷时应计质量较低，而对内部控制缺陷修正后应计质量得到提高。方红星和金玉娜（2011）以自愿披露内部控制鉴证报告衡量内部控制质量，发现高质量的内部控制能够显著抑制管理层的应计盈余管理和真实盈余管理行为，提高财务报告质量。孙光国和杨金凤（2013）从内部控制自评报告、鉴证报告及违规处罚三个方面综合评价了内部控制质量，并通过实证研究发现，高质量的内部控制不但制约了管理层的盈余信息操纵行为，而且能够促进会计信息的及时确认与计量，显著提升了财务报告透明度。

虽然监管机构希望内部控制规范的实施能够稳定资本市场，但将内部控制经济后果延伸到资本市场的研究相对较少，且主要集中在内部控制信息披露的市场反应上。邱冬阳等（2010）及杨清香等（2012）基于中国股票市场研究发现，内部控制信息披露具有显著的市场反应。此外，也有学者从股价崩盘角度分析了内部控制信息披露的作用。赫顿等（Hutton et al.，2009）检验发现，美国颁布萨班斯·奥克斯利法案后股价暴跌现象有所降低。叶康涛等（2015）基于中国资本市场研究发现，内部控制信息披露中的内部监督与股价崩盘风险显著负相关，而内部控制整体质量对股价崩盘风险的影响不显著。这些文献似乎表明，强化内部控制信息披露水平比提高内部控制本身质量更有助于稳定资本市场。

我们认为，强制上市公司对外披露内部控制信息固然能够缓解管理层与投资者间的信息不对称，提高投资者的决策效率。但披露内部控制信息的目的就是要督促上市公司对存在的内控缺陷进行整改，不断完善自身的内部控制。此外，没有高质量的内部控制作保证，管理层甚至可以干预上市公司的内部控制信息披露，降低其信息含量。王惠芳（2011）就指出，我国上市公司披露的内部控制缺陷信息可读性差、信息含量严重不足，甚至可能存在敷衍和粉饰的行为。因此，仅对内部控制信息披露提出要求还不能制约管理层的自利行为，只有不断提高内部控制质量才能有效降低管理层隐瞒坏消息的倾向，从而抑制股价崩盘风险。

基于管理层捂盘假说，我们认为内部控制可以在事前防范、事中控制、事后纠正三个方面制约管理层机会主义选择行为（林钟高和胡苏华，2015），降低其隐瞒坏消息引发的股价崩盘风险。首先，加强内部控制环境建设，建立行之有效的惩罚约束机制，通过事前防范可能的财务舞弊及违规披露行为，降低管理层捂盘行为的发生概率；其次，通过一系列的风险评估及控制活动对管理层可能的机会主义选择行为进行严格把关，建立包括职责分离制度、授权审批制度和财产保护制度在内的多种控制措施；最后，充分发挥信息沟通和内部监督功能，及时纠正已被发现的财务舞弊和违规操纵行为，尽可能降低对资本市场的负面影响。基于上述分析，我们提出如下研究假设。

H5.1：限定其他条件，高质量的内部控制可以降低股价崩盘风险。

根据上述分析可知，管理层捂盘行为，也即隐藏坏消息的行为是导致股价崩盘风险的主要原因。因此，研究管理层隐藏坏消息的动机和手段有助于挖掘内部控制影响股价崩盘风险的内在传导机制。首先，管理层有很强的机会主义动机，而两权分离为管理层追逐高额薪酬、扩大在职消费、构建企业帝国等自利行为创造了条件。当管理层通过隐藏坏消息来实现个人私利时，最主要的表现就是代理成本较高，因而分析代理成本的高低可以揭示管理层机会主义动机的强弱。代理成本越高意味着管理层隐藏坏消息的程度就越大，从而引起的股价崩盘概率就更高。其次，操纵信息披露是管理层隐藏坏消息的主要手段。由于管理层拥有信息优势并具有一定的信息披露选择权，因而为其隐藏坏消息创造了可能性。管理层操纵信息披露必然会降低信息披露质量，提高信息不对称程度，进而引发股价崩盘风险。因此，信息披露质量的高低能够揭示管理层隐藏坏消息的程度。

内部控制作为极其重要的内部治理机制，能够有效减少管理层基于机会主义动机的自利行为，降低隐藏坏消息的可能性。因此，高质量的内部控制应当能够降低代理成本，提高信息披露质量。根据上述分析，我们提出以下假设。

H5.2：限定其他条件，管理层隐藏坏消息存在显著的中介效应，内部控制可以通过降低代理成本和提高信息披露质量来降低股价崩盘风险。

5.2 研究设计

5.2.1 样本选择与数据处理

本章选择 2000～2021 年沪、深两市 A 股上市公司为初始研究样本。内部控制质量数据依然选自迪博数据库，其他数据来源于国泰安数据库。进一步对初始样本作以下处理：（1）剔除金融行业上市公司；（2）剔除当年度新上市的公司；（3）剔除年度个股周收益率数据不足 30 个观测值的样本；（4）对于行业的分类，除制造业因数量较多采用二级代码分类外，其他行业均为一级代码分类；（5）剔除数据缺失和异常的样本；（6）对连续变量在 1% 和 99% 水平上进行了缩尾处理。经上述处理后，最终得到 22 年共 39991 个观测值。由于具体研究内容及模型的不同，各部分实证研究所使用的样本数量存在一定差异。

5.2.2 变量的选择和度量

5.2.2.1 股价崩盘风险

借鉴陈等（Chen et al.，2001）、赫顿等（Hutton et al.，2009）及耀友福等（2017）的做法，本书分别采用负收益偏态系数（*NCSKEW*）及收益上下波动比率（*DUVOL*）来度量股价崩盘风险。

首先，分年度采用个股 i 的周数据进行模型（5-1）的回归，并根据所得残差计算个股特有周收益率。

$$r_{i,\tau} = \alpha_i + \beta_{1i} r_{M,\tau-1} + \beta_{2i} r_{I,\tau-1} + \beta_{3i} r_{M,\tau} + \beta_{4i} r_{I,\tau} + \beta_{5i} r_{M,\tau+1} + \beta_{6i} r_{I,\tau+1} + \varepsilon_{i,\tau}$$

$$(5-1)$$

其中，$r_{i,\tau}$ 为个股 i 第 τ 周考虑现金红利再投资收益率；$r_{M,\tau}$ 为剔除个股影响且经流通市值加权的市场 M 第 τ 周的收益率；$r_{I,\tau}$ 为剔除个股影响且经流通市值加权的行业 I 第 τ 周的收益率。$r_{M,\tau}$ 及 $r_{I,\tau}$ 的计算公式如下，式中的 C 表示个股周流通市值；下标 j 和 k 分别为属于市场 M 或行业 I 的个股。个股特有周收益率为 $W_{i,\tau} = \ln(1 + \varepsilon_{i,\tau})$，$\varepsilon_{i,\tau}$ 是模型（5-1）的回归残差。

$$r_{M,\tau} = \frac{\sum_{j\in M} C_{j,\tau} r_{j,\tau} - C_{i,\tau} r_{i,\tau}}{\sum_{j\in M} C_{j,\tau} - C_{i,\tau}} \qquad (5-2)$$

$$r_{I,\tau} = \frac{\sum_{k\in I} C_{k,\tau} r_{k,\tau} - C_{i,\tau} r_{i,\tau}}{\sum_{k\in I} C_{k,\tau} - C_{i,\tau}} \qquad (5-3)$$

其次，基于 $W_{i,\tau}$ 构造两个股价崩盘风险的度量指标。

（1）负收益偏态系数 NCSKEW。

$$NCSKEW_{i,t} = -\left[n(n-1)^{3/2} \sum W_{i,\tau}^3 \right] \Big/ \left[(n-1)(n-2)\left(\sum W_{i,\tau}^2\right)^{3/2} \right]$$

$$(5-4)$$

其中，n 表示个股 i 每年的交易周数。NCSKEW 的数值越大，表明负偏态程度越严重，股价崩盘风险越大。

（2）收益上下波动比率 DUVOL。

$$DUVOL_{i,t} = \log\left\{ \left[(n_u - 1) \sum\nolimits_{DOWN} W_{i,\tau}^2 \right] \Big/ \left[(n_d - 1) \sum\nolimits_{UP} W_{i,\tau}^2 \right] \right\}$$

$$(5-5)$$

其中，$n_u(n_d)$ 表示个股 i 特有周收益率 $W_{i,\tau}$ 高于（低于）当年特有周收益率均值的周数；UP（DOWN）是特有周收益率高于（低于）均值的子样本。DUVOL 的数值越大，表明收益率分布倾向于左偏，股价崩盘风险越大。

5.2.2.2　内部控制质量

与第 4 章一致，我们依然采用迪博内部控制指数加 1 后取自然对数衡量内部控制质量。

5.2.2.3　管理层隐藏坏消息

（1）代理成本。管理层出于机会主义动机隐藏坏消息来实现个人私利，而代理成本的高低可以揭示管理层机会主义动机的强弱。因此，我们采用代理成本来考察管理层隐藏坏消息的程度。借鉴相关学者的研究（Ang et al.，2000；古志辉，2015；王亮亮等，2021），我们采用管理费用率衡量代理成本（Ac），管理费用率越高意味着代理成本越高。

（2）信息披露质量。管理层隐藏坏消息的主要手段是操纵信息披露，因此，信息披露质量的高低也可以揭示管理层隐藏坏消息的程度。借鉴相关学者的研究（蔡卫星和高明华，2009；江轩宇等，2020；叶莹莹等，2022），我们采用交易所信息披露考评结果衡量信息披露质量（*Ids*），当考评等级为优秀和良好时赋值为1，及格和不及格时赋值为0。

证券交易所信息披露考评揭示了上市公司信息披露水平，考评等级越高意味着信息披露质量越高。沪深交易所作为我国股票市场的"一线监管"者，均制定了各自的信息披露考核办法，并经多次修订完善。两大交易所的考核办法虽有所差异，但核心内容基本相同，均是对上市公司信息披露是否真实、准确、完整、及时、公平和合规等方面进行考核，实质就是对信息披露的数量和质量进行评价。两大交易所的评价结果都分为A（优秀）、B（良好）、C（合格）和D（不合格）四个等级。不同的是，两大交易所在评价结果的公布方面差异较大，其中深交所自2001年以来持续公布了评价结果，但上交所直到2018年才持续公布评价结果。由于交易所的权威性和专业性，其评价结果不仅受到了监管部门和投资者的广泛关注，也引起学者们的研究兴趣。学者们通常将信息披露考评结果作为企业信息披露质量的代理变量，展开相关研究。

5.2.2.4 控制变量

根据以往研究股价崩盘风险的做法（Chen et al.，2001；Hutton et al.，2009；Kim et al.，2011a，2011b），我们在研究内部控制质量影响股价崩盘风险时选择的控制变量包括：（1）投资者异质性（*dturn*），以月平均超额换手率除以100衡量；（2）市场收益（*ret*），以个股特有周收益率的年度均值乘以100衡量；（3）收益波动（*sigma*），以个股特有周收益率的标准差衡量；（4）公司规模（*size*），以公司总资产的自然对数衡量；（5）成长性（*mb*），以市值账面比衡量；（6）财务杠杆（*lev*），以公司的资产负债率衡量；（7）经营业绩（*roa*），以总资产收益率衡量。

具体变量的选择与定义如表5-1所示。

表5-1 变量的选择与定义

变量类型	变量名称	变量符号	变量定义
被解释变量	负收益偏态系数	*NCSKEW*	见式（5-4）
	收益上下波动比率	*DUVOL*	见式（5-5）

续表

变量类型	变量名称	变量符号	变量定义
解释变量	内部控制质量	IC	迪博内部控制指数加 1 的自然对数
中介变量	代理成本	Ac	管理费用率
	信息披露质量	Ids	交易所信息披露考评
控制变量	投资者异质性	$dturn$	月平均超额换手率除以 100
	市场收益	ret	个股特有周收益率的年度均值乘以 100
	收益波动	$sigma$	个股特有周收益率的标准差
	公司规模	$size$	年末总资产的自然对数
	成长性	mb	市值账面比
	财务杠杆	lev	年末资产负债率
	经营业绩	roa	总资产收益率
	年度	$Year$	各年份虚拟变量
	行业	Ind	证监会行业分类虚拟变量

5.2.3　实证模型

我们采用模型（5-6）检验内部控制质量是否影响股价崩盘风险。

$$CR_{i,t} = \alpha_0 + \alpha_1 IC_{i,t} + \sum_{j=1}^{7} \alpha_{1+j} Con_{i,t-1}^{j} + \sum_{k=1}^{22} \alpha_{8+k} Year^k + \sum_{f=1}^{26} \alpha_{30+f} Ind^f + \varepsilon_{i,t}$$

$$(5-6)$$

其中，$CR_{i,t}$ 表示公司 i 第 t 年的股价崩盘风险，分别采用负收益偏态系数及收益上下波动比率衡量；IC 是上市公司的内部控制质量；Con 为控制变量，借鉴以往文献均采用滞后一期数值度量；$Year$ 和 Ind 分别表示年度和行业的虚拟变量；求和符号中的 j、k 及 f 分别表示控制变量、年度及行业的数量，例如，控制变量有 7 个，则 j 的赋值为 1 ~ 7，Con^1 即表示第一个控制变量（投资者异质性）。若假设 H5.1 成立，即高质量的内部控制可以降低股价崩盘风险，则 IC 的系数 α_1 应显著为负。

为检验管理层隐藏坏消息的中介效应，我们根据巴伦和肯尼（Baron & Kenny，1986）以及温忠麟等（2004）提出的中介效应检验程序，构建实证模型，即在模型（5-6）的基础上，进一步构建模型（5-7）至模型（5-10）。其中，模型（5-7）和模型（5-8）检验代理成本的中介效应，而模型（5-9）和模型（5-10）检验信息披露质量的中介效应。

$$Ac_{i,t} = \beta_0 + \beta_1 IC_{i,t} + \sum_{j=1}^{8} \beta_{1+j} Con_{i,t}^j + \sum_{k=1}^{22} \beta_{9+k} Year^k + \sum_{f=1}^{26} \beta_{31+f} Ind^f + \mu_{i,t}$$

$$(5-7)$$

$$CR_{i,t} = \alpha'_0 + \alpha'_1 IC_{i,t} + \gamma Ac_{i,t} + \sum_{j=1}^{7} \alpha'_{1+j} Con_{i,t-1}^j + \sum_{k=1}^{22} \alpha'_{8+k} Year^k +$$

$$\sum_{f=1}^{26} \alpha'_{30+f} Ind^f + \varepsilon_{i,t} \qquad (5-8)$$

$$Ids_{i,t} = \beta_0 + \beta_1 IC_{i,t} + \sum_{j=1}^{8} \beta_{1+j} Con_{i,t}^j + \sum_{k=1}^{22} \beta_{9+k} Year^k + \sum_{f=1}^{26} \beta_{31+f} Ind^f + \mu_{i,t}$$

$$(5-9)$$

$$CR_{i,t} = \alpha'_0 + \alpha'_1 IC_{i,t} + \gamma Ids_{i,t} + \sum_{j=1}^{7} \alpha'_{1+j} Con_{i,t-1}^j + \sum_{k=1}^{22} \alpha'_{8+k} Year^k +$$

$$\sum_{f=1}^{26} \alpha'_{30+f} Ind^f + \varepsilon_{i,t} \qquad (5-10)$$

5.3 实证结果及分析

5.3.1 描述性统计分析

表5-2列示了各研究变量的描述性统计结果。描述股价崩盘风险的两个指标，负收益偏态系数（NCSKEW）和收益上下波动比率（DUVOL）的均值分别为 -0.280 和 -0.182，与相关文献的考察结果基本接近（许年行等，2012）；标准差分别为 0.707 和 0.469，说明这两个指标在样本公司中存在明显差异，为实证研究提供了数据基础。内部控制质量（IC）的均值（中位数）为 6.234（6.508），与逯东等（2015）报告的 6.539（6.547）相比略有下降，标准差为 1.262，表明上市公司间的内部控制质量存在一定的差异。代理成本（Ac）的均值（中位数）为 0.097（0.072），略低于与王亮亮等（2021）报告的 0.104（0.081），标准差为 0.1，表明样本公司间代理成本存在明显差异。信息披露质量的样本只有 25888 个，是因为

上交所在 2018 年才开始披露信息披露考评结果，导致数据缺失较多。信息披露质量的均值为 0.805，中位数及 75 分位数均为 1，表明大多数样本公司的考评结果为良好和优秀。控制变量的统计结果符合我国上市公司的实际情况，不再赘述。

表 5 - 2 变量的描述性统计

变量	样本量	均值	标准差	P25	中位数	P75	最小值	最大值
NCSKEW	39991	- 0.280	0.707	- 0.669	- 0.248	0.133	- 2.401	1.745
DUVOL	39991	- 0.182	0.469	- 0.494	- 0.186	0.123	- 1.309	1.069
IC	39991	6.234	1.262	6.423	6.508	6.562	0	6.820
Ac	39991	0.097	0.100	0.043	0.072	0.114	0.008	0.723
Ids	25888	0.805	0.396	1	1	1	0	1
Ldturn	39991	- 0.084	0.424	- 0.225	- 0.023	0.121	- 1.826	0.900
Lret	39991	- 0.113	0.099	- 0.142	- 0.083	- 0.049	- 0.564	- 0.011
Lsigma	39991	0.044	0.018	0.031	0.041	0.054	0.015	0.106
Lsize	39991	21.91	1.292	20.99	21.75	22.65	19.29	25.92
Lmb	39991	3.997	3.159	2.289	3.135	4.501	1.222	23.49
Llev	39991	0.451	0.202	0.296	0.451	0.603	0.059	0.916
Lroa	39991	0.037	0.064	0.013	0.036	0.067	- 0.246	0.216

5.3.2   主要变量的相关性分析

表 5 - 3 列示了主要变量间的相关系数。由表 5 - 3 可知，无论是 Pearson 结果还是 Spearman 结果，负收益偏态系数（NCSKEW）和收益上下波动比率（DUVOL）均在 1% 水平上显著正相关，且相关系数均超过了 0.8，表明这两个衡量股价崩盘风险的代理变量具有较高的一致性。内部控制质量（IC）无论是在 Pearson 还是 Spearman 结果中，与负收益偏态系数（NCSKEW）均在 1% 水平上显著负相关，与收益上下波动比率（DUVOL）也均在 1% 水平上显著负相关，表明在不控制其他影响因素的情况下，内部控制质量高，往往意味着股价崩盘风险较低，初步验证了假设 H5.1。负收益偏态系数（NCSKEW）和收益上下波动比率（DUVOL）均与代理成本（Ac）在 1% 水平上显著正相关，表明管理层隐藏坏消息动机和程度会增加

股价崩盘风险。而负收益偏态系数（*NCSKEW*）和收益上下波动比率（*DUVOL*）均与信息披露质量（*Ids*）在1%水平上显著负相关，表明高质量的信息披露能够减少管理层隐藏坏消息的手段及程度，从而降低股价崩盘风险。内部控制质量（*IC*）与代理成本（*Ac*）在1%水平上显著负相关，表明内部控制质量高，往往意味着代理成本低，与预期相符。内部控制质量（*IC*）与信息披露质量（*Ids*）在1%水平上显著正相关，表明内部控制质量高，往往意味着信息披露质量也高，与预期相符。控制变量与主要变量间的相关性基本符合实际情况，不再赘述。另外，通过计算方差膨胀因子，发现变量间不存在严重的共线性问题。

表 5 – 3　　　　　　　　　　主要变量的相关系数矩阵

变量	*NCSKEW*	*DUVOL*	*IC*	*Ac*	*Ids*
NCSKEW	1	0.881 ***	– 0.034 ***	0.015 **	– 0.063 ***
DUVOL	0.873 ***	1	– 0.043 ***	0.016 ***	– 0.063 ***
IC	– 0.065 ***	– 0.072 ***	1	– 0.243 ***	0.330 ***
Ac	0.031 ***	0.033 ***	– 0.177 ***	1	– 0.139 ***
Ids	– 0.068 ***	– 0.068 ***	0.316 ***	– 0.185 ***	1

注：右上角为 Spearman 相关系数，左下角为 Pearson 相关系数；***、**分别表示在1%、5%的统计水平上显著（双尾检验）。

5.3.3　回归分析

表 5 – 4 列示了内部控制质量与负收益偏态系数的回归结果。其中第（1）列和第（2）列是采用混合最小二乘法的回归结果，第（3）列和第（4）列是采用面板数据随机效应的回归结果，第（5）列和第（6）列是采用面板数据固定效应的回归结果。在混合最小二乘法回归中，内部控制质量（*IC*）的回归系数分别为 – 0.0350 和 – 0.0342，且均在1%的水平上显著；在面板数据随机效应回归中，内部控制质量（*IC*）的回归系数分别为 – 0.0338 和 – 0.0333，也均在1%的水平上显著；在面板数据固定效应回归中，内部控制质量（*IC*）的回归系数均为 – 0.0323，依然都在1%的水平上显著。这六列回归结果均说明内部控制质量越高的上市公司，其股票的负收益偏态系数越小，即提高上市公司的内部控制质量有助于显著降

低股价崩盘风险，假设 H5.1 得到证实。

表 5 – 4　　　　　内部控制质量与负收益偏态系数的回归结果

变量	(1) OLS	(2) OLS	(3) RE	(4) RE	(5) FE	(6) FE
IC	− 0.0350 *** (− 12.54)	− 0.0342 *** (− 11.69)	− 0.0338 *** (− 11.88)	− 0.0333 *** (− 11.21)	− 0.0323 *** (− 10.12)	− 0.0323 *** (− 9.87)
Ldturn		− 0.039 *** (− 3.94)		− 0.039 *** (− 4.03)		− 0.034 *** (− 3.09)
Lret		1.002 *** (6.62)		0.938 *** (6.18)		0.630 *** (3.93)
Lsigma		7.541 *** (8.76)		7.418 *** (8.57)		6.465 *** (6.99)
Lsize		0.019 *** (5.01)		0.024 *** (5.69)		0.066 *** (8.66)
Lmb		0.016 *** (11.12)		0.016 *** (10.93)		0.018 *** (10.62)
Llev		− 0.137 *** (− 5.32)		− 0.153 *** (− 5.60)		− 0.235 *** (− 6.26)
Lroa		0.333 *** (5.39)		0.288 *** (4.56)		0.120 * (1.68)
Constant	− 0.114 *** (− 2.74)	− 0.754 *** (− 8.13)	− 0.111 ** (− 2.48)	− 0.844 *** (− 8.41)	− 0.153 * (− 1.91)	− 1.706 *** (− 9.76)
Year	Yes	Yes	Yes	Yes	Yes	Yes
Industry	Yes	Yes	Yes	Yes	Yes	Yes
Fixed Effects	No	No	No	No	Yes	Yes
N	39991	39991	39991	39991	39991	39991
Adj. R^2/Within. R^2	0.046	0.053	0.047	0.054	0.048	0.056
F/Wald	41.53 ***	42.32 ***	1947.77 ***	2271.01 ***	39.05 ***	39.93 ***
LM 检验			109.73 ***	98.66 ***		
LR 检验					1.31 ***	1.32 ***
Hausman 检验					114.79 ***	266.57 ***

注：括号中数据为 $t(z)$ 值；***、** 和 * 分别代表在1%、5%和10%的统计水平上显著。

在这六列回归结果中，第（1）、第（3）、第（5）列是只控制年度和行业效应的回归结果，而第（2）、第（4）、第（6）列是控制所有变量的回归结果。从调整 R^2 和联合统计显著性来看，加入所有控制变量的回归效果更好。我们还分别采用 LM、LR 和 Hausman 检验混合最小二乘、面板固定效应和面板随机效应三种回归方法的可靠性。*LM* 检验结果表明，面板随机效应回归显著优于最小二乘回归；*LR* 检验结果表明，面板固定效应回归也显著优于最小二乘回归；最后的 *Hausman* 检验结果表明，面板固定效应回归显著优于面板随机效应回归，所以面板固定效应回归更加可靠，后续我们将采用加入所有控制变量的面板固定效应法作进一步回归分析。

表 5 - 5 列示了内部控制质量与收益上下波动比率的回归结果。表中六列的回归方法与表 5 - 4 一致，只是被解释变量替换为收益上下波动比率。从这六列的回归结果可以看出，不管是混合最小二乘回归、面板数据随机效应回归还是面板数据固定效应回归，内部控制质量的回归系数均在1%的水平上显著为负，表明内部控制质量越高的上市公司，其股票的收益上下波动比率越低，即提升上市公司的内部控制质量有助于显著降低股价崩盘风险，假设 H5.1 得到进一步证实。此外，通过比较调整 R^2、联合统计显著性以及 *LM*、*LR* 和 *Hausman* 检验结果可以看出，以收益上下波动比率为被解释变量时，与负收益偏态系数一样，加入所有控制变量的面板固定效应回归结果更加可靠。

表 5 - 5　　　内部控制质量与收益上下波动比率的回归结果

变量	(1) OLS	(2) OLS	(3) RE	(4) RE	(5) FE	(6) FE
IC	-0.0236*** (-12.78)	-0.0222*** (-11.42)	-0.0228*** (-12.08)	-0.0216*** (-10.97)	-0.0214*** (-10.09)	-0.0208*** (-9.59)
Ldturn		-0.025*** (-3.90)		-0.026*** (-4.00)		-0.024*** (-3.22)
Lret		0.614*** (6.11)		0.580*** (5.76)		0.407*** (3.82)
Lsigma		4.361*** (7.64)		4.318*** (7.52)		3.861*** (6.28)
Lsize		0.005* (1.82)		0.008*** (2.76)		0.036*** (7.08)
Lmb		0.009*** (9.74)		0.009*** (9.71)		0.012*** (10.20)
Llev		-0.066*** (-3.87)		-0.076*** (-4.18)		-0.125*** (-5.03)

续表

变量	(1) OLS	(2) OLS	(3) RE	(4) RE	(5) FE	(6) FE
Lroa		0.176 ***		0.150 ***		0.061
		(4.28)		(3.58)		(1.29)
Constant	− 0.093 ***	− 0.338 ***	− 0.090 ***	− 0.395 ***	− 0.111 **	− 0.971 ***
	(− 3.36)	(− 5.49)	(− 3.03)	(− 5.94)	(− 2.08)	(− 8.36)
Year	Yes	Yes	Yes	Yes	Yes	Yes
Industry	Yes	Yes	Yes	Yes	Yes	Yes
Fixed Effects	No	No	No	No	Yes	Yes
N	39991	39991	39991	39991	39991	39991
Adj. R^2/Within. R^2	0.048	0.053	0.049	0.055	0.050	0.057
F/Wald	44.06 ***	43.05 ***	2061.15 ***	2304.64 ***	40.96 ***	40.28 ***
LM 检验			93.67 ***	82.39 ***		
LR 检验					1.27 ***	1.27 ***
Hausman 检验					114.56 ***	247.59 ***

注：括号中数据为 $t(z)$ 值；***、**和*分别代表在1%、5%和10%的统计水平上显著。

从表5–4和表5–5可以看出，控制变量中除了经营业绩（*roa*）的显著性不稳健外，其他变量均在1%水平上显著。具体来看，市场平均收益（*ret*）、收益的波动（*sigma*）、公司规模（*size*）及市账比（*mb*）越高的上市公司，其股价崩盘风险就越大；而超额换手率（*dturn*）和财务杠杆（*lev*）越高的上市公司，其股价崩盘风险就越小，这些结论与国内相关研究基本吻合（王化成等，2015；褚剑和方军雄，2016）。

此外，与叶康涛等（2015）发现内部控制质量对股价崩盘风险没有显著影响不同，本书实证结果表明，无论是以负收益偏态系数还是收益波动比率作为被解释变量，内部控制质量对股价崩盘风险均有显著的负向影响。因此，提高内部控制质量能够有效抑制管理层的捂盘行为，减轻坏消息的集中释放对股价的负面冲击，从而降低股价崩盘风险，假设 H5.1 得到验证。

5.3.4　稳健性检验

为使上述结论更加稳健，我们进行了如下的稳健性测试。

5.3.4.1　变更股价崩盘风险的度量方法

一些学者在计算个股特有周收益率时没有考虑行业板块间收益率的差

异，即采用模型（5－11）的回归残差计算个股特有周收益率（Kim et al.，2011a；许年行等，2012；王化成等，2015）。我们也采用这样的做法重新对引起股价崩盘风险的两个代理变量进行稳健性分析。为便于区别，分别将两个新的代理变量定义为 NCSKEW2 和 DUVOL2。此外，基于新的个股特有周收益率重新计算了市场收益（Ret2）和收益波动（Sigma2）。重复上述实证过程，面板固定效应回归结果见表5－6中的第（1）和第（2）列。从表中可以看出，内部控制质量（IC）与两个新的股价崩盘风险代理变量（NCSKEW2 和 DUVOL2）回归的系数均在1%水平上显著为负，表明变更股价崩盘风险度量方法并不会改变上述研究结论，内部控制质量越高，股价崩盘风险越低的研究假设依然成立。

$$r_{i,\tau} = \alpha_i + \beta_{1i} r_{M,\tau-2} + \beta_{2i} r_{M,\tau-1} + \beta_{3i} r_{M,\tau} + \beta_{4i} r_{M,\tau+1} + \beta_{5i} r_{M,\tau+2} + \varepsilon_{i,\tau}$$

$$(5-11)$$

此外，陈等（Chen et al.，2001）、赫顿等（Hutton et al.，2009）还采用崩盘概率来衡量股价崩盘风险。崩盘概率（CRASH）是根据模型（5－12）设置的虚拟变量，具体如下：

$$W_{i,\tau} \leq Average(W_{i,\tau}) - 3.09\, \sigma_i \qquad (5-12)$$

其中，Average 是当年个股特有周收益率 $W_{i,\tau}$ 的均值，σ_i 表示当年个股特有周收益率的标准差。若（5－10）式在当年至少满足一次，即在当年发生过崩盘，则 CRASH 等于1，否则取0。同时，我们也采用不考虑行业板块间收益率差异的个股特有周收益率重新计算崩盘概率（CRASH2）进行稳健性检验。回归结果见表5－6的第（3）和第（4）列。从表中可以看出，内部控制质量（IC）与崩盘概率（CRASH、CRASH2）回归的系数均在1%水平上显著为负，表明内部控制质量越高，股价发生崩盘的概率就越低，同样证实假设 H5.1。

表5－6　　　　变更股价崩盘风险度量方法的稳健性结果

变量	(1) NCSKEW2	(2) DUVOL2	(3) CRASH	(4) CRASH2
IC	-0.037*** (-10.49)	-0.025*** (-10.75)	-0.063*** (-5.49)	-0.069*** (-6.13)

续表

变量	(1) NCSKEW2	(2) DUVOL2	(3) CRASH	(4) CRASH2
Ldturn	−0.015 (−1.29)	−0.011 (−1.44)	−0.087** (−1.98)	−0.062 (−1.44)
Lret2	0.011 (1.36)	0.006 (1.11)		−0.084* (−1.88)
Lret			0.081 (0.11)	
Lsigma2	1.474*** (6.43)	0.718*** (4.77)		−1.804 (−1.49)
Lsigma			−0.323 (−0.08)	
Lsize	0.069*** (8.41)	0.037*** (6.93)	−0.042** (−2.31)	−0.044** (−2.53)
Lmb	0.020*** (11.12)	0.013*** (10.90)	0.014** (2.30)	0.021*** (3.70)
Llev	−0.239*** (−5.96)	−0.126*** (−4.78)	−0.137 (−1.18)	−0.204* (−1.81)
Lroa	0.100 (1.31)	0.043 (0.86)	−0.312 (−1.13)	−0.414 (−1.55)
Constant	−1.531*** (−8.33)	−0.841*** (−6.97)	−1.271*** (−2.90)	−0.840** (−2.12)
Year	Yes	Yes	Yes	Yes
Industry	Yes	Yes	Yes	Yes
Fixed Effects	Yes	Yes	No	No
N	39991	39991	39991	39991
Within. R^2/Pseudo R^2	0.057	0.062	0.033	0.032
F/ $LR\chi^2$	40.79***	44.21***	950.70***	962.64***

注：括号中数据为 $t(z)$ 值；＊＊＊、＊＊和＊分别代表在1%、5%和10%的统计水平上显著。

5.3.4.2　变更内部控制质量的度量方法

正如第4章所述，一些学者通过考察上市公司内部控制是否存在缺陷来衡量内部控制质量（Chan et al.，2008；宋迪等，2019；陈汉文和杨晴贺，2021）。为避免迪博内部控制指数可能存在的主观性，我们也采用这样的做法进行稳健性分析。具体来说，当上市公司内部控制存在重大或重要缺陷时，表明内部控制质量较低，新指标 IC2 取值为 1；否则取值为 0。需要注意的是，由于内部控制缺陷指标在 2007 年及以后才对外公布，因此，本部分的样本量将相应减少。

重复上述实证过程，面板固定效应回归结果见表 5 - 7 中的第（1）和第（2）列。从表中可以看出，IC2 在两次回归中的系数分别为 0.138 及 0.092，且均在 1% 的水平上显著，表明存在内部控制缺陷的上市公司股价崩盘风险更高，同样验证了高质量的内部控制可以降低股价崩盘风险的研究假设。

表5 - 7 变更内部控制质量度量方法以及增加控制变量的稳健性结果

变量	(1) NCSKEW	(2) DUVOL	(3) NCSKEW	(4) DUVOL
IC2	0.138 *** (5.42)	0.092 *** (5.46)		
IC			- 0.031 *** (- 9.19)	- 0.021 *** (- 9.37)
Ldturn	- 0.043 *** (- 3.79)	- 0.027 *** (- 3.63)	- 0.036 *** (- 3.16)	- 0.023 *** (- 3.13)
Lret	0.711 *** (4.11)	0.465 *** (4.06)	0.685 *** (4.16)	0.436 *** (4.00)
Lsigma	7.297 *** (7.16)	4.347 *** (6.46)	6.227 *** (6.54)	3.644 *** (5.77)
Lsize	0.055 *** (5.83)	0.028 *** (4.54)	0.076 *** (8.61)	0.041 *** (7.02)
Lmb	0.019 *** (9.94)	0.012 *** (9.69)	0.006 ** (2.37)	0.003 * (1.83)
Llev	- 0.241 *** (- 5.40)	- 0.128 *** (- 4.33)	- 0.101 ** (- 2.09)	- 0.023 (- 0.70)
Lroa	0.046 (0.57)	0.008 (0.16)	0.045 (0.59)	- 0.0003 (- 0.01)
LC_Score			- 0.375 *** (- 3.38)	- 0.269 *** (- 3.65)
LTQ			0.054 *** (8.16)	0.035 *** (7.97)
LInst			0.149 *** (4.46)	0.116 *** (5.25)

续表

变量	(1) *NCSKEW*	(2) *DUVOL*	(3) *NCSKEW*	(4) *DUVOL*
Constant	− 2.013 ***	− 1.144 ***	− 2.129 ***	− 1.024 **
	(− 8.88)	(− 7.63)	(− 2.95)	(− 2.14)
Year	Yes	Yes	Yes	Yes
Industry	Yes	Yes	Yes	Yes
Fixed Effects	Yes	Yes	Yes	Yes
N	32960	32960	37617	37617
Within. R^2	0.045	0.045	0.060	0.061
F	29.10 ***	29.61 ***	37.70 ***	38.59 ***

注：括号中数据为 $t(z)$ 值；＊＊＊、＊＊和＊分别代表在 1%、5% 和 10% 的统计水平上显著。

5.3.4.3 进一步控制其他影响因素

一些学者发现会计稳健性、托宾 Q 值、机构投资者持股比例等因素会影响股价崩盘风险（Xu et al.，2014；Kim & Zhang，2015）。为缓解遗漏变量可能导致的内生性问题，我们进一步控制了会计稳健性（C_Score）、托宾 Q 值（TQ）以及机构投资者持股比例（Inst）三个因素。其中，会计稳健性（C_Score）的计算过程见第 4 章的模型（4 − 12）~模型（4 − 14）。由于新增的控制变量存在数据缺失，导致样本量相应减少。

重复上述实证过程，面板固定效应回归结果见表 5 − 7 中的第（3）和第（4）列。从表中可以看出，会计稳健性的回归系数均在 1% 水平上显著为负，表明提高会计稳健性有助于降低股价崩盘风险；而托宾 Q 值和机构投资者持股比例的回归系数均在 1% 水平上显著为正，表明提高托宾 Q 值和机构投资者持股比例会增加股价崩盘风险。更重要的是，在加入会计稳健性、托宾 Q 值、机构投资者持股比例后，内部控制质量在两次回归中的系数分别为 − 0.031 及 − 0.021，且均在 1% 的水平上显著，进一步证实研究假设 H5.1。

5.3.4.4 基于 Heckman 两阶段模型的内生性检验

如第 4 章所述，由于迪博内部控制指数是基于上市公司对外披露的数据进行构造，可能存在自选择的内生性问题。为避免可能的影响，我们同样采用 Heckman 两阶段模型进行处理。

第一阶段通过面板 Probit 模型估计影响内部控制质量的因素，并基于此计算逆米尔斯比率（IMR）。借鉴叶康涛等（2015）的研究，首先将被解释变量内部控制质量设置为虚拟变量（IC_D），即当内部控制指数大于样本年度行业中位数时，IC_D 等于 1，否则为 0；其次参照相关文献（Doyle et al.，2007；叶康涛等，2015；陈作华和方红星，2019）选择公司规模、资产负债率、董事会规模、独立董事比例、市值账面比、上市年限、存货占总资产的百分比（invent）等作为解释变量，并控制了年度、行业固定效应进行面板 Probit 回归；最后根据预测值的正态分布密度函数和累积分布函数计算逆米尔斯比率。第二阶段将逆米尔斯比率（IMR）纳入前述实证模型进行回归分析。

表 5 - 8 列示了 Heckman 两阶段回归结果，其中第（1）列为第一阶段面板 Probit 模型回归结果，与表 4 - 6 第（1）列相似，不再赘述。第（2）和第（3）列为第二阶段纳入 IMR 的模型（5 - 4）回归结果，其中逆米尔斯比率的回归系数均在 1% 水平上显著（t 为 7.52 和 10.40），表明内部控制质量与股价崩盘风险的回归模型存在自选择问题，有必要进行 Heckman 两阶段处理。更重要的是，在考虑了自选择问题后，内部控制质量回归系数分别为 - 0.029 和 - 0.018，且依然在 1% 水平上显著，进一步验证高质量的内部控制能够显著降低股价崩盘风险的研究假设。

表 5 - 8　　　　　　　　　　Heckman 两阶段模型检验结果

变量	第一阶段	变量	第二阶段	
	(1) IC_D		(2) NCSKEW	(3) DUVOL
size	0.488 *** (47.24)	IC	- 0.029 *** (-8.54)	- 0.018 *** (-8.03)
lev	- 1.200 *** (-23.06)	IMR	0.229 *** (7.52)	0.210 *** (10.40)
bsize	- 0.114 *** (-3.39)	Ldturn	- 0.043 *** (-3.83)	- 0.032 *** (-4.32)
indrct	0.385 *** (3.51)	Lret	0.581 *** (3.57)	0.361 *** (3.34)

续表

变量	第一阶段	变量	第二阶段	
	(1) IC_D		(2) NCSKEW	(3) DUVOL
mb	0.112 *** (18.16)	Lsigma	6.398 *** (6.83)	3.772 *** (6.07)
age	-0.246 *** (-17.39)	Lsize	0.118 *** (11.72)	0.083 *** (12.33)
invent	0.742 *** (9.58)	Lmb	0.021 *** (11.58)	0.014 *** (11.51)
Constant	-9.566 *** (-40.06)	Llev	-0.385 *** (-9.09)	-0.258 *** (-9.16)
		Lroa	0.239 *** (3.21)	0.168 *** (3.41)
		Constant	-2.881 *** (-12.39)	-2.034 *** (-13.18)
Year	Yes	Year	Yes	Yes
Industry	Yes	Industry	Yes	Yes
Fixed Effects	No	Fixed Effects	Yes	Yes
N	39263	N	39263	39263
Pseudo R^2	0.066	Within. R^2	0.058	0.060
Wald	2527.22 ***	F	39.91 ***	41.18 ***

注：第（1）列是 Heckman 第一阶段面板 Probit 估计结果，第（2）~（3）列是 Heckman 第二阶段纳入逆米尔斯比率的回归结果；括号中数据为 $t(z)$ 值；＊＊＊代表在 1% 的统计水平上显著。

5.3.4.5　基于工具变量法的内生性检验

我们的理论逻辑是高质量的内部控制可以降低股价崩盘风险，但反过来，股价崩盘风险低的公司可能更愿意去健全内部控制，以规避崩盘风险。因此，内部控制质量与股价崩盘风险之间可能存在互为因果的内生性问题。

根据第 4 章的分析，我们依然借鉴敖小波等（2017）做法，采用同年度同行业同地区上市公司内部控制指数均值（MIC）作为工具变量，该变量与上市公司内部控制质量相关性较高，但没有证据表明其与股价崩盘风险存在较高的相关性。我们进一步对该工具变量的有效性进行了检验，首先，内生性检验（Endogeneity Test 统计量为 11.701，对应 P 值为 0）表明，内部控制质量确实存在内生性问题；其次，不可识别检验（Kleiber-gen-Paap rk LM 统计量为717.258，对应 P 值为0）表明，工具变量 *MIC* 与内部控制质量是相关的，因此不存在不可识别问题，但仍可能存在弱工具变量问题；进一步的弱工具变量检验（Kleibergen-Paap rk Wald F 统计量为1222.010，大于 Stock-Yogo 弱工具变量检验 10% 临界值16.38）表明，工具变量 *MIC* 与内部控制质量有较强的相关性，也即不存在弱工具变量问题。可见，我们选取的工具变量 *MIC* 是有效的。

基于工具变量的两阶段回归结果如表 5 - 9 所示。其中第（1）列为第一阶段内生解释变量对工具变量的回归结果，同年度同行业同地区上市公司内部控制指数均值（*MIC*）的回归系数为0.0038，且在 1% 水平上显著，表明企业内部控制质量受到同年度同行业同地区上市公司内部控制水平的显著影响，进一步验证了工具变量与内生解释变量的相关性。第（2）和第（3）列为第二阶段被解释变量对第一阶段回归拟合值进行回归的结果，可见 *IC_hat* 的回归系数分别为 - 0.036 和 - 0.021，且均在 1% 水平上显著，表明在控制了可能的反向因果内生性问题后，内部控制质量依然可以显著降低股价崩盘风险，即上述结论具有稳健性。

表 5 - 9 工具变量检验结果

变量	第一阶段	第二阶段	
	（1） *IC*	（2） *NCSKEW*	（3） *DUVOL*
MIC	0.0038 *** (57.97)		
IC_hat		- 0.036 *** (- 3.20)	- 0.021 *** (- 2.85)
Ldturn	0.099 *** (5.84)	- 0.034 *** (- 3.04)	- 0.024 *** (- 3.19)
Lret	- 1.040 *** (- 4.22)	0.625 *** (3.89)	0.406 *** (3.81)
Lsigma	- 8.897 *** (- 6.26)	6.432 *** (6.92)	3.857 *** (6.24)
Lsize	0.222 *** (18.89)	0.067 *** (8.30)	0.036 *** (6.72)

续表

变量	第一阶段	第二阶段	
	(1) *IC*	(2) *NCSKEW*	(3) *DUVOL*
Lmb	− 0. 022 *** (− 8. 32)	0. 018 *** (10. 47)	0. 012 *** (10. 09)
Llev	− 0. 428 *** (− 7. 43)	− 0. 237 *** (− 6. 25)	− 0. 126 *** (− 4. 99)
Lroa	2. 810 *** (25. 78)	0. 129 (1. 62)	0. 063 (1. 18)
Constant	0. 589 ** (2. 18)	− 1. 69 *** (− 9. 60)	− 0. 970 *** (− 8. 26)
Year	Yes	Yes	Yes
Industry	Yes	Yes	Yes
Fixed Effects	Yes	Yes	Yes
N	39991	39991	39991
Within. R²	0. 193	0. 056	0. 057
F/Wald	160. 20 ***	8894. 91 ***	8618. 17 ***

注：括号中数据为 $t(z)$ 值；*** 、** 分别代表在 1% 、5% 的统计水平上显著。

5.4　管理层隐藏坏消息的中介效应分析

上文的实证结果及一系列的稳健性检验均表明内部控制在降低股价崩盘风险方面发挥了十分显著的作用。然而，这背后的机理尚不清晰，即内部控制可以通过什么途径来发挥作用？其传导机理是什么？上文基于管理层捂盘假说提出研究假设，即内部控制可以通过抑制管理层隐瞒坏消息的操纵行为来降低股价崩盘风险。但管理层隐瞒坏消息行为是难以直接观测的，我们将从代理成本和信息披露质量角度间接解释隐瞒坏消息行为，并通过理论分析和实证检验揭示内部控制影响股价崩盘风险的传导路径。

5.4.1　基于代理成本的隐藏动机分析

两权分离产生了委托代理关系，而处于代理人地位的管理层并不总以股东利益最大化进行决策，追求高额薪酬、扩大在职消费、构建企业帝国等机会主义行为均会产生严重的代理问题。实现个人私利也正是管理层捂盘的主要动机，其后果可能会引发股价崩盘。金等（Kim et al.，2011a）就发现，管理层为实现股权薪酬最大化，通常会隐藏负面信息，增加了股价崩盘风险。代理成本越高，通常意味着管理层攫取个人私利的动机越强，进而引发股价崩盘风险的概率就越大。陈翔宇和万鹏（2016）研究发现，代理成本越高的上市公司出现股价崩盘的可能性更大。而内部控制作为行之有效的权力制衡手段，可以减少管理层机会主义选择的可能性，限制管理层隐藏坏消息和利益侵占行为，从而起到降低代理成本的作用。杨德明等（2009）研究发现，高质量的内部控制显著降低了管理层与股东之间的代理成本。由此可见，代理成本可能是一条重要的传导路径，即高质量的内部控制通过降低代理成本有助于抑制管理层的捂盘行为，从而降低股价崩盘风险。

同样，根据巴伦和肯尼（Baron & Kenny，1986）以及温忠麟等（2004）提出的中介效应检验程序，对代理成本是否在内部控制质量影响股价崩盘风险中发挥中介效应进行检验。具体步骤为：第一，检验内部控制质量对股价崩盘风险的影响，考察模型（5-6）中系数 α_1 的显著性，这在上文已证实；第二，检验内部控制质量对代理成本（Ac）的影响，考察模型（5-7）中系数 β_1 的显著性；第三，同时分析内部控制质量与代理成本对股价崩盘风险的影响，考察模型（5-8）中系数 α_1' 和 γ 的显著性。如果系数 α_1、β_1、α_1' 和 γ 均显著，并且系数 α_1' 显著低于系数 α_1，同时 Sobel 检验显著，那么代理成本具有部分的中介效应；如果系数 α_1、β_1 和 γ 均显著，而系数 α_1' 不再显著，同时 Sobel 检验显著，那么代理成本具有完全的中介效应。

在考察内部控制质量对代理成本影响时，选择公司规模、资产负债率、总资产收益率、董事会规模、独立董事比例、第一大股东持股比例、股权制衡度（$Z12$）和机构投资者持股比例（$Inst$）进行控制。代理成本的中介效应检验结果如表5-10所示。其中，第（1）和第（2）列分别是采用负收益偏态系数（$NCSKEW$）和收益上下波动比率（$DUVOL$）进行面板固定效应的回归结果，可见，在加入代理成本（Ac）后，内部控制质量的回归系数依然在1%水平上显著为负，即内部控制质量越高，股价崩盘风险越低，进一步证实假设H5.1。此外，这两列中的代理成本（Ac）回归系数均在1%水平上显著为正，表明代理成本越高，管理层隐藏坏消息的动机和程度也越高，进而股价崩盘风险就越大，与预期相符。表5-10中第（3）列报告了内部控制质量影响代理成本的回归结果，其中，内部控制质量的回归系数在1%水平上显著为负，即内部控制质量越高，代理成本越低，表明提升内部控制质量有助于抑制管理层的隐藏坏消息行为，从而降低代理成本，与预期相符。

比较表5-10第（1）列和表5-4第（6）列，发现在加入代理成本后，基于负收益偏态系数的固定效应回归中，内部控制质量系数绝对值由0.0323下降为0.0304，t值绝对值也由9.87下降为9.22。根据弗里德曼和舍茨基（Freedman & Schatzkin, 1992）在分析中介效应时提供的方法来检验这种下降的显著性，结果表明，该下降在1%的水平上显著（t统计值为-3.25）。进一步的Sobel检验，也达到1%的显著性水平（z统计值为-4.09）。上述结果说明，代理成本在内部控制质量影响负收益偏态系数中发挥了显著的部分中介作用。

继续比较表5-10第（2）列和表5-5第（6）列，发现在加入代理成本后，基于收益上下波动比率的固定效应回归中，内部控制质量系数绝对值由0.0208下降为0.0197，t值绝对值也由9.59下降为8.96。这种下降同样在1%水平上显著（t统计值为-2.83）；Sobel检验也达到1%的显著性水平（z统计值为-3.94）。上述结果说明，代理成本在内部控制质量影响收益上下波动比率中发挥了显著的部分中介作用。

表5-10　　　　　　　　代理成本的中介效应检验

变量	(1) NCSKEW	(2) DUVOL	变量	(3) Ac
IC	-0.0304*** (-9.22)	-0.0197*** (-8.96)	IC	-0.007*** (-20.40)
Ac	0.202*** (4.17)	0.129*** (4.01)	size	-0.027*** (-35.58)

变量	(1) NCSKEW	(2) DUVOL	变量	(3) Ac
Ldturn	−0.034 *** (−3.10)	−0.024 *** (−3.23)	lev	0.011 *** (3.25)
Lret	0.624 *** (3.89)	0.403 *** (3.78)	roa	−0.122 *** (−30.88)
Lsigma	6.418 *** (6.94)	3.830 *** (6.23)	bsize	0.006 *** (2.90)
Lsize	0.069 *** (8.92)	0.038 *** (7.34)	indrct	−0.016 *** (−2.60)
Lmb	0.018 *** (10.59)	0.012 *** (10.17)	top1	−0.042 *** (−7.35)
Llev	−0.223 *** (−5.92)	−0.117 *** (−4.70)	Z12	0.0001 * (1.91)
Lroa	0.166 ** (2.28)	0.092 * (1.91)	Inst	0.010 *** (2.62)
Constant	−1.788 *** (−10.16)	−1.023 *** (−8.75)	Constant	0.736 *** (41.59)
Year	Yes	Yes	Year	Yes
Industry	Yes	Yes	Industry	Yes
Fixed Effects	Yes	Yes	Fixed Effects	Yes
N	39991	39991	N	39991
Within. R^2	0.057	0.057	Within. R^2	0.123
F	39.54 ***	39.86 ***	F	90.88 ***

注：括号中数据为 $t(z)$ 值；*** 、** 和 * 分别代表在 1% 、5% 和 10% 的统计水平上显著。

综上所述，代理成本在内部控制质量影响股价崩盘风险中发挥了部分中介作用，即高质量的内部控制可以通过减少代理成本来降低股价崩盘风险。

5.4.2　基于信息披露质量的隐藏手段分析

管理层要想实现信息捂盘，前提就是该行为在短期内不能被投资者侦查和发现，因此，通过降低公司信息披露质量、营造不透明信息环境是实施隐藏坏消息行为的主要手段。金和迈尔斯（Jin & Myers，2006）以及赫顿等（Hutton et al.，2009）均发现信息不透明是造成股价崩盘风险的主要因素。而良好的内部控制能显著降低管理层的信息操纵行为，确保上市公司及时、准确、公允地披露相关信息，从而提高信息披露质量（孙光国和杨金凤，2013；魏明海等，2007）。由此可见，信息披露质量可能是一条重要的传导路径，高质量的内部控制通过提高信息披露质量有助于减少管理层对坏消息的隐藏，从而降低股价崩盘风险。

同样采用上述中介效应分析方法对信息披露质量是否在内部控制质量影响股价崩盘风险中发挥中介作用进行检验。在考察内部控制质量对信息披露质量影响时，选择公司规模、资产负债率、总资产收益率、董事会规模、独立董事比例、两职合一（dual）、第一大股东持股比例和上市年限进行控制。由于上交所 2018 年之前没有披露信息披露考评结果，导致样本量大幅减少。因此，我们对模型（5-6）重新回归，结果见表 5-11 的第（1）和第（2）列，可见，样本量的减少并没有影响内部控制质量对股价崩盘风险的影响，其回归系数依然在 1% 水平上显著为负。

信息披露质量的中介效应检验结果如表 5-11 的第（3）~第（5）列所示。其中，第（3）和第（4）列分别是采用负收益偏态系数（NC-SKEW）和收益上下波动比率（DUVOL）进行面板固定效应的回归结果，可见，在加入信息披露质量（Ids）后，内部控制质量的回归系数依然在 1% 水平上显著为负，即内部控制质量越高，股价崩盘风险越低，进一步证实假设 H5.1。此外，这两列中信息披露质量（Ids）回归系数均在 1% 水平上显著为负，表明较高的信息披露质量有助于约束管理层隐藏坏消息行为，从而降低股价崩盘风险，与预期相符。表 5-11 中第（5）列报告了内部控制质量影响信息披露质量的回归结果，其中，内部控制质量的回归系数在 1% 水平上显著为正，即内部控制质量越高，信息披露质量也越高，表明提升内部控制质量有助于抑制管理层隐藏坏消息行为，从而提高信息披露质量，与预期相符。

比较表 5-11 第（3）和第（1）列，发现在加入信息披露质量后，基于负收益偏态系数的固定效应回归中，内部控制质量系数绝对值由 0.0322 下降为 0.0288，t 值绝对值也由 7.50 下降为 6.61，该下降在 5% 的水平上显著（t 统计值为 -2.45）。进一步的 Sobel 检验则达到 1% 的显著性水平（z 统计值为 -4.14）。上述结果说明，信息披露质量在内部控制质量影响负收益偏态系数中发挥了显著的部分中介作用。

继续比较表 5 - 11 第（4）和第（2）列，发现在加入信息披露质量后，基于收益上下波动比率的固定效应回归中，内部控制质量系数绝对值由 0.022 下降为 0.0196，t 值绝对值也由 7.8 下降为 6.87。这种下降在 1% 水平上显著（t 统计值为 -2.64）；Sobel 检验也达到 1% 的显著性水平（z 统计值为 -4.36）。上述结果说明，信息披露质量在内部控制质量影响收益上下波动比率中发挥了显著的部分中介作用。

表 5 - 11 　　　　　　　　信息披露质量的中介效应检验

变量	(1) NCSKEW	(2) DUVOL	(3) NCSKEW	(4) DUVOL	变量	(5) Ids
IC	-0.0322^{***} (-7.50)	-0.0220^{***} (-7.80)	-0.0288^{***} (-6.61)	-0.0196^{***} (-6.87)	IC	0.282^{***} (16.79)
Ids			-0.061^{***} (-4.27)	-0.042^{***} (-4.51)	size	0.200^{***} (4.12)
Ldturn	-0.021 (-1.56)	-0.010 (-1.10)	-0.023^{*} (-1.68)	-0.011 (-1.23)	lev	-1.649^{***} (-7.86)
Lret	0.402^{*} (1.93)	0.334^{**} (2.44)	0.404^{*} (1.94)	0.335^{**} (2.45)	roa	2.174^{***} (6.96)
Lsigma	5.552^{***} (4.61)	3.509^{***} (4.45)	5.538^{***} (4.60)	3.499^{***} (4.44)	bsize	-0.383^{***} (-3.22)
Lsize	0.081^{***} (7.11)	0.048^{***} (6.40)	0.079^{***} (6.94)	0.046^{***} (6.22)	indrct	0.661^{*} (1.72)
Lmb	0.022^{***} (9.06)	0.015^{***} (9.37)	0.022^{***} (9.08)	0.015^{***} (9.39)	dual	-0.173^{**} (-2.41)
Llev	-0.255^{***} (-4.83)	-0.162^{***} (-4.69)	-0.257^{***} (-4.88)	-0.164^{***} (-4.74)	top1	1.009^{***} (3.07)
Lroa	0.234^{**} (2.51)	0.118^{*} (1.92)	0.291^{***} (3.08)	0.157^{**} (2.54)	age	-0.797^{***} (-6.68)
Constant	-1.873^{***} (-7.16)	-1.090^{***} (-6.36)	-1.819^{***} (-6.95)	-1.054^{***} (-6.14)		
Year	Yes	Yes	Yes	Yes	Year	Yes
Industry	Yes	Yes	Yes	Yes	Industry	Yes

续表

变量	(1) NCSKEW	(2) DUVOL	(3) NCSKEW	(4) DUVOL	变量	(5) Ids
Fixed Effects	Yes	Yes	Yes	Yes	Fixed Effects	Yes
N	25888	25888	25888	25888	N	25888
Within. R^2	0.055	0.055	0.056	0.055	Pseudo R^2	0.604
F	24.48***	24.21***	24.39***	24.16***	$LR\chi^2$	1390.02***

注：括号中数据为 $t(z)$ 值；***、** 和 * 分别代表在 1%、5% 和 10% 的统计水平上显著。

综上所述，信息披露质量在内部控制质量影响股价崩盘风险中发挥了部分中介作用，即高质量的内部控制可以通过提升信息披露质量来降低股价崩盘风险。

5.5　本章小结

作为权力制衡的重要手段，内部控制是否可以减少管理层隐藏坏消息行为引发的股价崩盘值得深入研究。本章以 2000 ~ 2021 年中国 A 股上市公司为研究样本，通过理论分析和实证检验考察了内部控制质量与股价崩盘风险的关系，并从代理成本和信息披露质量角度探索了管理层隐藏坏消息的动机和手段，进而深入分析了内部控制质量降低股价崩盘风险的路径模式和作用机理。实证研究发现：（1）高质量的内部控制能够显著降低股价崩盘风险，在变更股价崩盘风险度量方法、采用内部控制缺陷指标、进一步控制其他变量以及考虑内生性问题后，该结论依然成立；（2）管理层隐藏坏消息的动机和手段越强，往往意味着代理成本越高，信息披露质量越差，进而加大了股价崩盘风险；（3）高质量的内部控制可以有效减少管理层对坏消息的隐藏，降低代理成本，提高信息披露质量；（4）代理成本存在显著的中介效应，高质量的内部控制可以通过减少代理成本来降低股价崩盘风险；（5）信息披露质量在内部控制质量影响股价崩盘风险中也发挥了显著的部分中介作用。

　　本章研究了内部控制质量对股价崩盘风险的影响，拓展了内部控制经济后果和股价崩盘风险影响因素的研究内容。本章还从管理层隐藏坏消息的动机和手段角度揭示了内部控制影响股价崩盘风险的传导机理，为相关企业和部门从完善内部控制、减少管理层隐藏坏消息行为等角度来防范和化解崩盘风险提供了经验证据。

第 6 章

内部控制质量与股价信息含量：
信息操纵的中介作用

我国股市经过三十多年的发展，虽然对经济增长作出重要贡献，但仍然存在较高的暴涨暴跌风险，这在前文已经得到验证。股价的不稳定现象多半缘于股票价格不能真实反映公司内在价值，股价承载和传递的公司特质信息量较低。因此，探究股价信息含量较低的成因并挖掘增强股市信息效率的有效途径对于加强股市稳定、保护投资者利益具有重要的现实意义。

近年来，学者们陆续发现投资者产权保护程度、信息交易者、公司治理等因素对股市信息效率有重要影响（Morck et al.，2000；朱红军等，2007；Gul et al.，2010；田高良等，2013）。但是，这些研究着重考察企业外部因素，而对企业自身，尤其是对企业信息透明度的关注不足。实际上，影响股票价格的三类信息中，公司层面特质信息比市场层面信息和行业层面信息更为关键（Campbell & Lettau，1999）。正如金和迈尔斯（Jin & Myers，2006）所说，股价信息含量的差异本质上源于信息透明度的不同，不透明的信息环境，增加了外部投资者获取和理解公司特质信息的成本，致使投资者只能以市场平均收益对公司价值作出评估，抑制了公司特质信息融入股价，从而降低了股价信息含量。信息透明度对股价信息含量的显著作用得到了诸多学者的证实（Hutton et al.，2009；袁知柱和鞠晓峰，2008；陆瑶和沈小力，2011）。

然而，诸多学者研究认为中国上市公司的信息透明度较低，财务造假、违规披露、盈余操纵等问题层出不穷（高雷和宋顺林，2007；张宗新等，2007；王冲和谢雅璐，2013）。而内部控制是保证财务等信息可靠性的最为直接的因素（魏明海等，2007），合理保证财务报告质量也是内部控制的核心目标之一。自美国出台萨班斯—奥克斯利法案（以下简称SOX）以来，各国监管机构相继出台了一系列关于内部控制的制度规范（李万福等，2011），以遏制财务造假、违规披露等降低信息透明度的行为。相应地，我国财政部等五部门也相继联合颁布了简称 C-SOX 的内部控制规范体系，包括企业内部控制基本规范和相应的配套指引，以促进上市公司内部控制体系的建设和完善。那么理论上，内部控制水平的不断加强，显然能够改善上市公司的信息透明度，进而提升股价信息含量。然而，鲜有文献从内部控制角度探讨影响股市信息效率的有效路径。同时，有学者指出，中国上市公司内部控制体系建设仍然存在形式主义等问题（叶康涛等，2015），我们调查的一些实务界人士也指出，内部控制在企业中没有发挥有效作用。那么，内部控制作为世界各国所关注的提高公司治理水平和保护投资者利益的重要手段（李万福等，2011），能否营造出透明的信息环境，从而起到提高股价信息含量的作用呢？

为解答上述问题，本章从内部控制出发，检验其报告目标实现程度的同时，探究其通过信息透明度影响股价信息含量的路径模式和作用机制，为改善股市信息效率找到新的有效途径。具体来说，本章选择 2000~2021 年中国 A 股上市公司为研究对象，以迪博内控指数衡量内部控制质量，采用应计盈余管理和真实盈余管理作为信息透明度的代理变量，以修正后的股票收益率与换手率动态模型交乘项系数衡量股价信息含量，展开实证检验。

本章的主要贡献在于以下几点。第一，当前将内部控制经济后果延伸到资本市场的研究仅有少数几篇，如内部控制信息披露的市场反应（杨清香等，2012；陈宋生和郭京晶，2011）、对股价崩盘风险的影响等（叶康涛等，2015），我们则从股价信息含量的角度，探究了企业内部控制体系的建设和完善对股市信息效率的重要意义，为内部控制经济后果的研究提供了新的经验证据。第二，现有文献对股价信息含量的研究，着重考察外部资本市场等宏观和中观层面因素，即使涉及公司层面也仅限于治理结构、信息披露等内容，本章则将研究视角拓展到了内部控制，证实高质量的内部控制在提升股价信息含量方面发挥了重要作用，丰富了股价信息含量影响因素的研究。第三，本章不仅检验了内部控制质量是否影响股价信息含量，还通过理论分析和实证检验考察了管理层信息操纵导致的信息不透明在内部控制质量影响股价信息含量中发挥的中介作用，为深入理解内部控制影响股价信息含量的内在机理提供了可靠的解释。

6.1　理论分析及假设

股票价格综合反映了信息与噪声的影响，股票交易的过程就是对信息及噪声进行处理和交换的过程。其中，信息包括了公司层面信息、市场层面信息以及行业层面信息（Campbell & Lettau，1999）。而股票价格承载和传递的公司层面信息量是投资者判断股票真实价值、作出理性决策的关键。由此，股价信息含量的概念应运而生，一些学者对股价信息含量的衡量方法、决定因素展开了研究。在衡量方法方面，未来获利反应系数、股价波动非同步性、信息交易概率以及信息交易度等均是常用指标，而自杜尔涅夫等（Durnev et al.，2003）证实低 R^2 主要是未来盈余信息融入当期股价所致后，股价波动非同步性备受学者青睐。借助该指标，学者们发现投资者产权保护程度、司法质量、证券分析师、公司治理等因素对股价信息含量均有显著影响（Morck et al.，2000；Li et al.，2004；Piotroski & Roulstone，2004；Gul et al.，2010；袁知柱和鞠晓峰，2009）。

金和迈尔斯（Jin & Myers，2006）最早揭示了公司特质信息与股价信息含量的关系。他们在理论分析及模型构建的基础上，选取了 40 个国家（或地区）20 世纪 90 年代的数据，实证检验了不透明指数对股价信息含量的显著影响。与金和迈尔斯（Jin & Myers，2006）的跨国研究不同，更多学者倾向于从公司微观层面展开研究，并对公司特质信息赋予更多的内涵。哈格德等（Haggard et al.，2008）认为自愿性信息披露提高了上市公司透明度，降低了投资者的信息获取成本，有助于特质信息融入股价，其实证结果也支持提升股价信息含量的论断。赫顿等（Hutton et al.，2009）认为，盈余管理是公司信息不透明的关键因素，盈余管理程度越高，意味着管理层隐藏公司层面信息就越多，投资者获取信息的难度越大。他们以3年操控性应计利润绝对值之和作为盈余管理指标纳入实证模型，研究发现，较高的盈余管理确实会降低股价信息含量。赫顿等（Hutton et al.，2009）从盈余管理角度研究信息透明度与股价信息含量的关系也受到国内学者的广泛关注，但对盈余管理的衡量角度有所不同。游家兴等（2007）采用盈余激进度和盈余平滑度作为信息透明度的代理变量实证分析了两者间的关系。袁知柱和鞠晓峰（2008）采用修正 DD 模型估计出的应计盈余作为信息透明度的代理指标进行实证研究。黄政和刘怡芳（2016）同时考察了应计盈余管理和真实盈余管理对股价信息含量的影响。

透明的信息环境有助于改善投资者的信息结构，促使其在筛选优质公司时作出合理决策。因此，上市公司透明度是股票市场健康发展的基石，也是各国证券监管部门工作的重点。然而，与欧美等发达国家相比，我国上市公司的信息透明度还比较低（谭劲松等，2010；高雷和宋顺林，2007），频繁曝出的财务造假、违规披露等行为严重损害了投资者利益。不少学者对如何抑制上市公司降低信息透明度的行为进行了有益探索。一些学者发现，企业外部市场环境（如市场化程度、政府干预程度、法治及中介组织发育水平等）以及外部监督机制（如机构投资者、证券分析师、外部审计师等）对上市公司信息透明度有显著影响（高雷和宋顺林，2007；李春涛等，2014；孙光国等，2015）。而与考察外部因素发挥的间接作用不同，更多学者倾向于研究企业内部治理等直接作用。胡奕明和唐松莲（2008）以及胡元木等（2016）细致分析并检验了独立董事在提升上市公司盈余信息质量方面发挥的重要作用。蔡卫星和高明华（2009）以及程新生等（2015）研究了审计委员会的设立、独立性及信息权在提高信息披露质量方面的积极作用。薛祖云和黄彤（2004）、张晓岚等（2009）、黄政（2012）、陈共荣等（2015）分别检验了董事会及监事会的相关特质在抑制信息披露违规和提高会计信息质量中所发挥的作用。袁知柱等（2014）研究发现，对管理层的股权及薪酬激励有助于限制真实盈余管理行为。刘怡芳和黄政（2015）分析并检验了内部审计在抑制盈余管理和提升会计信息质量中的显著作用。曹廷求和钱先航（2008）以及顾鸣润等

（2012）的研究发现，改善公司治理可以显著降低上市公司的应计盈余管理和真实盈余管理水平。相对于学者们零散的研究，各国监管机构也发布了更为全面的确保透明度的一系列制度规范，内部控制作为其中的集大成者，在遏制财务舞弊、保证财务报告质量方面发挥着关键作用。

从内部牵制到风险管理整合框架，内部控制的内涵和外延虽然在不断拓展，但增强财务报告的可靠性一直是监管机构设计内控框架以及企业实施内控制度的主要目标。证券市场监管者更是希望通过完善内部控制来提高上市公司的信息透明度，进而保证证券市场的健康发展。自美国颁布SOX法案后，不少学者研究了内部控制对信息透明度的影响。陈等（Chan et al.，2008）研究发现，内部控制存在缺陷的公司，其应计盈余管理程度显著高于对照样本。阿什博－斯凯夫等（Ashbaugh-Skaife et al.，2008）发现，存在内部控制缺陷的公司应计质量更低，但对内部控制缺陷进行修正的公司应计质量有显著提高。但米利马基（Myllymäki，2013）却发现对实质性内部控制缺陷进行修正后的两年内，这些公司发生财务错报的可能性依然显著较高。

上述文献揭示了高质量的内部控制可以显著改善上市公司的信息透明度以及信息透明度在提升股价信息含量方面的作用。而直接研究内部控制影响股票市场的文献比较少，且主要集中在对内部控制的信息披露上。如内部控制信息披露，具有显著的市场反应（杨清香等，2012）、对IPO公司上市首日开盘价有显著的正向反应（邱冬阳等，2010）、有助于降低股价崩盘风险（叶康涛等，2015）等。

从对文献的回顾及分析来看，要提升股价信息含量，一方面需要投资者理性决策，充分挖掘公司层面特质信息，减少噪声交易；另一方面更需要上市公司在自身信息透明度方面作出努力。伴随着股票市场的长足发展以及机构投资者和分析师队伍的壮大，投资者的专业知识及技能不断加强，其投资决策也逐步趋向理性。然而，上市公司信息透明度的改善却很有限，不断曝光的信息披露违规事件是有力的证明。充分的信息披露和透明的财务报告是向资本市场注入丰富及准确的公司特质信息的保障，也更是投资者作出理性决策的前提。理论上，信息透明度的提升有助于减少投资者获取及加工信息的成本、降低噪声干扰，从而增加股价信息含量。

较低的信息透明度缘于契约的不完备性，因为在此情况下，公司管理层掌握着更多的剩余控制权，从而有能力和动机选择不披露或披露加工后的信息以谋取私利。而内部控制作为弥补契约不完全性的控制系统，可以对每一环节中非对称剩余控制权进行重新划分，从而有效制约管理层基于自利动机的信息操纵行为（孙光国和杨金凤，2013）。因此，内部控制有效与否直接影响着信息透明度的高低。实际上，从内部控制发展历程来看，合理保证财务报告质量一直是内部控制的核心目标。因此，高质量的内部控制可以抑制管理层信息操纵行为，缓解公司与投资者间的信息不对称，减少投资者对公司经营决策和财务信息解读的偏差。基于此，投资者能够作出合理的投资决策，从而促使股价充分、及时、准确地反映公司真实情况，股价信息含量得以提升。

内部控制质量对股价信息含量的作用除了通过约束管理层信息操纵以降低信息不对称路径外，还可以通过信息披露的方式直接传达给投资者，影响其决策。杨清香等（2012）发现内部控制信息披露存在显著的市场反应；叶康涛等（2015）还发现内部控制信息披露水平有助于降低股价崩盘风险。内部控制信息披露是向外部出具的关于企业内部控制设计是否合理、执行是否有效的公开说明，其实质是让外部投资者了解企业内部控制情况，形成对内部控制质量的评价，并根据评价结果推断企业经营情况及财务报告质量从而作出决策。

综上所述，内部控制质量可以通过两条路径来影响股价信息含量：一方面，高质量的内部控制通过约束管理层信息操纵，从而提升信息透明度来影响股价信息含量，即信息透明度在两者间发挥了中介作用；另一方面，内部控制质量还可以通过信息披露的形式直接影响投资者决策，即内部控制质量对股价信息含量的直接效应。为有效检验这两条路径，我们借鉴温忠麟等（2014）的研究，根据中介效应分析方法和上述理论分析，提出以下两个假设。

H6.1：限定其他条件，高质量的内部控制能够显著提升股价信息含量。

H6.2：限定其他条件，管理层信息操纵引起信息不透明存在显著的中介效应，内部控制可以通过改善信息透明度来增加股价信息含量。

6.2　研究设计

6.2.1　样本选择与数据处理

本章依然选择2000～2021年沪、深两市A股上市公司为初始研究样本。内部控制质量数据同样选自迪博数据库，其他数据来源于国泰安数据库。对初始样本的处理同第4章和第5章，此外，为保证股价信息含量和信息透明度计算的可靠性，我们还作了如下处理：（1）剔除年度个股收益率数据不足30个观测值的样本，以保证股价信息含量指标计算的可靠性；（2）剔除年样本量不足30个的行业，以确保信息透明度指标计算的可靠性。经上述处理后，最终得到22年共39736个观测值。由于具体研究内容及模型的不同，各部分实证研究所使用的样本数量存在一定差异。

6.2.2　变量的选择和度量

6.2.2.1　股价信息含量

自杜尔涅夫等（Durnev et al. , 2003）证实低 R^2 主要是未来盈余信息融入当期股价所致后，采用股价波动非同步性衡量股价信息含量的做法得到学者们的认同，但最近一些学者研究表明，这种做法并不适合。李和刘（Lee & Liu, 2011）发现，股价波动非同步性与股票价格中的信息含量呈显著的U型关系。陈浪南和熊伟（2014）更是指出杜尔涅夫等（Durnev et al. , 2003）的研究存在两个缺陷，而中国股市的股价特质波动主要体现为投资者非理性的噪声交易，而不是对上市公司内在价值的反映。借鉴费尔南德斯和费雷拉（Fernandes & Ferreira, 2008）以及弗雷萨尔（Frésard, 2012）等的做法，本书采用略伦特等（Llorente et al. , 2002）构建的股票收益率与换手率动态模型中交乘项的系数 c 来衡量股价信息含量，同时将市场收益率纳入模型实现修正。相对于其他指标，该方法在衡量股价信息含量方面具有显著优势（黄政，2014）。

股票市场中存在着知情交易者和不知情交易者，前者基于充分挖掘公司价值信息进行交易，而后者则是出于分散风险进行套期交易。如果知情交易者在股票市场中占据主导地位，则股价能够充分反映公司层面信息，股价信息含量较高。然而，现实情况中，两类交易者之间的信息差异是无法直接观测的，即使分析股票收益率数据也难以确定。略伦特等（Llorente et al.，2002）则指出，应当同时考察股票收益率和交易量之间的联合变化，经过理论分析和数学推导，他们得出了在均衡状态下股票收益率与交易量（换手率）之间的动态关系模型。如果知情交易者占主导，随着股价对公司特质信息的不断揭示，股票收益也呈现出同向且持续的变化，那么较高的收益率和换手率将得以持续，两者之间体现为正的自相关，即系数 c 应当大于零；相反，如果大部分股票交易只是出于流动性需求，则较高的股票收益率和换手率将难以持续，两者之间应体现为不相关或负的自相关，即系数 c 应当等于或小于零。采用模型（6-1）分年度对每只股票的日交易数据进行回归即可得到交乘项系数，c 值越大，知情交易量越多，股价信息含量也越高。此外，选择当年 5 月第一个交易日至次年 4 月最后一个交易日作为年度区间，以实现交易数据与年度报告的对应。

$$R_{i,d} = a_i + b_i R_{i,d-1} + c_i (R_{i,d-1} \times V_{i,d-1}) + \lambda_i R_{M,d} + \varepsilon_{i,d} \qquad (6-1)$$

其中，$R_{i,d}$ 表示个股 i 第 d 日的收益率；$R_{M,d}$ 是纳入模型实现修正的市场收益率，该指标经流通市值加权；V 表示经 200 个交易日平滑的日换手率，其计算过程如式（6-2）及式（6-3）所示，$turnover_{i,d}$ 表示流通股日换手率，取对数是考虑到序列的不平稳，加上 0.00000255 的极小正数可以避免零换手率的影响。

$$V_{i,d} = logturnover_{i,d} - \frac{1}{200} \sum_{s=-200}^{-1} logturnover_{i,d+s} \qquad (6-2)$$

$$logturnover_{i,d} = \log(turnover_{i,d} + 0.00000255) \qquad (6-3)$$

6.2.2.2　内部控制质量

与第 4 章和第 5 章一致，我们依然采用迪博内部控制指数加 1 后取自然对数衡量内部控制质量。

6.2.2.3 管理层信息操纵

由于会计盈余是投资者及分析师评价企业的核心指标，因而易受管理层的操纵。盈余操纵行为显著降低了财务报告的可靠性，误导了信息使用者，是导致上市公司不透明的主要因素。因此，从盈余管理角度考察管理层信息操纵行为是学者们的常用做法。为了全面考察上市公司的盈余管理行为，本章同时采用应计盈余管理模型和真实盈余管理模型进行研究。

（1）应计盈余管理。修正琼斯（Jones）模型是学者研究应计盈余管理时最常用的模型。首先，采用分年度分行业数据对模型（6-4）进行普通最小二乘法回归；其次，将估计出的系数代入式（6-5）计算出可操纵性应计利润，为避免符号的影响，再对其取绝对值（absacc）。绝对值越大，表明盈余管理程度越高，也即管理层信息操纵程度越强，信息透明度越差。

$$\frac{TA_{i,t}}{Asset_{i,t-1}} = \alpha_1 \frac{1}{Asset_{i,t-1}} + \alpha_2 \frac{\Delta REV_{i,t}}{Asset_{i,t-1}} + \alpha_3 \frac{PPE_{i,t}}{Asset_{i,t-1}} + e_{i,t}^1 \quad (6-4)$$

$$ACC_{i,t} = \frac{TA_{i,t}}{Asset_{i,t-1}} - \left(\hat{\alpha}_1 \frac{1}{Asset_{i,t-1}} + \hat{\alpha}_2 \frac{\Delta REV_{i,t} - \Delta REC_{i,t}}{Asset_{i,t-1}} + \hat{\alpha}_3 \frac{PPE_{i,t}}{Asset_{i,t-1}} \right)$$

$$(6-5)$$

其中，线下项目前总应计利润（$TA_{i,t}$）用营业利润和经营活动现金净流量之差表示；$\Delta REV_{i,t}$ 是公司 i 第 t 年营业收入的变化额；$\Delta REC_{i,t}$ 是相应的应收账款变化额；$PPE_{i,t}$ 是年末的固定资产原值；$Asset_{i,t-1}$ 是上年年末总资产。

（2）真实盈余管理。罗伊乔杜里（Roychowdhury，2006）在分析企业进行销售操控、生产操控及酌量性费用操控时给出了真实盈余管理的度量方法。本书借鉴罗伊乔杜里（Roychowdhury，2006）及科恩和查诺文（Cohen & Zarowin，2010）构建的经营现金流量模型、生产成本模型以及酌量性费用模型来计算异常现金流量（R_CFO）、异常生产成本（R_PROD）和异常酌量性费用（R_DISEP），从而实现对真实盈余管理的有效度量。

具体来说，通过分年度分行业对模型（6－6）、模型（6－7）、模型（6－8）分别进行普通最小二乘法回归，得到相应的残差 R_CFO、R_PROD、R_DISEXP，即为各模型的异常值。

罗伊乔杜里（Roychowdhury，2006）认为正常经营活动现金流量（CFO）与营业收入（REV）之间存在着模型（6－6）的线性关系。如果通过分年度分行业对该横截面模型进行普通最小二乘法回归所得到的残差（R_CFO）小于零，也即实际产生的经营活动现金流量小于正常的经营现金流量，表明公司有可能采取了有损正常现金流量的销售手段（如价格折扣、放宽信用政策等）来操控当期营业收入，提高盈余水平。

$$\frac{CFO_{i,t}}{Asset_{i,t-1}} = \alpha_1 \frac{1}{Asset_{i,t-1}} + \alpha_2 \frac{REV_{i,t}}{Asset_{i,t-1}} + \alpha_3 \frac{\Delta REV_{i,t}}{Asset_{i,t-1}} + e_{i,t}^2 \qquad (6-6)$$

生产成本（$PROD$）包括销售产品成本和当期存货的变动额。根据罗伊乔杜里（Roychowdhury，2006）的分析，销售产品成本与当期营业收入存在线性关系，而存货的变动额是当期及上期营业收入变动额的线性函数，则正常生产成本的估计如模型（6－7）所示。如果通过分年度分行业对该横截面模型进行普通最小二乘法回归所得到的残差（R_PROD）大于零，也即实际发生的生产成本大于正常经营所发生的成本，表明公司有可能通过过量生产来摊薄固定成本，从而降低当期的销售成本，提高盈余水平。然而，过量生产将导致更多的固定成本遗留在存货中，增加了当期的实际生产成本。

$$\frac{PROD_{i,t}}{Asset_{i,t-1}} = \alpha_1 \frac{1}{Asset_{i,t-1}} + \alpha_2 \frac{REV_{i,t}}{Asset_{i,t-1}} + \alpha_3 \frac{\Delta REV_{i,t}}{Asset_{i,t-1}} + \alpha_4 \frac{\Delta REV_{i,t-1}}{Asset_{i,t-1}} + e_{i,t}^3$$

$$(6-7)$$

酌量性费用（$DISEXP$）包括广告支出、研发支出等销售和管理费用。根据罗伊乔杜里（Roychowdhury，2006）的分析，酌量性费用与上期销售收入存在式（6－8）的线性关系。如果通过分年度分行业对该横截面模型进行普通最小二乘法回归所得到的残差（R_DISEXP）小于零，也即实际酌量性费用小于正常酌量性费用，表明公司有可能采取了有损长期绩效的费用操控手段（如缩减研发支出、广告支出、员工培训支出及维修支出等可操控性费用），降低期间费用，提高盈余水平。

$$\frac{DISEXP_{i,t}}{Asset_{i,t-1}} = \alpha_1 \frac{1}{Asset_{i,t-1}} + \alpha_2 \frac{REV_{i,t-1}}{Asset_{i,t-1}} + e_{i,t}^4 \qquad (6-8)$$

如果公司期望调高当期利润，可采取如下的真实交易：提供价格折扣、赊销等扩大销售（将导致 R_CFO 为负）；过度生产（将导致 R_PROD 为正）；削减酌量性费用（将导致 R_DISEXP 为负）。由于公司可能采用多种方式进行真实盈余管理，借鉴科恩和查诺文（Cohen & Zarowin, 2010）的做法，构建如下的综合指标进行度量，并取相应的绝对值（$absREM$），绝对值越大，表明真实盈余管理程度越高，也即管理层信息操纵程度越强，信息透明度越差。

$$REM_{i,t} = R\_PROD_{i,t} - R\_CFO_{i,t} - R\_DISEXP_{i,t} \qquad (6-9)$$

6.2.2.4　控制变量

根据以往研究股价信息含量的做法（Hutton et al., 2009；朱红军等，2007；袁知柱和鞠晓峰，2008；肖浩和孔爱国，2014），我们在研究内部控制质量影响股价信息含量时选择的控制变量包括：（1）公司规模（$size$），以总资产的自然对数衡量；（2）财务杠杆（lev），以资产负债率衡量；（3）盈利能力（roe），以净资产收益率衡量；（4）股权集中度（$top1$），以第一大股东持股比例衡量；（5）投资者异质性（$dturn$），以月平均超额换手率除以 100 衡量；（6）成长性（mb），以市值账面比衡量；（7）上市年限（age），以上市年数的自然对数衡量；（8）换手率（$yrtr$），以流通股年换手率衡量。

具体变量的选择与定义如表 6-1 所示。

表 6-1　　　　　　　　　　变量的选择与定义

变量类型	变量名称	变量符号	变量定义
被解释变量	股价信息含量	c	根据模型（6-1）估计
解释变量	内部控制质量	IC	迪博内部控制指数加 1 的自然对数
中介变量	应计盈余管理	$absacc$	见式（6-5）
	真实盈余管理	$absREM$	见式（6-9）

变量类型	变量名称	变量符号	变量定义
控制变量	公司规模	size	年末总资产的自然对数
	财务杠杆	lev	年末资产负债率
	盈利能力	roe	净资产收益率
	股权集中度	top1	第一大股东持股比例
	投资者异质性	dturn	月平均超额换手率除以100
	成长性	mb	市值账面比
	上市年限	age	上市年数的自然对数
	换手率	yrtr	流通股年换手率
	年度	Year	各年份虚拟变量
	行业	Ind	证监会行业分类虚拟变量

6.2.3 模型设定

我们采用模型（6-10）检验内部控制质量是否影响股价信息含量。

$$c_{i,t} = \alpha_0 + \alpha_1 IC_{i,t} + \sum_{j=1}^{8} \alpha_{1+j} Con_{i,t-1}^{j} + \sum_{k=1}^{22} \alpha_{9+k} Year^k + \sum_{f=1}^{26} \alpha_{31+f} Ind^f + \varepsilon_{i,t}$$

$$(6-10)$$

其中，$c_{i,t}$ 表示公司 i 第 t 年的股价信息含量；$IC_{i,t}$ 表示公司 i 第 t 年的内部控制质量；Con 为控制变量；$Year$ 和 Ind 分别表示年度和行业的虚拟变量；求和符号中的 j、k 及 f 分别表示控制变量、年度及行业的数量。例如，控制变量有 8 个，则 j 的赋值为 $1 \sim 8$，Con^1 即表示第一个控制变量（公司规模）。若假设 H6.1 成立，即高质量的内部控制可以提升股价信息含量，则 IC 的系数 α_1 应显著为正。

为检验管理层信息操纵的中介效应，我们根据巴伦和肯尼（Baron & Kenny，1986）以及温忠麟等（2004）提出的中介效应检验程序，构建实证模型，即在模型（6-10）的基础上，进一步构建模型（6-11）和模型（6-12）。

$$EQ_{i,t} = \beta_0 + \beta_1 IC_{i,t} + \sum_{j=1}^{9} \beta_{1+j} Con_{i,t}^{j} + \sum_{k=1}^{22} \beta_{10+k} Year^k + \sum_{f=1}^{26} \beta_{32+f} Ind^f + \mu_{i,t}$$

$$(6-11)$$

$$c_{i,t} = \alpha'_0 + \alpha'_1 IC_{i,t} + \gamma EQ_{i,t} + \sum_{j=1}^{8} \alpha'_{1+j} Con^{j}_{i,t-1} + \sum_{k=1}^{22} \alpha'_{9+k} Year^k +$$

$$\sum_{f=1}^{26} \alpha'_{31+f} Ind^f + \varepsilon_{i,t} \qquad\qquad (6-12)$$

模型（6-11）和模型（6-12）中的 $EQ_{i,t}$ 表示管理层信息操纵行为，分别用应计盈余管理（$absacc$）和真实盈余管理（$absREM$）间接衡量。

6.3　实证结果及分析

6.3.1　描述性统计分析

表6-2 报告了研究变量的描述性统计结果。其中，股价信息含量的均值（-0.036）及中位数（-0.034）都为负数，与弗雷萨尔（Frésard，2012）对美国资本市场的研究结果（0.029，0.026）相比，我国上市公司股价信息含量甚低，股市信息效率亟待提高。c 的最大值与最小值以及标准差也表明股价信息含量在各上市公司间存在较大差异。IC 的均值和中位数较为接近，分别为 6.237 和 6.507，但最大值与最小值相差较大，分别为 0 和 6.819，表明内部控制质量在各上市公司间存在明显的不平衡。从盈余管理间接衡量的管理层信息操纵来看，应计盈余管理和真实盈余管理的均值及中位数表明，我国上市公司信息操纵现象普遍存在。对比 $absacc$ 和 $absREM$ 的最大值与最小值以及标准差发现，真实盈余管理程度在各上市公司间的差异更大。控制变量的统计结果符合我国上市公司的实际情况，不再赘述。

表6-2　　　　　　　　　　变量的描述性统计

变量	样本量	均值	标准差	P25	中位数	P75	最小值	最大值
c	39736	-0.036	0.099	-0.101	-0.034	0.029	-0.287	0.215
IC	39736	6.237	1.253	6.422	6.507	6.561	0	6.819
$absacc$	39736	0.081	0.144	0.023	0.052	0.099	0	10.16
$absREM$	39736	0.146	0.240	0.044	0.096	0.183	0	20.62
$size$	39736	22.05	1.304	21.12	21.88	22.79	19.31	26.04

变量	样本量	均值	标准差	P25	中位数	P75	最小值	最大值
lev	39736	0.462	0.201	0.309	0.464	0.613	0.065	0.920
roe	39736	0.052	0.158	0.023	0.066	0.117	− 0.826	0.398
*top*1	39736	0.353	0.156	0.231	0.327	0.461	0.086	0.750
dturn	39736	0.017	0.201	− 0.075	0.007	0.105	− 0.589	0.656
mb	39736	4.330	4.057	2.371	3.267	4.718	1.276	33.05
age	39736	2.116	0.717	1.609	2.197	2.708	0.693	3.296
yrtr	39736	4.366	3.686	1.653	3.262	5.966	0.233	17.65

6.3.2 主要变量的相关性分析

表 6 - 3 报告了主要变量间相关性分析结果。从表 6 - 3 中可以看出，无论是 Pearson 还是 Spearman 结果，股价信息含量与内部控制质量均在 1% 水平上显著正相关，意味着内部控制质量越高股价信息含量也越高，与假设 H6.1 相符。内部控制质量与两类衡量管理层信息操纵的盈余管理指标均显著负相关，意味着内部控制质量越高，管理层通过应计和真实盈余管理的方式来操纵信息的程度就越低，与预期相符。股价信息含量与应计盈余管理和真实盈余管理均显著负相关，意味着管理层通过盈余管理的方式操纵信息程度越高，股价信息含量就越低，与预期相符。应计盈余管理与真实盈余管理之间显著正相关，表明这两个衡量管理层信息操纵的指标存在着一致性。控制变量与主要变量间的相关性基本符合实际情况，不再赘述。此外，各变量间相关系数均小于 0.5，且计算的 *VIF* 值均小于 2，表明不存在严重的多重共线性问题。

表 6 - 3 　　　　　　　　　　主要变量的相关系数矩阵

变量	*c*	*IC*	*absacc*	*absREM*
c	1	0.099 ***	− 0.015 ***	− 0.001 ***
IC	0.096 ***	1	− 0.013 ***	− 0.069 ***
absacc	− 0.019 ***	− 0.046 ***	1	0.160 ***
absREM	− 0.008 ***	− 0.0001 ***	0.308 ***	1

注：右上角为 Spearman 相关系数，左下角为 Pearson 相关系数；＊＊＊表示在 1% 的统计水平上显著（双尾检验）。

6.3.3　回归分析

表 6 - 4 列示了内部控制质量与股价信息含量的回归结果。其中第
（1）和第（2）列是采用混合最小二乘法的回归结果，第（3）和第（4）
列是采用面板数据随机效应的回归结果，第（5）和第（6）列是采用面板
数据固定效应的回归结果。在混合最小二乘法回归中，内部控制质量
（IC）的回归系数分别为 0.0075 和 0.0047，且均在 1% 的水平上显著；在
面板数据随机效应回归中，内部控制质量（IC）的回归系数分别为 0.0067
和 0.0044，也均在 1% 的水平上显著；在面板数据固定效应回归中，内部
控制质量（IC）的回归系数分别为 0.0047 和 0.0031，依然均在 1% 的水平
上显著。这六列回归结果均说明，内部控制质量越高的上市公司，其股票
价格承载和传递的公司层面信息量越多，即提高上市公司的内部控制质量
有助于显著增加其股价信息含量，假设 H6.1 得到证实。

在这六列回归结果中，第（1）、第（3）、第（5）列是只控制年度和
行业效应的回归结果，而第（2）、第（4）、第（6）列是控制所有变量的
回归结果。从调整 R^2 和联合统计显著性来看，加入所有控制变量的回归效
果更好。我们还分别采用 LM、LR 和 $Hausman$ 检验混合最小二乘、面板固
定效应和面板随机效应三种回归方法的可靠性。LM 检验结果表明，面板
随机效应回归显著优于最小二乘回归；LR 检验结果表明，面板固定效应回
归也显著优于最小二乘回归；最后的 $Hausman$ 检验结果表明，面板固定效
应回归显著优于面板随机效应回归，所以面板固定效应回归更加可靠，后
续我们将采用加入所有控制变量的面板固定效应法作进一步回归分析。

表 6 - 4　　　　　　内部控制质量与股价信息含量的回归结果

变量	(1) OLS	(2) OLS	(3) RE	(4) RE	(5) FE	(6) FE
IC	0.0075 *** (18.90)	0.0047 *** (11.22)	0.0067 *** (16.39)	0.0044 *** (10.15)	0.0047 *** (10.40)	0.0031 *** (6.46)
$size$		0.007 *** (12.34)		0.007 *** (11.68)		0.011 *** (10.12)

续表

变量	(1) OLS	(2) OLS	(3) RE	(4) RE	(5) FE	(6) FE
lev		-0.015*** (-4.37)		-0.017*** (-4.56)		-0.024*** (-4.52)
roe		0.026*** (7.60)		0.023*** (6.46)		0.012*** (3.06)
top1		0.002 (0.58)		0.004 (0.99)		0.015** (2.20)
dturn		0.025*** (8.54)		0.024*** (8.49)		0.023*** (7.78)
mb		-0.0002 (-1.30)		-0.0002 (-1.27)		-0.0004** (-2.22)
age		-0.007*** (-9.09)		-0.007*** (-8.03)		0.009*** (3.58)
yrtr		0.001*** (3.20)		0.001*** (3.56)		0.001*** (5.17)
Constant	-0.076*** (-13.07)	-0.186*** (-15.16)	-0.069*** (-10.64)	-0.195*** (-14.13)	-0.035*** (-3.03)	-0.268*** (-10.76)
Year	Yes	Yes	Yes	Yes	Yes	Yes
Industry	Yes	Yes	Yes	Yes	Yes	Yes
Fixed Effects	No	No	No	No	Yes	Yes
N	39736	39736	39736	39736	39736	39736
Adj. R^2 / Within. R^2	0.030	0.042	0.028	0.035	0.030	0.038
F/Wald	27.54***	32.56***	1230.45***	1666.83***	23.73***	25.94***
LM 检验			44.51***	26.82***		
LR 检验					1.30***	1.26***
Hausman 检验					226.07***	256.87***

注：括号中数据为 $t(z)$ 值；***和**分别代表在1%和5%的统计水平上显著。

从控制变量来看，除了第一大股东持股比例、市账比与股价信息含量的回归系数不显著外，其他变量的回归系数均显著。公司规模、净资产收益率、第一大股东持股比例、投资者异质性、上市年限、流通股换手率越高的上市公司，其股价信息含量越大；而资产负债率、市账比越高的上市公司，其股价信息含量越低。

6.3.4 稳健性检验

为使上述结论更加稳健，我们进行了如下的稳健性测试。

6.3.4.1 变更股价信息含量的度量方法

略伦特等（Llorente et al.，2002）在分析知情交易者和不知情交易者时，构建的均衡状态下股票收益率与换手率动态关系模型中并没有包括市场收益率，即模型（6-13）。而模型（6-1）是根据费尔南德斯和费雷拉（Fernandes & Ferreira，2008）以及弗雷萨尔（Frésard，2012）的做法，加入了市场收益率进行修正。为确保研究结论的稳健性，我们进一步采用原始模型，即模型（6-13）来重新估计股价信息含量（$c2$）。

$$R_{i,d} = a_i + b_i R_{i,d-1} + c_i (R_{i,d-1} \times V_{i,d-1}) + \varepsilon_{i,d} \qquad (6-13)$$

重复上述实证过程，面板固定效应回归结果见表 6-5 第（1）列。从表 6-5 中可以看出，内部控制质量（IC）与新股价信息含量代理变量（$c2$）回归系数为 0.003，且在 1% 水平上显著，表明变更股价信息含量度量方法并不会改变上述研究结论，高质量的内部控制仍可以显著提升股价信息含量。

6.3.4.2 变更内部控制质量的度量方法

与第 4 章和第 5 章一致，为避免迪博内部控制指数可能存在的主观性，我们进一步采用上市公司内部控制是否存在缺陷来衡量内部控制质量。即当上市公司内部控制存在重大或重要缺陷时，新指标 $IC2$ 取值为 1，否则取值为 0。需要注意的是，由于内部控制缺陷指标在 2007 年及以后才对外公布，因此，本部分的样本量将相应减少。

重复上述实证过程，面板固定效应回归结果见表 6-5 第（2）列。从第（2）列可以看出，$IC2$ 的回归系数为 -0.010，且在 5% 的水平上显著，表明存在内部控制缺陷的上市公司股价信息含量更低，进一步验证了假设 H6.1。

表 6 - 5 　　　　　　关键变量变更和增加控制变量的稳健性结果

变量	(1) c2	(2) c	(3) c
IC	0.003 *** (6.32)		0.003 *** (6.08)
IC2		− 0.010 ** (− 2.02)	
size	0.010 *** (8.16)	0.015 *** (10.41)	0.012 *** (9.64)
lev	− 0.019 *** (− 3.19)	− 0.026 *** (− 3.96)	− 0.022 *** (− 3.64)
roe	0.015 *** (3.69)	0.014 *** (3.02)	0.012 *** (2.92)
top1	0.009 (1.24)	0.016 * (1.67)	0.016 ** (2.05)
dturn	0.025 *** (7.70)	0.023 *** (7.26)	0.022 *** (7.19)
mb	− 0.0004 * (− 1.68)	− 0.001 ** (− 2.38)	− 0.0004 * (− 1.68)
age	0.010 *** (3.92)	0.011 *** (3.69)	0.008 *** (2.98)
yrtr	0.002 *** (7.07)	0.001 *** (4.05)	0.001 *** (4.88)
CICSI			− 0.001 *** (− 6.58)
SOE			− 0.007 ** (− 2.08)
Mhold			− 0.018 * (− 1.86)
Constant	− 0.263 *** (− 9.67)	− 0.364 *** (− 10.78)	− 0.277 *** (− 10.20)
Year			
Industry	Yes	Yes	Yes
Fixed Effects	Yes	Yes	Yes
N	39736	32852	35240
Within. R^2	0.037	0.035	0.037
F	25.46 ***	21.86 ***	22.48 ***

注：括号中数据为 $t(z)$ 值；***、** 和 * 分别代表在 1%、5% 和 10% 的统计水平上显著。

6.3.4.3 进一步控制其他影响因素

一些学者发现投资者情绪、实际控制人性质、监管层持股比例等因素会影响股价信息含量（袁知柱和鞠晓峰，2009；夏芳，2012；张大永等，2021；韦琳和肖梦瑶，2022）。为缓解遗漏变量可能导致的内生性问题，我们进一步控制了投资者情绪（*CICSI*）、实际控制人性质（*SOE*）以及监管层持股比例（*Mhold*）三个因素。其中，投资者情绪（*CICSI*）采用了易志高和茅宁（2009）构建的测度我国股市投资者情绪综合指数来衡量；实际控制人性质（*SOE*）为虚拟变量，当实际控制人性质为国有时 *SOE* 取值 1，否则为 0；监管层持股比例（*Mhold*）采用董事、监事及高级管理人员持股数量除以总股数衡量。由于新增的控制变量存在数据缺失，故样本量相应减少。

重复上述实证过程，面板固定效应回归结果见表 6 - 5 第（3）列。从表 6 - 5 可以看出，投资者情绪（*CICSI*）的回归系数在 1% 水平上显著为负，表明较高的投资者情绪不利于公司特质信息融入股价，降低了股价信息含量。此外，实际控制人性质（*SOE*）和监管层持股比例（*Mhold*）的回归系数也均显著为负，表明国有性质的实际控制人以及较高的监管层持股比例并不利于提高股价信息含量。更重要的是，在控制了投资者情绪、实际控制人性质和监管层持股比例后，内部控制质量的回归系数依然在 1% 水平上显著为正，进一步证实研究假设 H6.1。

6.3.4.4 基于 Heckman 两阶段模型的内生性检验

如前所述，由于迪博内部控制指数可能存在自选择的内生性问题。我们依然采用 Heckman 两阶段模型进行分析。第一阶段的做法与第 4 章和第 5 章一致，计算出逆米尔斯比率（*IMR*）后，纳入上述实证模型进行第二阶段的回归分析。

表 6 - 6 列示了 Heckman 两阶段回归结果，其中，第（1）列为第一阶段面板 Probit 模型回归结果，与第 4 章的表 4 - 6 第（1）列和第 5 章的表 5 - 8 第（1）列相似，不再赘述。第（2）列为第二阶段纳入 *IMR* 的模型（6 - 10）回归结果，其中，逆米尔斯比率的回归系数在 1% 水平上显著（t 为 3.87），表明内部控制质量与股价信息含量的回归模型存在自选择问

题，有必要进行 Heckman 两阶段处理。更重要的是，在考虑了自选择问题后，内部控制质量回归系数分别为 0.003，且依然在 1% 水平上显著，进一步验证高质量的内部控制能够显著提升股价信息含量的研究假设。

表 6 - 6　　　　　　　　Heckman 两阶段模型检验结果

变量	（1）第一阶段 IC_D	变量	（2）第二阶段 c
size	0.480 *** (46.83)	IC	0.003 *** (6.63)
lev	-1.189 *** (-22.97)	IMR	0.027 *** (3.87)
bsize	-0.110 *** (-3.30)	size	0.018 *** (8.49)
indrct	0.390 *** (3.57)	lev	-0.048 *** (-5.96)
mb	0.108 *** (17.94)	roe	0.015 *** (3.74)
age	-0.249 *** (-17.63)	top1	0.017 ** (2.51)
invent	0.732 *** (9.51)	dturn	0.023 *** (7.72)
Constant	-9.402 *** (-39.82)	mb	-0.0001 (-0.37)
		age	0.005 * (1.77)
		yrtr	0.001 *** (5.33)
		Constant	-0.430 *** (-8.91)
Year	Yes	Year	Yes
Industry	Yes	Industry	Yes
Fixed Effects	No	Fixed Effects	Yes
N	39509	N	39509
Pseudo R^2	0.053	Within. R^2	0.038
Wald	2493.16 ***	F	25.54 ***

注：第（1）列是 Heckman 第一阶段面板 Probit 模型的估计结果，第（2）列是 Heckman 第二阶段纳入逆米尔斯比率的回归结果；括号中数据为 $t(z)$ 值；***、** 和 * 分别代表在 1%、5% 和 10% 的统计水平上显著。

6.3.4.5 基于工具变量法的内生性检验

我们的理论逻辑是高质量的内部控制可以提高股价信息含量，但反过来，股价信息含量高的公司可能更愿意去健全内部控制，以提高信息效率。因此，内部控制质量与股价信息含量之间可能存在互为因果的内生性问题。

根据第4章和第5章的分析，我们依然借鉴敖小波等（2017）的做法，采用同年度同行业同地区上市公司内部控制指数均值（MIC）作为工具变量，该变量与上市公司内部控制质量相关性较高，但没有证据表明其与股价信息含量存在较高的相关性。我们同样对该工具变量的有效性进行了检验，首先，内生性检验（Endogeneity Test 统计量为 12.221，对应 P 值为 0）表明，内部控制质量确实存在内生性问题；其次，不可识别检验（Kleibergen-Paap rk LM 统计量为 714.683，对应 P 值为 0）表明，工具变量 MIC 与内部控制质量是相关的，因此，不存在不可识别问题，但仍可能存在弱工具变量问题；进一步的弱工具变量检验（Kleibergen-Paap rk Wald F 统计量为 1178.810，大于 Stock-Yogo 弱工具变量检验 10% 临界值 16.38）表明，工具变量 MIC 与内部控制质量有较强的相关性，也即不存在弱工具变量问题。因此，采用 MIC 作为工具变量可行。

基于工具变量的两阶段回归结果如表 6-7 所示。其中，第（1）列为第一阶段内生解释变量对工具变量的回归结果，同年度同行业同地区上市公司内部控制指数均值（MIC）的回归系数为 0.0037，且在 1% 水平上显著，表明企业内部控制质量受到同年度同行业同地区上市公司内部控制水平的显著影响，进一步验证了工具变量与内生解释变量的相关性。第（2）列为第二阶段被解释变量对第一阶段回归拟合值进行回归的结果，可见 IC_hat 的回归系数分别为 0.004，在 5% 水平上显著，表明在控制了可能的反向因果内生性问题后，内部控制质量依然可以显著提升股价信息含量，即上述结论具有稳健性。

表6-7 工具变量检验结果

变量	（1）第一阶段 IC	（2）第二阶段 c
MIC	0.0037*** (57.52)	

续表

变量	（1）第一阶段 *IC*	（2）第二阶段 *c*
IC_hat		0.004 ** (2.48)
size	0.177 *** (16.55)	0.004 *** (4.04)
lev	−0.191 *** (−3.55)	0.002 (0.41)
roe	1.023 *** (25.26)	0.015 *** (3.43)
*top*1	0.178 ** (2.42)	0.015 *** (2.15)
dturn	0.021 (0.76)	0.014 *** (5.75)
mb	−0.025 *** (−12.93)	−0.001 *** (−5.13)
age	−0.310 *** (−19.68)	−0.013 *** (−8.04)
yrtr	0.013 *** (7.82)	−0.001 *** (−6.23)
Constant	1.420 *** (5.83)	−0.125 *** (−5.36)
Year	Yes	Yes
Industry	Yes	Yes
Fixed Effects	Yes	Yes
N	39736	39736
Within. R²	0.178	0.013
F/Wald	229.37 ***	5898.43 ***

注：括号中数据为 $t(z)$ 值；***、** 和 * 分别代表在 1%、5% 和 10% 的统计水平上显著。

6.4 管理层信息操纵的中介效应分析

上文的实证结果及一系列的稳健性检验均表明，内部控制在提升股价信息含量方面发挥了十分显著的作用。然而，内部控制是通过什么途径来发挥作用的，其传导机理又是什么，还需进一步深入分析。我们在理论分析及假设部分提出了管理层信息操纵可能在内部控制影响股价信息含量中发挥中介作用。但由于管理层信息操纵难以直接观测，我们将从盈余管理角度间接解释信息操纵行为，并通过理论分析和实证检验揭示内部控制影响股价信息含量的传导路径。

6.4.1　基于应计盈余管理的信息操纵分析

盈余信息作为公司层面信息的重要组成部分，是股票市场上的投资者分析、判断上市公司优劣进而作出合理决策的重要依据。高质量的盈余信息改善了投资者信息结构，有助于促成合理的股票价格。鉴于盈余信息的价值评估作用，管理层出于自利动机通常会操纵盈余信息，盈余管理便是常见手段。管理层运用财务判断或构造交易的方式来改变财务报告结果，严重扭曲了盈余信息，误导了信息使用者，损害了社会公众的利益。常见的盈余管理手段有两种，即应计盈余管理和真实盈余管理。

应计盈余管理是管理层在真实交易或业务发生后，运用政策给予的自由选择权来操纵盈余信息。虽然从公司整个存续期间来看，这种信息操纵行为不会带来实质性损害，但跨期调整利润行为严重干扰了投资者决策，抑制了真实信息融入股价，从而降低了股价信息含量。而内部控制作为有效机制的内部治理，在约束管理层应计盈余管理方面发挥了重要作用（董望和陈汉文，2011；范经华等，2013）。由此可见，应计盈余管理可能是一条重要的传导路径，即高质量的内部控制能通过约束管理层的应计盈余管理行为来改善信息透明度，从而提升股价信息含量。

同样根据巴伦和肯尼（Baron & Kenny，1986）以及温忠麟等（2004）提出的中介效应检验程序，对应计盈余管理是否在内部控制质量影响股价信息含量中发挥中介效应进行检验。具体步骤为：第一，检验内部控制质量对股价信息含量的影响，考察模型（6-10）中系数 α_1 的显著性，这在上文已证实；第二，检验内部控制质量对应计盈余管理（$absacc$）的影响，考察模型（6-11）中系数 β_1 的显著性；第三，同时分析内部控制质量与应计盈余管理对股价信息含量的影响，考察模型（6－12）中系数 α_1' 和 γ 的显著性。如果系数 α_1、β_1、α_1' 和 γ 均显著，并且系数 α_1' 显著低于系数 α_1，同时 Sobel 检验显著，那么应计盈余管理具有部分的中介效应；如果系数 α_1、β_1 和 γ 均显著，而系数 α_1' 不再显著，同时 Sobel 检验显著，那么应计盈余管理具有完全的中介效应。

在考察内部控制质量对应计盈余管理的影响时，根据权小锋等（2022）、陈述等（2022）的研究，我们选择公司规模、资产负债率、净资产收益率、存货占总资产的百分比（invent）、前三年营业收入占总资产比例的标准差（stdsal）、前三年经营活动现金流量净额占总资产比例的标准差（stdcfo）、董事会规模、市账比（mb）和国有股比例（guor）进行控制。表6－8列示了应计盈余管理的中介效应检验结果，其中第（1）、第（2）、第（3）列是模型（6－12）分别采用混合回归、随机效应及固定效应的回归结果，第（4）列是模型（6－11）的回归结果。第（1）~（3）列的回归结果表明，在加入应计盈余管理（absacc）后，内部控制质量与股价信息含量的回归系数依然显著为正，即高质量内部控制有助于提升股价信息含量，进一步证实假设 H6.1；应计盈余管理与股价信息含量的回归系数均在5%水平上显著为负，表明管理层进行应计盈余管理的信息操纵行为会降低股价信息含量，与预期相符。第（4）列的回归结果表明，内部控制质量与应计盈余管理的回归系数在1%水平上显著为负，即内部控制质量越高，应计盈余管理程度越低，表明提高内部控制质量有助于抑制管理层的应计盈余管理行为，与预期相符。

比较表6－8第（1）列和表6－4第（2）列，发现在加入应计盈余管理后，混合回归的内部控制质量系数由 0.0047 下降为 0.0046，t 值也由 11.22 下降为 11.14，根据弗里德曼和舍茨基（Freedman & Schatzkin，1992）在分析中介效应时提供的方法来检验这种下降的显著性，结果表明，该下降在1%的水平上显著（t 统计值为 4.99）；进一步的 Sobel 检验，达到了10%的显著性水平（z 统计值为 1.81）。因此，采用混合回归可以证明，应计盈余管理具有显著的中介作用。进一步比较表6－8第（2）列和表6－4第（4）列，发现在加入应计盈余管理后，随机效应回归的内部控制质量系数由 0.0044 下降为 0.0043，t 值也由 10.15 下降为 10.08，且这种下降在 1% 水平上显著（t 统计值为 4.77）；Sobel 检验也达到 10% 的显著性水平（z 统计值为 1.83）。因此，随机效应回归也可以证明应计盈余管理具有中介作用。最后比较表 6-8 第（3）列和表 6-4 第（6）列，发现在加入应计盈余管理后，固定效应回归的内部控制质量系数由 0.0031 下降为 0.0030，t 值也由 6.46 下降为 6.40，这种下降同样在 1% 水平上显著（t 统计值为 4.08）；Sobel 检验同样达到 10% 的显著性水平（z 统计值为 1.85）。可见，固定效应回归同样可以证明应计盈余管理的中介作用。此外，通过 LM、LR 和 $Hausman$ 检验发现，面板固定效应法回归显著优于面板随机效应法和最小二乘法回归。上述结论充分说明，应计盈余管理具有显著的部分中介效应，即高质量的内部控制可以通过抑制管理层的应计盈余管理行为来提升股价信息含量。

表 6-8　　　　　　　　　　应计盈余管理的中介效应检验

变量	(1) c OLS	(2) c RE	(3) c FE	变量	(4) $absacc$ FE
IC	0.0046 *** (11.14)	0.0043 *** (10.08)	0.0030 *** (6.40)	IC	− 0.0032 *** (− 4.66)
$absacc$	− 0.0068 ** (− 1.97)	− 0.0069 ** (− 1.99)	− 0.0073 ** (− 2.02)	$size$	0.004 *** (2.60)
$size$	0.007 *** (12.30)	0.007 *** (11.65)	0.011 *** (10.14)	lev	0.020 *** (2.98)
lev	− 0.015 *** (− 4.33)	− 0.017 *** (− 4.53)	− 0.024 *** (− 4.50)	roe	− 0.049 *** (− 8.78)
roe	0.026 *** (7.52)	0.022 *** (6.38)	0.011 *** (2.98)	$invent$	0.032 *** (3.42)
$top1$	0.002 (0.57)	0.004 (0.98)	0.015 ** (2.22)	$stdsal$	0.041 *** (4.94)
$dturn$	0.025 *** (8.52)	0.024 *** (8.46)	0.023 *** (7.76)	$stdcfo$	0.093 *** (4.40)
mb	− 0.0002 (− 1.24)	− 0.0002 (− 1.22)	− 0.0004 ** (− 2.18)	$bsize$	0.015 *** (3.78)
age	− 0.007 *** (− 9.09)	− 0.007 *** (− 8.03)	0.009 *** (3.59)	mb	0.005 *** (7.62)

变量	(1) *c* OLS	(2) *c* RE	(3) *c* FE	变量	(4) *absacc* FE
yrtr	0.001 ***	0.001 ***	0.001 ***	*guor*	0.031 ***
	(3.24)	(3.59)	(5.20)		(5.44)
Constant	−0.184 ***	−0.194 ***	−0.268 ***	*Constant*	−0.070 *
	(−15.05)	(−14.04)	(−10.76)		(−1.87)
Year	Yes	Yes	Yes	*Year*	Yes
Industry	Yes	Yes	Yes	*Industry*	Yes
Fixed Effects	No	No	Yes	*Fixed Effects*	Yes
N	39736	39736	39736	*N*	39736
Adj. R^2/Within. R^2	0.042	0.035	0.038	*Within. R^2*	0.029
F/Wald	32.05 ***	1670.79 ***	25.55 ***	*F*	19.34 ***
LM 检验		20.73 ***			
LR 检验			1.26 ***		
Hausman 检验			257.24 ***		

注: 括号中数据为 $t(z)$ 值; ***、** 和 * 分别代表在 1%、5% 和 10% 的统计水平上显著。

6.4.2　基于真实盈余管理的信息操纵分析

与选择会计处理方法进行应计盈余管理不同, 真实盈余管理是管理层通过构造真实交易进行更为隐蔽的盈余管理。随着会计监管不断加强, 应计盈余管理越来越难以实施, 而真实盈余管理则有更大的操作空间。但是真实盈余管理可能改变现金流, 易对公司长期价值造成实质性损害。真实盈余管理同样会误导投资者对公司真实状况的理解, 不利于公司特质信息融入股价, 降低了股价信息含量。而高质量的内部控制同样可以约束管理层的真实盈余管理行为 (方红星和金玉娜, 2011)。因此, 真实盈余管理也可能是一条重要的传导路径, 即高质量的内部控制通过约束管理层的真实盈余管理行为来提升股价信息含量。

同样采用上述中介效应分析方法对真实盈余管理是否在内部控制质量影响股价信息含量中发挥中介作用进行检验。在研究内部控制质量对真实盈余管理 (*absREM*) 影响时, 我们同样选择了影响应计盈余管理的变量进行控制。表 6 - 9 列示了真实盈余管理的中介效应检验结果, 其中第 (1)、

第 （2）、第 （3） 列是模型 （6 - 12） 分别采用混合回归、随机效应及固定效应的回归结果，第 （4） 列是模型 （6 - 11） 的回归结果。第 （1） ~ （3） 列的回归结果表明，在加入真实盈余管理 （absREM） 后，内部控制质量回归系数依然显著为正，即高质量的内部控制有助于提升股价信息含量，进一步证实假设 H6.1；真实盈余管理与股价信息含量的回归系数在第 （2） 和第 （3） 列均显著为负，表明管理层进行真实盈余管理的信息操纵行为会降低股价信息含量，与预期相符。第 （4） 列的回归结果表明，内部控制质量与真实盈余管理的回归系数在 1% 水平上显著为负，即内部控制质量越高，真实盈余管理程度越低，表明提高内部控制质量有助于抑制管理层的真实盈余管理行为，与预期相符。

比较表 6 - 9 第 （1） 列和表 6 - 4 第 （2） 列，发现在加入真实盈余管理后，混合回归的内部控制质量系数由 0.0047 下降为 0.0046，t 值也由 11.22 下降为 10.91，根据弗里德曼和舍茨基 （Freedman & Schatzkin, 1992） 在分析中介效应时提供的方法来检验这种下降的显著性，结果表明，该下降在 1% 的水平上显著 （t 统计值为 3.43）；但进一步的 Sobel 检验并不显著 （z 统计值为 1.41）。因此，采用混合回归还不能证明真实盈余管理的中介作用。进一步比较表 6 - 9 第 （2） 列和表 6 - 4 第 （4） 列，发现在加入真实盈余管理后，随机效应回归的内部控制质量系数由 0.0044 下降为 0.0043，t 值也由 10.15 下降为 9.91，且这种下降在 1% 水平上显著 （t 统计值为 3.34）；Sobel 检验也达到 10% 的显著性水平 （z 统计值为 1.68）。因此，随机效应回归可以证明真实盈余管理具有中介作用。最后比较表 6 - 9 第 （3） 列和表 6 - 4 第 （6） 列，发现在加入真实盈余管理后，固定效应回归的内部控制质量系数由 0.0031 下降为 0.0029，t 值也由 6.46 下降为 6.17，这种下降同样在 1% 水平上显著 （t 统计值为 5.84）；Sobel 检验达到 5% 的显著性水平 （z 统计值为 2.01）。可见，固定效应回归同样可以证明真实盈余管理的中介作用。此外，通过 LM、LR 和 Hausman 检验发现，面板固定效应法回归显著优于面板随机效应法回归和最小二乘法回归。因此，上述结论可以证明，真实盈余管理具有显著的部分中介效应，即高质量的内部控制可以通过抑制管理层的真实盈余管理行为来提升股价信息含量。

表6-9　　　　　　　　　　　真实盈余管理的中介效应检验

变量	(1) c OLS	(2) c RE	(3) c FE	变量	(4) $absREM$ FE
IC	0.0046 *** (10.91)	0.0043 *** (9.91)	0.0029 *** (6.17)	IC	-0.0042 *** (-3.79)
$absREM$	-0.0032 (-1.52)	-0.0036 * (-1.87)	-0.0054 ** (-2.37)	$size$	0.016 *** (5.97)
$size$	0.007 *** (12.10)	0.007 *** (11.47)	0.011 *** (9.99)	lev	0.021 * (1.95)
lev	-0.015 *** (-4.29)	-0.017 *** (-4.48)	-0.024 *** (-4.57)	roe	0.115 *** (12.82)
roe	0.026 *** (7.54)	0.023 *** (6.48)	0.012 *** (3.07)	$invent$	0.247 *** (16.12)
$top1$	0.002 (0.68)	0.004 (1.09)	0.016 ** (2.35)	$stdsal$	0.038 *** (2.82)
$dturn$	0.025 *** (8.55)	0.025 *** (8.50)	0.023 *** (7.72)	$stdcfo$	0.121 *** (3.53)
mb	-0.0002 (-1.08)	-0.0002 (-1.03)	-0.0004 * (-1.95)	$bsize$	0.020 *** (3.16)
age	-0.007 *** (-9.12)	-0.007 *** (-8.12)	0.008 *** (3.40)	mb	0.010 *** (9.11)
$yrtr$	0.001 *** (3.16)	0.001 *** (3.51)	0.001 *** (5.19)	$guor$	0.061 *** (6.67)
$Constant$	-0.184 *** (-14.91)	-0.192 *** (-13.93)	-0.267 *** (-10.59)	$Constant$	-0.224 *** (-3.69)
$Year$	Yes	Yes	Yes	$Year$	Yes
$Industry$	Yes	Yes	Yes	$Industry$	Yes
$Fixed\ Effects$	No	No	Yes	$Fixed\ Effects$	Yes
N	39736	39736	39736	N	39736
$Adj.\ R^2/Within.\ R^2$	0.042	0.035	0.038	$Within.\ R^2$	0.038
$F/Wald$	31.92 ***	1643.90 ***	25.70 ***	F	25.52 ***
LM 检验		21.11 ***			
LR 检验			1.26 ***		
Hausman 检验			260.62 ***		

注：括号中数据为 $t(z)$ 值；＊＊＊、＊＊和＊分别代表在1%、5%和10%的统计水平上显著。

6.5　本章小结

本章选择 2000～2021 年中国 A 股上市公司为研究对象，考察了内部控制质量与股价信息含量的关系，并从制约管理层盈余信息操纵（以应计盈余管理和真实盈余管理衡量）角度深入分析了内部控制增强股市信息效率的路径模式和作用机理。实证研究发现：（1）高质量的内部控制能够显著提升股价信息含量，在变更股价信息含量度量方法、采用内部控制缺陷指标、进一步控制其他变量以及考虑内生性问题后，该结论依然成立；（2）管理层进行信息操纵的应计盈余管理行为和真实盈余管理行为均会降低股价信息含量；（3）高质量的内部控制显著抑制了管理层的应计盈余管理行为和真实盈余管理行为，提高了信息透明度；（4）应计盈余管理存在显著的中介效应，高质量的内部控制可以通过制约管理层的应计盈余管理行为来提升股价信息含量；（5）真实盈余管理在内部控制质量影响股价信息含量中也发挥了显著的中介作用。

本章研究了内部控制质量对股价信息含量的影响，拓展了内部控制经济后果和股价信息含量影响因素的研究内容。本章还从管理层信息操纵的应计盈余管理和真实盈余管理角度揭示了内部控制影响股价信息含量传导机理，为相关企业和部门从完善内部控制、制约管理层信息操纵行为等角度来改善股市信息效率提供了经验证据。

第 7 章

外部监管、内部控制质量与股价稳定

前文已经从理论上分析并构建了内部控制质量、管理层信息操纵与股价稳定的逻辑框架，并结合回归分析和中介效应检验方法，证实了高质量的内部控制有助于促使股价稳定以及管理层信息操纵在其中发挥着中介作用。具体来说，高质量的内部控制可以通过抑制激进或平滑的盈余处理行为来约束管理层对好消息的操纵，从而减少股价泡沫；可以通过降低代理成本、提升信息披露质量来减少管理层对坏消息的隐藏，从而降低股价崩盘风险；可以通过抑制应计及真实盈余管理来制约管理层的信息操纵行为，从而提升股价信息含量。可见，内部控制应当是抑制管理层信息操纵进而促使股价稳定的最为有效的企业内部监管机制。

7.1　外部监管概述

除了企业内部监管外，在约束管理层信息操纵方面，一些外部监管也发挥着极其重要的作用。经常性的外部监管包括中介机构监管（如会计师事务所审计）、自律性组织监管（如证券交易所监管）以及行政监管（如证监会监管）。实际上，一些学者把我国对上市公司信息披露的监管归纳为企业内部监管、社会监管和政府监管三者互为补充的"三位一体"的监管体系（龙小海等，2004；黄丹等，2012；徐玉德，2019）。通过分析上市公司信息披露的流程即可将内外部各层级监管联系起来。

首先，企业管理层在编制完需对外披露的信息后，需要经过监事会、审计委员会、内部审计等企业内部部门的审查，这些审查本质上就是企业内部控制某些环节，属于企业的内部监管。

其次，内部监管部门出于专业知识的限制以及法律规范的要求，需聘请注册会计师进行审计。注册会计师作为中立的第三方，对上市公司披露的财务信息进行审计，提供更为客观、公正的专业性意见。注册会计师审计是诸多社会监管中最具代表性和专业性的监管，律师事务所、新闻媒体等其他组织的社会监管虽然也发挥着重要作用，但不具有经常性。

再次，在注册会计师完成审计工作后，企业董事会将通过股东大会审议的财务报告和审计报告提交给证券交易所，并在指定媒体上披露。证券交易所在收到上市公司提供的财务信息后会进行合规性的事后审查。具体来说，证券交易所通过一系列的规则设置来监督上市公司对外披露的信息。如问询机制、信息披露考评机制、证券交易机制等。证券交易所对上市公司披露的年报信息、中期报告信息及临时报告信息负有监管责任，并对发现的违反信息披露规则的行为具有通报批评、公开谴责等纪律处分手段。由于证券交易所是自律性组织，其所发生的监管通常称为自律监管。当然也有一些学者认为，我国的证券交易所被赋予了部分行政权限，且接受证监会的指导与监督，应将其归属于政府监管范畴（李瑛玫和戴荣华，2013）。

最后，上市公司所披露的财务信息还会受到证监会的监督检查。证监会作为政府设立的证券监管机构，是最具权威的监管者，享有最为广泛的证券监管权力。证监会可以指导、督促、协调证券交易所与各派出机构对上市公司信息披露进行监管，对发现的信息披露违规行为具有警告、没收违法所得、罚款等处罚权。证监会的监管主要体现在两方面，一是证监会派出机构会对上市公司所披露的财务信息进行巡回检查；二是证监会稽查部门根据相关线索对上市公司披露的财务信息进行稽查。

综上所述，外部监管就是指企业内部监管之外的监管，主要包括社会监管、自律监管和政府监管等。根据管理层信息操纵的特征，本章将从注册会计师审计、证券交易所监管以及证监会监管这三个层次来分析、检验外部监管和内部控制在促进股价稳定中存在的相互关系。

7.2 注册会计师审计、内部控制质量与股价稳定

两权分离后，委托方和受托方利益目标并不一致。委托方受自身能力、技术、地域等诸多因素限制，难以对受托方履责情况，特别是企业财务报告真实性进行审查和监督。这就需要第三方协助委托方进行检查、审核，注册会计师审计应运而生。注册会计师审计就是以独立、客观、公正的第三方对企业财务报告公允性发表意见。因此，注册会计师审计能够合理保证上市公司披露财务信息的真实性、提高信息质量、缓解信息不对称，从而促进资本市场稳定。

从信息质量角度来看，注册会计师审计与企业内部控制有着共同的目标和作用对象，都能够对企业信息披露行为起到监督作用。前文我们已经证实高质量的内部控制能够约束管理层的信息操纵行为、提高信息披露质量，从而促使股价稳定。那么具有同样目标的注册会计师审计是否也能够促进股价稳定？如果能，那注册会计师审计与内部控制之间又存在着怎样的作用，是互补的关系还是替代关系？为探讨上述问题，我们首先从理论上分析注册会计师审计影响股价稳定的作用机制以及其与内部控制质量间的相互关系，进而选取 A 股上市公司数据进行系统的实证检验。

7.2.1 研究回顾与理论假设

7.2.1.1 研究回顾

实践中注册会计师审计能否发挥监督管理层信息操纵进而提升信息披露质量作用，诸多学者进行了深入研究。一些学者研究发现，注册会计师审计质量较低，不能够揭示上市公司的盈余管理行为（李东平等，2001；夏立军和杨海斌，2002）。但更多学者研究表明，注册会计师审计能够在一定程度上约束管理层的信息操纵行为，有效降低上市公司应计盈余管理（Krishnan，2003；徐浩萍，2004；李仙和聂丽洁，2006；王艳艳和陈汉文，2006；Gul et al.，2009）和真实盈余管理程度（范经华等，2013；曹

国华等，2014；柳木华和雷霄，2020）。可见，注册会计师审计在监督管理层信息操纵方面能够发挥较好的作用。

　　那么，同样发挥监督作用的内部控制与注册会计师审计之间存在什么关系呢？学者们围绕这一话题展开了研究，但所得结论并不一致。一些学者认为，内部控制与注册会计师审计之间存在替代关系。因为对内部控制质量高的企业进行审计，注册会计师可以减少实质性测试范围，从而降低审计成本（Hogan & Wilkins，2010）。关于两者的替代关系，学者们从多个角度进行了验证。比如，钱伯斯和佩恩（Chambers & Payne，2011）研究发现，注册会计师审计和内部控制对盈余持续性均有显著影响，且两者存在一定的替代性。杨德明等（2009）研究发现，注册会计师审计和内部控制均有助于降低代理成本，且两者存在一定的替代效应。张嘉兴和傅绍正（2014）研究发现注册会计师审计和内部控制均有助于抑制管理层的应计盈余管理行为和真实盈余管理行为，且同样存在替代关系。但方红星和刘丹（2013）则明确指出，注册会计师审计和内部控制存在替代关系的前提是内部控制必须足够有效。还有一些学者认为，内部控制与注册会计师审计之间存在互补关系。因为高质量的内部控制往往是企业管理层重视内部控制建设与实施的结果，为区别于差的公司并赢得声誉，管理层愿意聘请高水平的注册会计师进行审计，并为之付出更高的审计费用（Pincus et al.，1989；Hay et al.，2006）。关于两者的互补关系，学者们也从多个角度进行了验证。范经华等（2013）研究发现，注册会计师行业专长与内部控制均有助于抑制管理层的盈余管理行为，且两者存在互补关系。王贞洁和徐静（2020）研究发现，注册会计师审计与内部控制均有助于防范股价崩盘风险，且两者存在互补关系。综上，注册会计师审计与内部控制之间究竟是替代还是互补关系，学者们并没有形成一致结论，或许与研究角度不同有关。那么，从股价稳定角度来分析，两者又是什么关系，值得深入研究。

　　注册会计师审计是否影响股价稳定，对此一些学者展开了研究。由于股价稳定的表现形式多样，学者们的研究角度也不尽相同。从股价信息含量角度来看，甚少有学者直接研究两者关系，原因在于股价信息含量难以直接衡量。一些学者认为，股价同步性可以间接考察股价信息含量，进而研究其与注册会计师审计的关系。李刚（2012）、罗进辉等（2018）发现，高质量的注册会计师审计可以提升公司信息透明度，促使股票交易者更容易获取公司特质信息，从而降低股价同步性，提高股价信息含量。学者们在研究注册会计师审计与股价同步性关系时，对注册会计师审计质量的考察并不相同。多数学者以是否聘请国际"四大"会计师事务所衡量审计质量，发现聘请"四大"审计的上市公司财务报告可信度更高，更有助于长期价值投资者作出正确决策，从而降低股价同步性（Gul et al.，2010；肖争艳等，2021）。除了"四大"，范卓玮和解维敏（2017）还采用审计费用考察审计质量，发现审计费用越高，注册会计师投入的精力越多，从而有助于提升企业信息披露质量，降低股价同步性。罗进辉等（2018）则以注册会计师与企业之间的地理距离考察审计质量，发现距离越近审计质量越低，进而股价信息含量也越低。高增亮等（2019）认为具备行业专长的审计师可以提供更高质量的审计服务，能够有效抑制管理层的盈余管理行为，显著降低股价同步性。但也有学者指出，注册会计师审计质量的高低并不能显著影响股价信息含量（袁知柱和鞠晓峰，2009），甚至还有学者发现，审计质量越高股价同步性也越高的现象（张梅，2011；Cahan et al.，2021）。综上，学者们对注册会计师审计与股价信息含量的关系并没有形成一致结论，值得进一步探讨。

从股价崩盘风险角度来看，高质量的注册会计师审计有助于提高企业治理水平，约束管理层机会主义行为，促使负面信息更快地披露于资本市场，从而降低股价崩盘风险（江轩宇和伊志宏，2013；熊家财，2015；宋献中和禹天寒，2017；张宏亮等2018；宫义飞等，2021）。但在研究两者关系时，学者们对注册会计师审计质量的考察并不相同。史永和李思昊（2020）认为，披露关键审计事项有助于加强注册会计师对管理层的监督，提高审计质量，进而降低股价崩盘风险。万东灿（2015）认为，收取较高的审计费用有助于提高审计质量，进而能够提高上市公司信息披露质量，降低股价崩盘风险。此外，江轩宇和伊志宏（2013）还研究了注册会计师行业专长与股价泡沫的关系，但实证结果表明两者没有显著关系。

7.2.1.2　理论假设

公司特质信息是影响股价最为关键因素，而信息不透明加剧了股价波动。注册会计师审计正是通过提高信息质量来影响股价，促使其回归内在价值。根据审计需求的代理理论和信息假说，注册会计师审计作为一种重要的外部监督治理机制，能够有效缓解代理冲突，提高信息透明度。而查错防弊和对财务报告真实、公允性发表审计意见是注册会计师审计的首要目标，所以在其开展工作前就会对管理层产生一定的威慑作用，降低不法行为的发生概率。在审计过程中，注册会计师还会发现并纠正已存在的错报、漏报以及违法违规行为，起到事中制衡作用，这又进一步降低管理层的逆向选择风险和道德风险。在完成审计工作后，注册会计师以审计报告的形式约束管理层，揭露其未能作出改正的信息操纵行为，从而向资本市场传递真实可靠的信息，提高信息透明度。

根据审计需求的信号假说，为区别于劣质公司，信息透明度高的公司更愿意聘请审计质量高的注册会计师进行审计，因为高水平的注册会计师具有更强的专业知识、更丰富的审计经验和更多的行业惯例积累。聘请这样的注册会计师审计，其实就是向资本市场传递自己是优质公司的信号。投资者也更愿意相信这类公司财务报告的真实性、完整性及合规性，从而作出正确决策。

根据审计需求的保险假说，审计不仅可以通过鉴证机制实现信息价值，还可以通过风险转移机制实现保险价值，即信息使用者依据审计后的财务报告作出决策而发生损失的，可以将注册会计师作为诉讼对象，要求补偿。可见，保险假说将审计关系视同保险合同关系，注册会计师成了"承保人"，审计报告就相当于"保单"，上市公司成了"投保人"，信息使用者成了"受益人"（申慧慧等，2010）。虽然针对注册会计师的诉讼并非都是审计失败引起的，但为降低诉讼风险、避免诉讼损失，注册会计师有必要调整审计客户的结构，尽可能选择公司治理好、信息透明度高、诉讼风险小的优质企业。即使遭遇劣质客户，注册会计师也应增强审计质量，出具非标审计意见，揭露管理层的信息操纵行为，避免投资者作出错误决策。

可见，不论是审计需求的代理理论、信息假说、信号假说还是保险假说，实际上都是推定注册会计师审计与公司信息透明度高度相关，即高质量的审计往往意味着更高的信息透明度。而信息越透明，越有助于投资者作出正确的决策，股价也更容易回归其内在价值。鉴于此，我们提出以下假设。

H7.1：限定其他条件，注册会计师审计质量越高，股价越趋向稳定。

H7.1a：限定其他条件，高质量注册会计师的审计有助于减少股价泡沫。

H7.1b：限定其他条件，高质量注册会计师的审计有助于降低股价崩盘风险。

H7.1c：限定其他条件，高质量注册会计师的审计有助于提高股价信息含量。

根据前文分析可知，作为内外两种治理机制的内部控制与注册会计师审计均有助于改善信息透明度，进而促进股价稳定。那么，这两种机制在发挥治理作用时应当存在相互影响，但究竟是相互替代还是相互补充呢？

根据代理理论，内部控制和注册会计师审计均可以缓解代理冲突，即两者可单独发挥作用且具有相同功能，这在经济学上称为替代关系（杨德明等，2009）。内部控制和注册会计师审计之间的替代关系可以作如下分析。当内部控制质量较低时，管理层进行信息操纵的可能性增加，代理成本随之上升。此时，注册会计师为缓解代理冲突、降低审计失败风险，就必须增加审计程序、扩大审计范围、投入更多的审计资源来应对企业内控风险，带来的效果就是提高了信息透明度、促使股价稳定。实际上，内部控制质量较低的企业也更愿意聘用高质量的注册会计师进行审计，以降低代理成本（杨德明等，2009）。相反，高质量的内部控制不仅可以约束管理层的行为，还可以增强注册会计师对被审计企业的信赖，减少审计工作量，降低审计难度。所以，内部控制质量高的企业，由于其信息透明度已经很高，注册会计师审计质量的高低其实已无太大影响，出于审计成本的考虑，往往会减少对高质量审计的需求。可见，当内部控制难以降低代理成本时，就需要借助高质量的外部审计；而当内部控制能够发挥有效作用时，对高质量的外部审计需求就会减弱，所以两者存在替代关系。基于此，我们提出以下假设。

H7.2：内部控制与注册会计师审计在促进股价稳定中存在替代关系，即当注册会计师审计质量较低时，高质量的内部控制更有助于促进股价稳定。

H7.2a：当注册会计师审计质量较低时，高质量的内部控制更有助于减少股价泡沫。

H7.2b：当注册会计师审计质量较低时，高质量的内部控制更有助于降低股价崩盘风险。

H7.2c：当注册会计师审计质量较低时，高质量的内部控制更有助于提升股价信息含量。

根据信号理论，内部控制与注册会计师审计可能存在互补关系。内部控制是企业治理层和管理层设计与执行的一系列制度及程序。在实践中，因设计缺陷及管理层强行干预，内部控制可能失效。因此，外部投资者更愿意相信独立的第三方——注册会计师，并视审计质量为一种信号，即企业聘用高质量的注册会计师审计往往意味着其信息透明度更高。基于这样的信号传递机制，内部控制质量高的企业为区别于低质量企业并赢得市场声誉，更倾向于聘用高质量的注册会计师进行审计（王贞洁和徐静，2020）。内部控制质量低的企业虽然也想通过信号传递机制来获得投资者的认可，但信号传递是有成本的，即高质量的注册会计师审计，往往会给低质量内部控制企业带来很高的惩罚成本（方红星和刘丹，2013）。所以，内部控制质量低的企业更可能选择低质量的注册会计师审计，两者还可能存在互补关系。因此，我们进一步提出以下竞争性假设。

H7.3：内部控制与注册会计师审计在促进股价稳定中存在互补关系，即当注册会计师审计质量较高时，高质量的内部控制更有助于促进股价稳定。

H7.3a：当注册会计师审计质量较高时，高质量的内部控制更有助于减少股价泡沫。

H7.3b：当注册会计师审计质量较高时，高质量的内部控制更有助于降低股价崩盘风险。

H7.3c：当注册会计师审计质量较高时，高质量的内部控制更有助于提升股价信息含量。

综上所述，内部控制和注册会计师审计的相互关系在代理理论和信号理论下存在着不同解释，那它们在提升信息透明度进而促使股价稳定中究竟是替代关系还是互补关系，需要通过实证检验。

7.2.2　研究设计

7.2.2.1　样本选择与数据处理

与前文一致，我们选取 2000~2021 年沪深 A 股上市公司为研究对象，注册会计师审计依据各上市公司聘请会计师事务所情况确定，具体数据来源于国泰安的财务报告审计意见数据库。我们剔除了注册会计师审计缺失的样本。其他数据的选取以及处理与前文一致，不再赘述。

7.2.2.2　变量的选择和度量

股价稳定（*SPS*）中股价泡沫（*Bubble*）、股价崩盘风险（*NCSKEW*、*DUVOL*）、股价信息含量（*c*）的衡量方法与前文一致，不再赘述。

内部控制质量（*IC*）依然采用迪博内部控制指数加 1 后取自然对数衡量。

注册会计师审计质量难以直接衡量，根据多数学者的做法（Gul et al.，2010；Forst & Hettler，2019；王永海等，2014；蔡春等，2021），我们采用上市公司是否聘请国际"四大"会计师事务所作为审计质量的替代变量。若聘用国际"四大"则取值为 1，表示审计质量高；否则取值为 0，表示审计质量低。

控制变量的选择与前文一致，即当研究注册会计师审计质量影响股价泡沫时，控制变量与第 4 章一致；当研究注册会计师审计质量影响股价崩盘风险时，控制变量与第 5 章一致；当研究注册会计师审计质量影响股价信息含量时，控制变量与第 6 章一致。

7.2.2.3　实证模型

本书采用模型（7-1）检验假设 H7.1，即注册会计师审计质量是否影响股价稳定。

$$SPS_{i,t} = \alpha_0 + \alpha_1 IC_{i,t} + \alpha_2 Big4_{i,t} + \sum Con_{i,t} + \sum Year_{i,t} + \sum Ind_{i,t} + \varepsilon_{i,t}$$

$$(7-1)$$

其中，$SPS_{i,t}$是公司 i 第 t 年股价稳定变量，分别用股价泡沫（$Bubble$）、股价崩盘风险（$NCSKEW$ 和 $DUVOL$）以及股价信息含量（c）来衡量；$IC_{i,t}$是内部控制质量；$Big4_{i,t}$是注册会计师审计质量；$Con_{i,t}$为控制变量；$Year$ 和 Ind 分别表示年度和行业的虚拟变量。

对于相互关系的检验，一些学者采用分组方法检验互补或替代关系（杨德明等，2009；范经华等，2013；王贞洁和徐静，2020）；还有一些学者采用交互项方法检验互补或替代关系（郑志刚和吕秀华，2009；陈建林，2015；陈汉文等，2019）。为使结果更加可靠，本书同时采用这两种方法进行检验。

首先，构建模型（7－2）以审计质量（$Big4$）进行分组检验。如果 $Big4$ 等于 1 的组，即审计质量较高的组，内部控制质量促进股价稳定的作用不如审计质量较低的组，则两者间存在替代关系，假设 H7.2 成立，否则假设 H7.3 成立。

$$SPS_{i,t} = \beta_0 + \beta_1 IC_{i,t} + \sum Con_{i,t} + \sum Year_{i,t} + \sum Ind_{i,t} + \varepsilon_{i,t}$$

$$(7-2)$$

其次，构建模型（7－3）采用交互项（$IC \times Big4$）来检验。如果 γ_1 和 γ_2 方向相同，且交叉项系数 γ_3 也同向时，表明审计质量的边际效应随着内部控制质量的增加而增加，即两者是互补关系；若此时 γ_3 方向相反，表明审计质量的边际效应随着内部控制质量的增加而递减，即两者是替代关系。

$$SPS_{i,t} = \gamma_0 + \gamma_1 IC_{i,t} + \gamma_2 Big4_{i,t} + \gamma_3 IC_{i,t} \times Big4_{i,t} + \sum Con_{i,t} +$$

$$\sum Year_{i,t} + \sum Ind_{i,t} + \varepsilon_{i,t} \qquad (7-3)$$

7.2.3 实证结果及分析

7.2.3.1 描述性统计分析

表 7－1 列示了根据注册会计师审计质量分组的各变量均值统计结果。

样本量的差异源于第 4 章至第 6 章各变量数据处理的不同,相同的控制变量选择样本量大的结果呈列。从表 7 - 1 中可以看出,选择"四大"事务所审计的上市公司数量明显小于选择非"四大"的上市公司,占总体比重6% 左右。从考察股价稳定的各个指标来看,选择"四大"事务所审计的上市公司股价泡沫($Bubble$)均值为 0.158,显著低于非"四大"审计上市公司的 0.556,与假设 H7.1a 相符。选择"四大"事务所审计的上市公司股价崩盘风险也更低,负收益偏态系数($NCSKEW$)和收益上下波动比率($DUVOL$)的均值均显著低于非"四大"审计上市公司,与假设 H7.1b相符。选择"四大"事务所审计的上市公司股价信息含量(c)均值为- 0.026,显著高于非"四大"审计上市公司的 - 0.037,与假设 H7.1c 相符。可见选择"四大"事务所审计的上市公司股价稳定性更好。从内部控制质量来看,选择"四大"事务所审计的上市公司内部控制质量(IC)均值为6.493,显著高于非"四大"审计上市公司的 6.217。各控制变量在两组间也均存在显著差异,结果与预期相符,不再赘述。

表 7 - 1   变量的描述性统计

变量	$Big4 = 0$		$Big4 = 1$		差异检验
	样本量	均值	样本量	均值	
$Bubble$	28325	0.556	1804	0.158	0.398 ***
$NCSKEW$	37565	- 0.247	2426	- 0.292	0.045 ***
$DUVOL$	37565	- 0.161	2426	- 0.197	0.036 ***
c	37342	- 0.037	2394	- 0.026	- 0.011 ***
IC	37565	6.217	2426	6.493	- 0.276 ***
$size$	37565	21.93	2426	23.67	- 1.737 ***
lev	37565	0.459	2426	0.506	- 0.047 ***
$bsize$	28325	2.276	1804	2.371	- 0.095 ***
$indrct$	28325	0.351	1804	0.360	- 0.010 ***
$top1$	37342	0.348	2394	0.435	- 0.087 ***
mb	37342	4.379	2394	3.563	0.816 ***
$yrtr$	37342	4.462	2394	2.872	1.591 ***
age	37342	2.107	2394	2.258	- 0.152 ***
$dturn$	37565	0.017	2426	0.006	0.011 ***

续表

变量	Big4 = 0		Big4 = 1		差异检验
	样本量	均值	样本量	均值	
ret	37565	−0.115	2426	−0.082	−0.033***
sigma	37565	0.045	2426	0.038	0.007***
roa	37565	0.033	2426	0.051	−0.018***
roe	37342	0.049	2394	0.095	−0.046***

注：*** 表示在 1% 的统计水平上显著。

7.2.3.2 主要变量的相关性分析

表 7-2 列示了主要变量间的相关系数。由表 7-2 可知，无论是 Pearson 结果还是 Spearman 结果，股价泡沫（*Bubble*）与衡量股价崩盘风险的负收益偏态系数（*NCSKEW*）和收益上下波动比率（*DUVOL*）均在 1% 水平上显著正相关，表明存在股价泡沫的上市公司崩盘风险也更高，与预期一致。股价泡沫与股价信息含量（*c*）在 1% 水平上显著负相关，表明存在股价泡沫的上市公司其股价信息含量更低，与预期一致。股价崩盘风险的两个指标（*NCSKEW*、*DUVOL*）与股价信息含量（*c*）均在 1% 水平上显著负相关，表明存在崩盘风险的上市公司其股价信息含量也更低。上述结果表明，股价泡沫、股价崩盘风险和股价信息含量从不同角度衡量股价稳定存在数理关系上的可行性。

表 7-2　　　　　　　　　　　主要变量的相关系数矩阵

变量	*Bubble*	*NCSKEW*	*DUVOL*	*c*	*IC*	*Big4*
Bubble	1	0.037***	0.038***	−0.094***	−0.327***	−0.157***
NCSKEW	0.031***	1	0.885***	−0.030***	−0.038***	−0.022***
DUVOL	0.040***	0.877***	1	−0.028***	−0.043***	−0.022***
c	−0.068***	−0.032***	−0.032***	1	0.107***	0.032***
IC	−0.075***	−0.060***	−0.061***	0.090***	1	0.172***
Big4	−0.159***	−0.021***	−0.024***	0.031***	0.046***	1

注：右上角为 Spearman 相关系数，左下角为 Pearson 相关系数；*** 表示在 1% 的统计水平上显著（双尾检验）。

股价泡沫（*Bubble*）与注册会计师审计质量代理指标（*Big4*）在 1% 水平上显著负相关，表明选择"四大"事务所审计的上市公司股价泡沫更低，与假设 H7.1a 一致。股价崩盘风险两个指标（*NCSKEW*、*DUVOL*）与审计质量代理指标（*Big*4）也均在 1% 水平上显著负相关，表明选择"四大"事务所审计的上市公司股价崩盘风险更低，与假设 H7.1b 一致。股价信息含量（*c*）与审计质量代理指标（*Big*4）在 1% 水平上显著正相关，表明选择"四大"事务所审计的上市公司股价信息含量更高，与假设 H7.1c 一致。内部控制质量（*IC*）与审计质量代理指标（*Big*4）在 1% 水平上显著正相关，表明选择"四大"事务所审计的上市公司内部控制质量更高，可见，内部控制质量与注册会计师审计质量在内外部治理中存在一致性，与预期相符。

7.2.3.3 回归分析

由于前文从股价泡沫、股价崩盘风险和股价信息含量三个角度来考察股价稳定，因此，下文也从这三个方面检验注册会计师审计质量对股价稳定的影响以及注册会计师审计质量与内部控制质量之间的相互关系。

（1）注册会计师审计质量、内部控制质量与股价泡沫。表 7 - 3 列示了注册会计师审计质量、内部控制质量与股价泡沫采用面板数据固定效应的回归结果。其中，第（1）列为模型（7 - 1）采用全样本回归结果，第（2）列为模型（7 - 2）采用高审计质量组（*Big*4 = 1）回归结果，第（3）列为模型（7 - 2）采用低审计质量组（*Big*4 = 0）回归结果，第（4）列为模型（7 - 3）进行交互效应回归结果。从第（1）列可以看出，注册会计师审计质量代理指标（*Big*4）与股价泡沫（*Bubble*）的回归系数为 - 0.029，且在 10% 的水平上显著，表明选择"四大"事务所审计可以显著降低股价泡沫，假设 H7.1a 得到证实。从第（1）列还可以看出，内部控制质量的回归系数为 - 0.006，且在 1% 的水平上显著，表明高质量的内部控制有助于降低股价泡沫，与前文一致。

从表 7 - 3 的第（2）列可以看出，在高审计质量组中内部控制质量的回归系数并不显著，即选择"四大"事务所审计的上市公司，其内部控制质量与股价泡沫之间不存在显著关系，因此，假设 H7.3a 不成立。而第（3）列表明，在低审计质量组中内部控制质量的回归系数在 5% 水平上显著为负，即没有选择"四大"事务所审计的上市公司，其内部控制质量的提高可以显著降低股价泡沫，因此，假设 H7.2a 成立。可见，分组检验表明，注册会计师审计质量与内部控制质量在降低股价泡沫中存在替代关系。

从表 7 - 3 的第（4）列可以看出，内部控制质量依然可以显著降低股价泡沫，但以 *Big*4 衡量的注册会计师审计质量对股价泡沫不再有显著影响。此外，注册会计师审计质量与内部控制质量的交互项也不显著，因此，交互效应检验既不支持替代关系，也不支持互补关系。

表 7 - 3　　　　审计质量、内部控制质量与股价泡沫的回归结果

变量	（1）*Bubble* 全样本	（2）*Bubble* 高审计质量组	（3）*Bubble* 低审计质量组	（4）*Bubble* 交互效应
IC	- 0. 006 ***	- 0. 016	- 0. 006 **	- 0. 007 ***
	（ - 2. 72）	（ - 0. 98）	（ - 2. 49）	（ - 2. 79）
*Big*4	- 0. 029 *			- 0. 080
	（ - 1. 68）			（ - 1. 00）
*IC × Big*4				0. 008
				（0. 65）
size	- 0. 192 ***	- 0. 240 ***	- 0. 191 ***	- 0. 192 ***
	（ - 37. 31）	（ - 6. 19）	（ - 36. 54）	（ - 37. 31）
lev	0. 294 ***	0. 821 ***	0. 283 ***	0. 294 ***
	（14. 61）	（6. 02）	（13. 95）	（14. 61）
bsize	0. 029 **	0. 103	0. 022 *	0. 029 **
	（2. 26）	（1. 41）	（1. 72）	（2. 27）
indrct	- 0. 170 ***	- 0. 103	- 0. 177 ***	- 0. 171 ***
	（ - 4. 29）	（ - 0. 50）	（ - 4. 39）	（ - 4. 30）
*top*1	- 0. 244 ***	- 0. 799 ***	- 0. 198 ***	- 0. 244 ***
	（ - 7. 99）	（ - 3. 61）	（ - 6. 41）	（ - 8. 00）
mb	- 0. 024 ***	0. 018	- 0. 025 ***	- 0. 024 ***
	（ - 10. 95）	（1. 02）	（ - 11. 27）	（ - 10. 95）
yrtr	- 0. 003 ***	- 0. 001	- 0. 003 ***	- 0. 003 ***
	（ - 3. 71）	（ - 0. 09）	（ - 3. 46）	（ - 3. 70）
age	0. 073 ***	- 0. 014	0. 077 ***	0. 073 ***
	（6. 39）	（ - 0. 23）	（6. 60）	（6. 39）
Constant	4. 834 ***	6. 757 ***	4. 804 ***	4. 836 ***
	（40. 79）	（6. 82）	（40. 32）	（40. 80）
Year	Yes	Yes	Yes	Yes

变量	（1）*Bubble* 全样本	（2）*Bubble* 高审计质量组	（3）*Bubble* 低审计质量组	（4）*Bubble* 交互效应
Industry	Yes	Yes	Yes	Yes
Fixed Effects	Yes	Yes	Yes	Yes
N	30129	1804	28325	30129
Within. R^2	0.204	0.276	0.201	0.204
F	132.71***	14.28***	124.83***	130.26***

注：括号中数据为 $t(z)$ 值；***、** 和 * 分别代表在 1%、5% 和 10% 的统计水平上显著。

总之，在加入审计质量后，内部控制质量降低股价泡沫的作用依然十分显著；审计质量也可以降低股价泡沫，但并不稳健。注册会计师审计质量与内部控制质量在降低股价泡沫中存在替代关系，但这种关系只在分组检验中成立。

（2）注册会计师审计质量、内部控制质量与股价崩盘风险。由于前文选择负收益偏态系数（*NCSKEW*）和收益上下波动比率（*DUVOL*）两个指标衡量股价崩盘风险，因此，下文也从这两个方面进行回归分析。

表 7 - 4 列示了注册会计师审计质量、内部控制质量与负收益偏态系数采用面板数据固定效应的回归结果。其中，第（1）列为模型（7 - 1）采用全样本回归结果，第（2）列为模型（7 - 2）采用高审计质量组（*Big*4 = 1）回归结果，第（3）列为模型（7 - 2）采用低审计质量组（*Big*4 = 0）回归结果，第（4）列为模型（7 - 3）进行交互效应回归结果。从第（1）列可以看出，注册会计师审计质量代理指标（*Big*4）与负收益偏态系数（*NCSKEW*）的回归系数虽为负值，但并不显著，因此假设 H7.1b 没有得到证实；内部控制质量的回归系数依然在 1% 水平上显著为负，与前文一致。

从表 7 - 4 的第（2）列可以看出，在高审计质量组中内部控制质量回归系数为 - 0.037，且在 10% 水平上显著；第（3）列表明，在低审计质量组中内部控制质量回归系数为 - 0.033，且在 1% 水平上显著，因此无论是否选择"四大"事务所审计，上市公司提高内部控制质量均有助于降低负收益偏态系数。此外，与低审计质量组相比，高审计质量组的回归系数更

小，但这种差异并不显著，经验 P 值为 0.435。因此，分组检验不能证明
两者的相互关系。

表 7 - 4　　　审计质量、内部控制质量与负收益偏态系数的回归结果

变量	(1) NCSKEW 全样本	(2) NCSKEW 高审计质量组	(3) NCSKEW 低审计质量组	(4) NCSKEW 交互效应
IC	-0.032*** (-9.87)	-0.037* (-1.77)	-0.033*** (-9.75)	-0.032*** (-9.76)
Big4	-0.024 (-0.85)			-0.076 (-0.55)
IC×Big4				0.008 (0.38)
Ldturn	-0.034*** (-3.08)	0.027 (0.49)	-0.038*** (-3.33)	-0.034*** (-3.08)
Lret	0.629*** (3.92)	0.778 (1.00)	0.667*** (4.02)	0.629*** (3.92)
Lsigma	6.461*** (6.99)	7.208* (1.82)	6.726*** (6.98)	6.461*** (6.98)
Lsize	0.066*** (8.60)	0.061 (1.42)	0.068*** (8.50)	0.066*** (8.60)
Lmb	0.018*** (10.61)	0.008 (0.80)	0.019*** (10.65)	0.018*** (10.61)
Llev	-0.234*** (-6.24)	-0.133 (-0.66)	-0.233*** (-6.02)	-0.234*** (-6.24)
Lroa	0.117 (1.64)	0.250 (0.65)	0.119 (1.63)	0.117 (1.64)
Constant	-1.701*** (-9.70)	-1.622 (-1.62)	-1.737*** (-9.59)	-1.701*** (-9.70)
Year	Yes	Yes	Yes	Yes
Industry	Yes	Yes	Yes	Yes
Fixed Effects	Yes	Yes	Yes	Yes
N	39991	2426	37565	39991
Within. R^2	0.056	0.093	0.056	0.056
F	39.21***	4.83***	37.02***	38.51***
经验 P 值	0.435			

注：括号中数据为 $t(z)$ 值；***、** 和 * 分别代表在 1%、5% 和 10% 的统计水平上显著；经验 P 值用于检验组间 IC 系数差异的显著性，通过自体抽样（Bootstrap）1000 次得到。

进一步，第（4）列的交互效应检验结果也表明，以 *Big*4 衡量的注册会计师审计质量回归系数也为负且不显著；注册会计师审计质量与内部控制质量的交互项虽为正但同样不显著，可见交互效应检验结果与上文一致。

表 7-5 列示了注册会计师审计质量、内部控制质量与收益上下波动比率采用面板数据固定效应的回归结果，第（1）~（4）列的做法与表 7-4 相同。从第（1）列可以看出，注册会计师审计质量代理指标 *Big*4 与收益上下波动比率（*DUVOL*）的回归系数虽为负值，但并不显著，因此假设 H7.1b 还是没有得到证实；内部控制质量的回归系数依然在 1% 水平上显著为负，与前文一致。

从表 7-5 的第（2）列可以看出，在高审计质量组中内部控制质量回归系数并不显著，即选择"四大"事务所审计的上市公司，其内部控制质量与收益上下波动比率之间不存在显著关系，因此，假设 H7.3b 不成立。而第（3）列表明，在低审计质量组中内部控制质量回归系数在 1% 水平上显著为负，即没有选择"四大"事务所审计的上市公司，其内部控制质量的提高可以显著降低收益上下波动比率，因此，假设 H7.2b 成立。可见，分组检验表明，注册会计师审计质量与内部控制质量在降低以收益上下波动比率衡量的股价崩盘风险中存在替代关系。

进一步，第（4）列的交互效应检验结果表明，以 *Big*4 衡量的注册会计师审计质量回归系数也为负且不显著，与第（1）列一致。此外，注册会计师审计质量与内部控制质量的交互项虽为正但不显著，因此，交互效应检验并不支持两者间替代关系。

表 7-5   审计质量、内部控制质量与收益上下波动比率的回归结果

变量	(1) *DUVOL* 全样本	(2) *DUVOL* 高审计质量组	(3) *DUVOL* 低审计质量组	(4) *DUVOL* 交互效应
IC	-0.021*** (-9.60)	-0.020 (-1.43)	-0.021*** (-9.48)	-0.021*** (-9.55)
*Big*4	-0.014 (-0.75)			-0.022 (-0.25)
IC × *Big*4				0.005 (0.40)

续表

变量	(1) DUVOL 全样本	(2) DUVOL 高审计质量组	(3) DUVOL 低审计质量组	(4) DUVOL 交互效应
Ldturn	−0.024***	−0.017	−0.024***	−0.024***
	(−3.21)	(−0.46)	(−3.23)	(−3.21)
Lret	0.406***	0.075	0.430***	0.406***
	(3.81)	(0.14)	(3.90)	(3.81)
Lsigma	3.857***	2.918	3.970***	3.858***
	(6.28)	(1.08)	(6.21)	(6.28)
Lsize	0.036***	0.022	0.037***	0.036***
	(7.01)	(0.74)	(7.03)	(7.01)
Lmb	0.012***	0.002	0.012***	0.012***
	(10.18)	(0.23)	(10.27)	(10.17)
Llev	−0.125***	0.018	−0.126***	−0.125***
	(−5.00)	(0.13)	(−4.89)	(−5.00)
Lroa	0.061	0.500*	0.048	0.061
	(1.29)	(1.89)	(0.98)	(1.29)
Constant	−0.966***	−0.685	−0.993***	−0.965***
	(−8.30)	(−1.00)	(−8.26)	(−8.29)
Year	Yes	Yes	Yes	Yes
Industry	Yes	Yes	Yes	Yes
Fixed Effects	Yes	Yes	Yes	Yes
N	39991	2426	37565	39991
Within. R^2	0.057	0.085	0.056	0.057
F	39.56***	4.35***	37.48***	38.85***

注：括号中数据为 $t(z)$ 值；***、** 和 * 分别代表在 1%、5% 和 10% 的统计水平上显著。

总之，在加入审计质量后内部控制质量降低股价崩盘风险的作用依然十分显著；审计质量虽与股价崩盘风险呈反向关系，但并不显著。注册会计师审计质量与内部控制质量在降低股价崩盘风险中存在替代关系，但这种关系只在以收益上下波动比率衡量股价崩盘风险的分组检验中成立。

（3）注册会计师审计质量、内部控制质量与股价信息含量。表 7−6 列示了注册会计师审计质量、内部控制质量与股价信息含量采用面板数据固定效应的回归结果。其中，第（1）列为模型（7−1）采用全样本回归结果，第（2）列为模型（7−2）采用高审计质量组（Big4 = 1）回归结果，第（3）列为模型（7-2）采用低审计质量组（$Big4=0$）回归结果，第（4）列为模型（7-3）进行交互效应回归结果。从第（1）列可以看出，注册会计师审计质量代理指标（$Big4$）与股价信息含量（c）的回归系数为0.007，且在10%的水平上显著，表明选择"四大"事务所审计可以显著提升股价信息含量，假设 H7.1c 得到证实。从第（1）列还可以看出，内部控制质量的回归系数为0.003，且在1%的水平上显著，表明高质量的内部控制有助于提升股价信息含量，与前文一致。

从表7-6的第（2）列可以看出，在高审计质量组中内部控制质量的回归系数并不显著，即选择"四大"事务所审计的上市公司，其内部控制质量与股价信息含量之间不存在显著关系，因此，假设 H7.3c 不成立。而第（3）列表明，在低审计质量组中内部控制质量的回归系数在1%水平上显著为正，即没有选择"四大"事务所审计的上市公司，其内部控制质量的提高可以显著提升股价信息含量，因此，假设 H7.2c 成立。可见，分组检验表明，注册会计师审计质量与内部控制质量在提升股价信息含量中存在替代关系。

从表7-6的第（4）列可以看出，内部控制质量依然可以显著提升股价信息含量；以 $Big4$ 衡量的注册会计师审计质量回归系数在1%水平上显著为正，进一步验假设 H7.1c。此外，注册会计师审计质量与内部控制质量的交互项在5%水平上显著为负，即表明两者在提升股价信息含量中存在替代关系，因此，交互效应检验结论与分组检验一致，进一步验证假设 H7.2c。

表7-6　　　　审计质量、内部控制质量与股价信息含量的回归结果

变量	（1）c 全样本	（2）c 高审计质量组	（3）c 低审计质量组	（4）c 交互效应
IC	0.003*** (6.45)	-0.002 (-0.76)	0.003*** (6.70)	0.003*** (6.72)
$Big4$	0.007* (1.83)			0.048*** (2.69)
$IC \times Big4$				-0.006** (-2.35)

续表

变量	(1) c 全样本	(2) c 高审计质量组	(3) c 低审计质量组	(4) c 交互效应
size	0.011 ***	0.017 **	0.011 ***	0.011 ***
	(9.95)	(2.43)	(9.62)	(9.95)
lev	−0.024 ***	−0.047	−0.023 ***	−0.024 ***
	(−4.43)	(−1.55)	(−4.27)	(−4.45)
roe	0.012 ***	0.001	0.013 ***	0.012 ***
	(3.06)	(0.03)	(3.31)	(3.06)
top1	0.015 **	0.021	0.013 *	0.015 **
	(2.17)	(0.53)	(1.83)	(2.18)
dturn	0.023 ***	0.040 **	0.023 ***	0.023 ***
	(7.79)	(2.03)	(7.65)	(7.75)
mb	−0.0004 **	−0.001	−0.0004 **	−0.0004 **
	(−2.26)	(−0.83)	(−1.97)	(−2.22)
age	0.009 ***	−0.001	0.009 ***	0.009 ***
	(3.55)	(−0.07)	(3.42)	(3.56)
yrtr	0.001 ***	−0.0002	0.001 ***	0.001 ***
	(5.18)	(−0.14)	(5.47)	(5.17)
Constant	−0.265 ***	−0.537 ***	−0.266 ***	−0.266 ***
	(−10.62)	(−2.96)	(−10.39)	(−10.66)
Year	Yes	Yes	Yes	Yes
Industry	Yes	Yes	Yes	Yes
Fixed Effects	Yes	Yes	Yes	Yes
N	39736	2394	37342	39736
Within. R^2	0.038	0.043	0.040	0.038
F	25.53 ***	1.98 ***	25.36 ***	25.19 ***

注：括号中数据为 $t(z)$ 值；***、** 和 * 分别代表在 1%、5% 和 10% 的统计水平上显著。

总之，在加入审计质量后内部控制质量提升股价信息含量的作用依然十分显著；审计质量也可以显著提升股价信息含量，与内部控制发挥了相同的作用。注册会计师审计质量与内部控制质量在提升股价信息含量中存在替代关系，该结论无论在分组检验还是交互效应检验中均成立。

综上所述，表 7-3 至表 7-6 分别从股价泡沫、股价崩盘风险和股价信息含量三个角度考察了股价稳定与审计质量、内部控制质量的关系。针对假设 H7.1 的研究结果表明，较高的注册会计师审计质量可以显著提升股价信息含量，在一定程度上降低股价泡沫，但在降低股价崩盘风险方面的作用并不显著，这在一定程度上证实了高质量的注册会计师审计可以促进股价稳定的研究假设。针对假设 H7.2 和假设 H7.3 的研究结果表明，注册会计师审计质量与内部控制质量在促进股价稳定中更多地表现为替代关系，而不是互补关系。具体来说，在提升股价信息含量方面，两者的替代关系无论是分组检验还是交互效应检验均成立；而在降低股价泡沫和股价崩盘风险方面，两者的替代关系只在分组检验中成立。

7.2.4 稳健性检验

上文揭示了注册会计师审计质量、内部控制质量与股价稳定的关系，其中，以股价信息含量的表现最为显著。为使上述结论更加稳健，我们围绕股价信息含量的研究假设进行了稳健性测试。

7.2.4.1 倾向得分匹配法（PSM）回归分析

选择"四大"与非"四大"审计的上市公司间存在一些固有差异，而这些差异可能会带来内生性问题。为降低这两类公司特征差异的影响，本章采用倾向得分匹配法（PSM）对样本进行匹配处理后，再次检验研究假设。参照梁上坤等（2015）、李青原和周汝卓（2016）、程博等（2017）以及蔡春等（2021）的研究，我们选取了一系列影响公司是否聘请国际"四大"事务所审计的变量进行倾向得分匹配，这些变量包括公司规模、财务杠杆、净资产收益率、董事会规模、独立董事比例、两职合一、第一大股东持股比例、流通股比例、是否发生亏损的虚拟变量（loss）、成长性、流通股年换手率等，进行 1∶3 分年度匹配后的结果如表 7-7 所示。

第（1）列为倾向得分匹配后模型（7-1）回归结果，注册会计师审计质量和内部控制质量的回归系数均显著为正，与前文假设一致。第（2）和第（3）列是根据 Big4 分组检验相互关系的结果，在第（2）列审计质量较高组中，内部控制质量回归系数不显著；而在第（3）列审计质量较低组中，内部控制质量回归系数显著为正，因此，分组检验依然支持两者间替代关系。最后，第（4）列注册会计师审计质量和内部控制质量的回归系数均显著为正，交互项回归系数显著为负，即交互效应检验同样支持两者间的替代关系。总之，采用 PSM 后假设 H7. 1c 和假设 H7. 2c 均得到进一步验证。

表 7 - 7　　　　审计质量、内部控制质量与股价信息含量的 PSM 回归结果

变量	(1) c 全样本	(2) c 高审计质量组	(3) c 低审计质量组	(4) c 交互效应
IC	0. 004 **	- 0. 003	0. 007 ***	0. 008 ***
	(2. 17)	(- 0. 95)	(2. 75)	(3. 49)
Big4	0. 015 *			0. 087 ***
	(1. 80)			(3. 40)
IC × Big4				- 0. 011 ***
				(- 2. 99)
size	0. 017 ***	0. 025 ***	0. 017 ***	0. 017 ***
	(3. 89)	(2. 66)	(2. 90)	(3. 84)
lev	- 0. 037 *	- 0. 057	- 0. 023	- 0. 037 *
	(- 1. 79)	(- 1. 56)	(- 0. 86)	(- 1. 79)
roe	0. 011	0. 023	0. 013	0. 011
	(0. 67)	(0. 78)	(0. 61)	(0. 69)
top1	0. 018	0. 043	- 0. 008	0. 021
	(0. 76)	(0. 96)	(- 0. 26)	(0. 86)
dturn	0. 052 ***	0. 023	0. 078 ***	0. 052 ***
	(4. 14)	(1. 08)	(4. 71)	(4. 10)
mb	0. 0001	- 0. 001	0. 001	0. 0001
	(0. 12)	(- 0. 45)	(0. 75)	(0. 13)
age	0. 011	- 0. 001	0. 021 *	0. 012
	(1. 32)	(- 0. 10)	(1. 65)	(1. 33)
yrtr	0. 002 **	0. 002	0. 003 **	0. 002 **
	(2. 53)	(1. 57)	(2. 29)	(2. 51)
Constant	- 0. 358 **	- 0. 747 ***	- 0. 360 *	- 0. 787 ***
	(- 2. 04)	(- 3. 33)	(- 1. 82)	(- 4. 57)
Year	Yes	Yes	Yes	Yes
Industry	Yes	Yes	Yes	Yes
Fixed Effects	Yes	Yes	Yes	Yes
N	5856	2010	3846	5856
Within. R^2	0. 047	0. 041	0. 068	0. 050
F	4. 05 ***	1. 63 ***	3. 34 ***	4. 16 ***

注：括号中数据为 $t(z)$ 值；***、** 和 * 分别代表在 1%、5% 和 10% 的统计水平上显著。

7.2.4.2 变更股价信息含量的度量方法

根据第6章模型（6-13）重新估计股价信息含量（c2）进行稳健性检验，结果如表7-8所示。首先，第（1）列和第（4）列中注册会计师审计质量和内部控制质量的回归系数均显著为正，与前文假设一致。其次，在第（2）列审计质量较高组中，内部控制质量回归系数不显著；而在第（3）列审计质量较低组中，内部控制质量回归系数显著为正；同时第（4）列注册会计师审计质量和内部控制质量交互项回归系数显著为负，进一步验证了两者的替代关系。总之，变更股价信息含量度量方法后假设H7.1c和假设H7.2c均得到验证。

表7-8　　　　　　　　变更股价信息含量度量方法的回归结果

变量	(1) c2 全样本	(2) c2 高审计质量组	(3) c2 低审计质量组	(4) c2 交互效应
IC	0.003 ***	− 0.001	0.003 ***	0.003 ***
	(6.31)	(− 0.21)	(6.49)	(6.49)
Big4	0.008 *			0.040 **
	(1.92)			(2.05)
IC × Big4				− 0.005 *
				(− 1.68)
size	0.010 ***	0.014 *	0.010 ***	0.010 ***
	(8.00)	(1.75)	(7.68)	(7.99)
lev	− 0.018 ***	− 0.047	− 0.018 ***	− 0.018 ***
	(− 3.10)	(− 1.39)	(− 3.06)	(− 3.12)
roe	0.015 ***	− 0.016	0.017 ***	0.015 ***
	(3.69)	(− 0.59)	(4.00)	(3.69)
top1	0.009	0.035	0.008	0.009
	(1.20)	(0.81)	(1.02)	(1.21)
dturn	0.025 ***	0.050 **	0.025 ***	0.025 ***
	(7.71)	(2.29)	(7.56)	(7.68)
mb	− 0.0004 *	− 0.001	− 0.0003	− 0.0004 *
	(− 1.72)	(− 0.63)	(− 1.45)	(− 1.70)
age	0.010 ***	− 0.010	0.011 ***	0.010 ***
	(3.89)	(− 0.82)	(3.97)	(3.90)
yrtr	0.002 ***	0.000	0.002 ***	0.002 ***
	(7.07)	(0.04)	(7.32)	(7.07)

续表

变量	(1) *c2* 全样本	(2) *c2* 高审计质量组	(3) *c2* 低审计质量组	(4) *c2* 交互效应
Constant	-0.260*** (-9.52)	-0.455** (-2.26)	-0.260*** (-9.29)	-0.261*** (-9.55)
Year	Yes	Yes	Yes	Yes
Industry	Yes	Yes	Yes	Yes
Fixed Effects	Yes	Yes	Yes	Yes
N	39736	2394	37342	39736
Within. R²	0.038	0.072	0.038	0.038
F	25.074	3.415	24.055	24.685

注：括号中数据为 $t(z)$ 值；***、** 和 * 分别代表在 1%、5% 和 10% 的统计水平上显著。

7.2.4.3 变更内部控制质量的度量方法

与前文一致，为避免迪博内部控制指数可能存在的主观性，我们进一步采用内部控制是否存在缺陷（*IC2*）衡量内部控制质量进行稳健性检验，结果如表 7-9 所示。首先，第（1）列和第（4）列中注册会计师审计质量回归系数显著为正，进一步验证假设 H7.1c；内部控制缺陷回归系数均显著为负，与前文一致。其次，在第（2）列审计质量较高组中，内部控制缺陷回归系数不显著；而在第（3）列审计质量较低组中，内部控制缺陷回归系数显著为负；同时第（4）列注册会计师审计质量和内部控制缺陷交互项回归系数显著为正，而内部控制缺陷是内部控制质量的反向指标，所以两者依然是替代关系。总之，变更内部控制质量度量方法后假设 H7.1c 和假设 H7.2c 均得到验证。

表 7-9 变更内部控制质量度量方法的回归结果

变量	(1) *c* 全样本	(2) *c* 高审计质量组	(3) *c* 低审计质量组	(4) *c* 交互效应
IC2	-0.010** (-2.02)	0.020 (0.72)	-0.012** (-2.41)	-0.012** (-2.39)
Big4	0.012** (2.15)			0.011* (1.96)
IC2 × Big4				0.053** (2.14)

续表

变量	(1) c 全样本	(2) c 高审计质量组	(3) c 低审计质量组	(4) c 交互效应
size	0.015 ***	0.028 ***	0.015 ***	0.015 ***
	(10.22)	(2.86)	(9.90)	(10.24)
lev	-0.026 ***	-0.087 **	-0.025 ***	-0.026 ***
	(-3.91)	(-2.20)	(-3.67)	(-3.91)
roe	0.014 ***	-0.005	0.015 ***	0.013 ***
	(3.01)	(-0.17)	(3.23)	(2.95)
top1	0.015	0.042	0.014	0.015
	(1.62)	(0.90)	(1.43)	(1.64)
dturn	0.023 ***	0.030	0.023 ***	0.023 ***
	(7.27)	(1.43)	(7.27)	(7.27)
mb	-0.001 **	-0.0003	-0.0005 **	-0.001 **
	(-2.42)	(-0.22)	(-2.15)	(-2.41)
age	0.011 ***	0.002	0.011 ***	0.011 ***
	(3.70)	(0.15)	(3.47)	(3.71)
yrtr	0.001 ***	0.001	0.001 ***	0.001 ***
	(4.05)	(0.44)	(4.11)	(4.07)
Constant	-0.360 ***	-0.669 ***	-0.394 ***	-0.361 ***
	(-10.64)	(-2.75)	(-10.69)	(-10.66)
Year	Yes	Yes	Yes	Yes
Industry	Yes	Yes	Yes	Yes
Fixed Effects	Yes	Yes	Yes	Yes
N	32852	1949	30903	32852
Within. R^2	0.035	0.046	0.036	0.035
F	21.52 ***	2.07 ***	21.31 ***	21.18 ***

注：括号中数据为 $t(z)$ 值； *** 、 ** 和 * 分别代表在1% 、5% 和10% 的统计水平上显著。

7.2.4.4 进一步控制其他影响因素

与第6章一致，我们进一步控制了投资者情绪（CICSI）、实际控制人性质（SOE）以及监管层持股比例（Mhold）三个因素进行稳健性检验，结果如表7-10所示。首先，第（1）列和第（4）列中注册会计师审计质量和内部控制质量的回归系数均显著为正，与前文假设一致。其次，在第（2）列审计质量较高组中，内部控制质量回归系数不显著；而在第（3）列审计质量较低组中，内部控制质量回归系数显著为正；同时第（4）列注册会计师审计质量和内部控制质量交互项回归系数显著为负，进一步验证了两者的替代关系。总之，控制其他影响因素后假设 H7.1c 和假设 H7.2c 依然得到验证。

表 7 - 10　　　　　　　　　控制其他因素的回归结果

变量	(1) c 全样本	(2) c 高审计质量组	(3) c 低审计质量组	(4) c 交互效应
IC	0.003 *** (6.07)	- 0.001 (- 0.37)	0.003 *** (6.24)	0.003 *** (6.27)
Big4	0.007 * (1.69)			0.040 ** (2.13)
IC × Big4				- 0.005 * (- 1.80)
size	0.012 *** (9.49)	0.019 ** (2.29)	0.012 *** (9.17)	0.012 *** (9.48)
lev	- 0.021 *** (- 3.58)	- 0.092 *** (- 2.66)	- 0.020 *** (- 3.26)	- 0.021 *** (- 3.58)
roe	0.012 *** (2.92)	0.007 (0.26)	0.014 *** (3.24)	0.012 *** (2.92)
top1	0.016 ** (2.01)	0.061 (1.40)	0.013 (1.53)	0.016 ** (2.02)
dturn	0.022 *** (7.19)	0.038 * (1.83)	0.022 *** (7.08)	0.022 *** (7.16)
mb	- 0.000 * (- 1.71)	- 0.0004 (- 0.27)	- 0.0003 (- 1.40)	- 0.0004 * (- 1.69)
age	0.008 *** (2.97)	0.003 (0.26)	0.008 *** (2.75)	0.008 *** (2.97)
yrtr	0.001 *** (4.89)	- 0.0004 (- 0.30)	0.001 *** (5.11)	0.001 *** (4.88)
CICSI	- 0.001 *** (- 6.55)	- 0.002 ** (- 1.99)	- 0.001 *** (- 6.22)	- 0.001 *** (- 6.54)
SOE	- 0.007 ** (- 2.04)	0.002 (0.06)	- 0.007 ** (- 2.09)	- 0.007 ** (- 2.03)
Mhold	- 0.018 * (- 1.84)	- 0.107 (- 1.00)	- 0.016 (- 1.62)	- 0.018 * (- 1.85)
Constant	- 0.275 *** (- 10.09)	- 0.426 ** (- 2.06)	- 0.275 *** (- 9.81)	- 0.275 *** (- 10.10)

续表

变量	(1) c 全样本	(2) c 高审计质量组	(3) c 低审计质量组	(4) c 交互效应
Year	Yes	Yes	Yes	Yes
Industry	Yes	Yes	Yes	Yes
Fixed Effects	Yes	Yes	Yes	Yes
N	35240	2068	33172	35240
Within. R^2	0.037	0.045	0.038	0.037
F	22.12***	1.82***	21.94***	21.78***

注：括号中数据为 $t(z)$ 值；***、**和*分别代表在1%、5%和10%的统计水平上显著。

7.2.4.5 基于 Heckman 两阶段模型的内生性检验

为了缓解迪博内部控制指数可能存在自选择的内生性问题，与前文一致，我们依然采用 Heckman 两阶段模型进行稳健性检验。第一阶段结果如表6-6第（1）列所示，第二阶段纳入逆米尔斯比率（*IMR*）回归结果如表7-11所示。首先，第（1）列和第（4）列中注册会计师审计质量和内部控制质量的回归系数均显著为正，与前文假设一致。其次，在第（2）列审计质量较高组中，内部控制质量回归系数不显著；而在第（3）列审计质量较低组中，内部控制质量回归系数显著为正；同时第（4）列注册会计师审计质量和内部控制质量交互项回归系数显著为负，进一步验证了两者的替代关系。总之，采用 Heckman 两阶段模型后假设 H7.1c 和假设 H7.2c 依然得到验证。

表7-11   Heckman 的回归结果

变量	(1) c 全样本	(2) c 高审计质量组	(3) c 低审计质量组	(4) c 交互效应
IC	0.003*** (6.61)	-0.002 (-0.73)	0.003*** (6.84)	0.003*** (6.90)
*Big*4	0.007* (1.90)			0.048*** (2.74)
*IC × Big*4				-0.006** (-2.39)
IMR	0.026*** (3.86)	0.012 (0.27)	0.024*** (3.42)	0.027*** (3.89)

续表

变量	(1) *c* 全样本	(2) *c* 高审计质量组	(3) *c* 低审计质量组	(4) *c* 交互效应
size	0.018 ***	0.020 *	0.018 ***	0.018 ***
	(8.40)	(1.71)	(7.88)	(8.42)
lev	−0.047 ***	−0.053	−0.046 ***	−0.048 ***
	(−5.89)	(−1.27)	(−5.48)	(−5.93)
roe	0.015 ***	0.003	0.016 ***	0.015 ***
	(3.75)	(0.13)	(3.89)	(3.75)
*top*1	0.017 **	0.019	0.015 **	0.017 **
	(2.47)	(0.49)	(2.07)	(2.48)
dturn	0.023 ***	0.038 *	0.023 ***	0.023 ***
	(7.73)	(1.95)	(7.60)	(7.69)
mb	−0.0001	−0.001	−0.0001	−0.0001
	(−0.42)	(−0.68)	(−0.27)	(−0.38)
age	0.005 *	−0.002	0.005 *	0.005 *
	(1.76)	(−0.17)	(1.80)	(1.75)
yrtr	0.001 ***	−0.0001	0.001 ***	0.001 ***
	(5.33)	(−0.10)	(5.59)	(5.32)
Constant	−0.427 ***	−0.445	−0.415 ***	−0.429 ***
	(−8.83)	(−1.55)	(−8.33)	(−8.88)
Year	Yes	Yes	Yes	Yes
Industry	Yes	Yes	Yes	Yes
Fixed Effects	Yes	Yes	Yes	Yes
N	39509	2387	37122	39509
Within. R²	0.039	0.041	0.040	0.039
F	25.15 ***	1.86 ***	24.92 ***	24.82 ***

注：括号中数据为 $t(z)$ 值；***、**和*分别代表在1%、5%和10%的统计水平上显著。

7.2.4.6　基于工具变量法的内生性检验

与前文一致，我们采用同年度同行业同地区上市公司内部控制指数均值作为工具变量处理互为因果的内生性问题。基于工具变量的回归结果如表7-12所示。首先，第（1）列和第（4）列中注册会计师审计质量和内部控制质量拟合值的回归系数均显著为正，与前文假设一致。其次，在第（2）列审计质量较高组中，内部控制质量拟合值回归系数不显著；而在第（3）列审计质量较低组中，内部控制质量拟合值回归系数显著为正；同时第（4）列注册会计师审计质量和内部控制质量拟合值交互项回归系数显著为负，进一步验证了两者的替代关系。总之，工具变量回归结果依然验证了假设 H7.1c 和假设 H7.2c。

表 7 – 12　　　　　　　　　　　工具变量的回归结果

变量	(1) c 全样本	(2) c 高审计质量组	(3) c 低审计质量组	(4) c 交互效应
IC_hat	0.004 **	− 0.007	0.004 ***	0.004 **
	(2.47)	(− 0.49)	(2.66)	(2.53)
$Big4$	0.008 **			0.048 **
	(2.11)			(2.40)
$IC\_hat \times Big4$				− 0.006 **
				(− 2.03)
$size$	0.004 ***	0.008	0.004 ***	0.004 ***
	(3.90)	(1.41)	(3.74)	(3.87)
lev	0.002	− 0.033	0.004	0.002
	(0.48)	(− 1.09)	(0.77)	(0.47)
roe	0.015 ***	0.022	0.015 ***	0.015 ***
	(3.44)	(0.74)	(3.47)	(3.42)
$top1$	0.014 **	0.017	0.014 *	0.014 **
	(2.10)	(0.43)	(1.95)	(2.11)
$dturn$	0.015 ***	0.033 *	0.014 ***	0.014 ***
	(5.74)	(1.88)	(5.46)	(5.72)
mb	− 0.001 ***	− 0.000	− 0.001 ***	− 0.001 ***
	(− 5.15)	(− 0.31)	(− 5.12)	(− 5.11)
age	− 0.013 ***	− 0.027 ***	− 0.013 ***	− 0.013 ***
	(− 8.04)	(− 3.63)	(− 7.48)	(− 7.98)
$yrtr$	− 0.001 ***	− 0.000	− 0.001 ***	− 0.001 ***
	(− 6.19)	(− 0.49)	(− 6.20)	(− 6.21)
$Constant$	− 0.122 ***	− 0.297 *	− 0.125 ***	− 0.123 ***
	(− 5.24)	(− 1.77)	(− 5.23)	(− 5.27)
$Year$	Yes	Yes	Yes	Yes
$Industry$	Yes	Yes	Yes	Yes
$Fixed\ Effects$	Yes	Yes	Yes	Yes
N	39736	2394	37342	39736
$Within.\ R^2$	0.014	0.021	0.014	0.014
$Wald$	5903.74 ***	217.29 ***	5736.57 ***	5905.60 ***

注：括号中数据为 $t(z)$ 值；*** 、** 和 * 分别代表在 1%、5% 和 10% 的统计水平上显著。

7.2.5　研究结论

作为重要的第三方治理机制，注册会计师审计能否像内部控制一样发挥监督管理层进而促进股价稳定的作用，以及两者在发挥作用时相互关系如何，本节进行了详细研究。具体来说，本节首先在理论分析的基础上提出了两大假设：一是高质量的注册会计师审计有助于减少股价泡沫、降低股价崩盘风险、提高股价信息含量，进而促使股价稳定；二是内部控制质量和注册会计师审计质量在促进股价稳定中可能存在替代或互补关系。其次，通过选取中国上市公司数据以及合适的研究变量，构建实证模型进行回归分析。针对假设 H7.1 的实证结果表明，高质量的注册会计师审计在降低股价崩盘风险方面并没有发挥显著作用，但确实能够显著地提高股价信息含量、减少股价泡沫，这说明注册会计师审计可以在一定程度上促使股价稳定。针对假设 H7.2 的实证结果表明，注册会计师审计质量与内部控制质量在促进股价稳定中更多地表现为替代关系，而不是互补关系。具体来说，这种替代关系在提升股价信息含量中最为显著，而在降低股价泡沫和股价崩盘风险中不是十分稳健。可见，与信号理论相比，代理理论更适合分析中国资本市场上内部控制与注册会计师审计之间关系。

本节的研究不仅丰富了注册会计师审计经济后果和股价稳定影响因素的文献，而且还揭示了注册会计师审计和内部控制这两种内外部治理机制在影响股价稳定中的相互作用。根据研究结论，注册会计师在增强审计独立性和专业胜任能力的同时，要充分关注企业内部控制质量，及时调整相应审计程序。当企业内部控制出现问题时，注册会计师应实施更多成本较高的实质性程序，以高质量的审计来弥补内部治理机制的不足，降低信息不对称程度，从而维护资本市场秩序。

7.3　证券交易所监管、内部控制质量与股价稳定

在证券监管体系中，证券交易所处于证券市场前沿，应当发挥"一线

监管"作用。同时,作为法定自律监管主体,证券交易所也有义务预防和制止上市公司的不法行为。证券交易所监管优势主要体现在两个方面:一是证券交易所来自市场、贴近上市公司及投资者,拥有其他监管机构所不具备的信息优势,可以及时发现问题并作出快速反应;二是证券交易所从业人员具有很强的专业知识背景,可以灵活高效地行使监管职能,降低监管成本。

对上市公司信息披露的监管是证券交易所监管的重要内容。《证券交易所管理办法》明确指出,证券交易所应当督促上市公司依法披露上市公告、定期报告等信息披露文件,并对其进行审核,发现问题应当及时处理。对违反相关规则的信息披露义务人,证券交易所有权给予纪律处分或者采取其他自律管理措施。可见,证券交易所对信息披露的监管应当能够督促上市公司提高信息披露质量,缓解信息不对称。那么,作为极其重要的信息披露外部监管机构,证券交易所在促进股价稳定中是否发挥积极作用,效果如何还需深入研究。此外,其与内部控制这一内部治理机制又存在着怎样的相互关系,能否形成监督合力也值得探讨。为研究上述问题,我们首先从理论上分析了证券交易所监管影响股价稳定的作用机制以及其与内部控制间的相互关系,进而选取 A 股上市公司数据进行实证检验。

7.3.1　研究回顾与理论假设

7.3.1.1　研究回顾

众多学者对证券交易所信息披露监管能否带来积极效果进行了深入研究,但研究角度不尽相同,主要围绕证券交易所具体监管措施展开。总结相关文献发现,学者们主要聚焦于证券交易所的问询函监管以及纪律处分等。

问询函监管是证券监管机构加强上市公司事中、事后非处罚性监管的重要举措。美国安然事件后,萨班斯法案要求 SEC 定期对上市公司信息披露进行检查,对发现的问题应及时发出问询函。所以,早在 2005 年 SEC 就公开披露其向上市公司发出的监管问询函。我国问询函监管起步较晚,且绝大多数问询函是由证券交易所发出的。自信息披露直通车开启后,沪深交易所监管重心由事前审核逐步转移至事中、事后监管，而问询正是事中、事后监管的重要手段。2014 年底，两大交易所开始披露监管问询函，此后监管问询的数量和频率不断增加，逐渐成为交易所常用的监管措施。沪深交易所主要是针对上市公司在财务报告、并购重组、关联交易等方面未达到监管标准而发出问询，并要求其在规定期限内回函。在各类问询函中，有学者统计发现，财务报告问询函占比较高（约占 36%），且呈逐年上升趋势（陈运森等，2019；林慧婷等，2021）。财务报告是上市公司信息披露中最重要的内容之一，对其加强监管有助于提高信息透明度。交易所往往对财务报告信息披露中存在遗漏、误导、异常等情况发出问询，要求上市公司回函并作进一步披露。

学术界对财务报告问询函也产生了浓厚的兴趣，并就其影响因素和经济后果展开了研究。总结相关文献发现，学者们主要从上市公司特征及内外部治理角度探索了被问询的可能性。从特征来看，成立时间长、规模大、业务复杂度高、盈利能力弱、股价波动性高的上市公司更容易收到问询监管（Cassell et al.，2013；Johnston & Petacchi，2017）。从内部治理来看，公司治理薄弱、盈余管理程度高、发生财务重述的上市公司被问询的概率更高（Cassell et al.，2013；Boone et al.，2013；刘柏和卢家锐，2019）。从外部治理来看，非"四大"、特别是小型会计师事务所审计以及存在政治关联的上市公司也容易被问询（Cassell et al.，2013；Johnston & Petacchi，2017；Heese et al.，2017）。那么，问询函监管又会带来怎样的效果，学者们也从内外部治理角度进行了研究。从内部治理来看，问询函监管能够抑制企业应计盈余管理行为、提升信息披露的可读性和可比性，从而提高信息透明度（Bozanic et al.，2017；Bozanic et al.，2019；陈运森等，2019；Cunningham et al.，2020；梅蓓蕾等，2021；翟淑萍等，2020a，2020b）；问询函监管降低了管理层的超额薪酬，提高了其业绩预告的精确度，并增加了其变更的概率（李晓溪等，2019a；翟淑萍和王敏，2019；夏一丹等，2020；邓祎璐等，2020；柳志南和白文洁，2021；何慧华和方军雄，2021）；问询函监管还有助于提高独立董事的独立性和勤勉性（何卓静等，2021），抑制了大股东的掏空行为（聂萍等，2019；Cunningham et al.，2020）。从外部治理来看，问询函监管会导致企业债权人降低商业信用规模、提高贷款利率并缩短贷款期限，从而提升企业债务融资成本（王艳艳等，2020；胡宁等，2020；张勇和张春蕾，2022；何慧华和方军雄，2022）。问询函监管降低了机构投资者持股水平，提高了股权融资成本（Gietzmann & Isidro，2013；翟淑萍等，2020）。问询函监管提高了注册会计师对关键审计事项的关注、增加了出具非标准审计意见的概率，进而提高了审计质量，但审计费用也会显著增加，甚至有注册会计师主动辞聘（Gietzmann et al.，2016；陈运森等，2018b；陶雄华和曹松威，2019；耀友福和林恺，2020；胡定杰和谢军，2021；沈萍和景瑞，2021；张月玲和唐正，2022）。问询函监管也有助于提升分析师盈余预测质量（李晓溪等，2019b；丁方飞和刘倩倩，2019）。问询函监管虽然带来了良好的内外部治理效果，但会产生负面影响，比如导致企业转向更隐蔽的真实盈余管理（Cunningham et al.，2020；张岩，2020），降低企业投资效率（赵振洋等，2022）。此外，问询函监管还有溢出效应，可以提高集团内其他子公司或同行业其他企业的信息披露质量（Brown et al.，2018；丁龙飞和谢获宝，2020；梅蓓蕾等，2021）。

学者们针对内部控制与问询函的关系进行了研究。一些学者发现，问询函可以精准识别内部控制问题，所以存在内控缺陷的上市公司更容易被交易所问询（Ettredge et al.，2011；赵立彬等，2020）。而高质量的内部控制可以减少主观故意和非主观故意带来的会计估计误差，降低了被问询的概率（余明桂和卞诗卉，2020）。针对内部控制的问询函能够促使企业未来主动披露缺陷，并提高内部控制质量（Anantharaman & He，2016；聂萍等，2020）。问询函也能够减少内部控制审计意见购买行为（耀友福和薛爽，2020），还能够提高同行业公司、具有审计师联结或独立董事联结公司的内部控制质量（万华林等，2022；陆明富，2022）。

学者们还研究了问询函和股价波动的关系。一些学者研究发现，股价暴跌风险高的企业容易被交易所问询（刘柏和卢家锐，2022）。问询函通常会造成上市公司股价下跌，带来显著负的市场反应（李琳等，2017；陈运森等，2018），但可以缓解信息不对称，降低股价同步性和股价崩盘风险，提高资本市场信息效率（张俊生等，2018；袁蓉丽等，2022；许文静和孔藤藤，2022）。

除了问询函等自律监管措施，证券交易所还可以对监管过程中发现的违规问题进行纪律处分。针对信息披露的纪律处分措施主要包括通报批评和公开谴责，其中通报批评通常是内部通报不需要对外公布，所以其处罚力度有限。公开谴责制度自 1999 年实施以来，已经成为证券交易所处罚上市公司信息披露违规的常用方式，也是交易所众多处罚措施中最为严厉的处罚类型（万明和宋清华，2012）。交易所纪律处分结果不仅受到了监管部门和投资者的广泛关注，也引起学者们的研究兴趣。交易所纪律处分的影响因素和经济后果是学者们研究的主要内容。

总结相关文献，学者们主要从公司治理及财务特征等角度研究了上市公司被交易所纪律处分的影响因素。蔡志岳和吴世农（2007）实证研究发现，董事长兼任总经理的上市公司被交易所公开谴责的概率较低，而董事会会议频率较高的上市公司反而被谴责的概率更高。赵选民和周发明（2008）也从董事会特征角度研究了上市公司被谴责的影响因素，他们选取 48 家被交易所公开谴责的上市公司进行实证研究，发现两职合一以及设立审计委员会能够降低被交易所谴责的概率。除了董事会治理，高管特征也会影响交易所处分，比如，淦未宇等（2015）选取 327 家被公开谴责、批评的上市公司为样本，实证研究发现女性高管有助于减少上市公司违规行为，降低被谴责的概率。查道林和雷光勇（2009）还从财务特征和外部审计角度展开了相关研究，发现总资产报酬率高、资产周转期短、被出具标准无保留审计报告的上市公司，被交易所谴责的概率低。此外，陈小怡和何建敏（2006）还研究了外部治理的作用，他们发现银行对借款人监督的缺失是上市公司被交易所谴责的重要因素。

那么，交易所的纪律处分又会产生怎样的监管效果呢？学者们主要从市场反应、董事会治理及外部审计等角度进行了研究。其中，交易所纪律处分是否引起市场反应是学者们探讨最多的话题，但所得结论并不一致。胡延平和陈超（2004）研究发现，交易所的公开谴责和通报批评均会引起负向市场反应，且公开谴责导致超额收益率下降幅度明显高于通报批评。

陈工孟和高宁（2005）研究结果表明，公开谴责确实会导致显著负的超额收益，但公开批评却不会产生显著市场反应。而万明和宋清华（2012）却发现，沪深交易所公开谴责对超额收益率没有太大影响，但会引起累计超额收益率的显著变化，其中，深交所谴责的上市公司累计超额收益率持续上升，沪交所谴责的上市公司累计超额收益率持续下降，因此，沪交所谴责更具惩戒效果。不同于上述结论，朱伟骅（2003）研究发现，无论是超额收益率还是累计超额收益率在交易所公开谴责后均没有明显反应，因而认为交易所公开谴责没有达到惩罚效果。除市场反应外，交易所纪律处分还会引起董事会治理及外部审计发生变化。刘明辉和韩小芳（2009）研究了64家被交易所谴责的上市公司，通过配对样本检验发现被谴责后的三年内，上市公司董事会规模缩小、独立董事比例增加、两职合一比例降低、董事会会议次数增多、高管持股比例降低、非标审计意见减少、操控性应计利润降低。刘明辉和韩小芳（2011）还发现，被谴责后的三年内，上市公司董事长、独立董事以及其他董事发生变更的比例显著增加，而且还会引起审计师的变更。此外，韩小芳（2012）研究发现，被谴责公司通过变更董事来降低盈余管理程度。

纵观上述文献，证券交易所采取的问询函、纪律处分等常规监管措施能够产生一定的监管效果。但就这些监管措施能否促进股价稳定，特别是将这些监管措施与内部控制结合研究其对股价稳定的影响，现有文献较少涉及，需要进一步研究。

7.3.1.2 理论假设

向资本市场注入更多的公司层面信息有助于降低信息不对称，增加投资者决策时的信息量，避免股票交易中价格的剧烈波动，从而促使股价稳定。证券交易所监管的职责就是确保信息披露机制有效，督促上市公司向投资者传递真实透明的信息，减少管理层的信息优势，降低逆向选择和道德风险，提高资本市场的定价效率。

证券交易所问询监管是缓解信息不对称的重要措施。首先，交易所发出问询函往往是因为关注到上市公司在信息披露中存在某些影响投资者决策的问题，并要求上市公司针对这些问题进行回函。无论是问询中揭示的问题还是回函中的补充说明，均向投资者传递了更多的公司特质信息，且这种问答式监管也加深了投资者对相关信息的理解。有时，问询函还要求注册会计师等中介机构人员对相关问题发表独立性意见，这就增强了信息的可靠性。因此，问询函监管不仅增加了公司特质信息的数量，还提高了这些信息的质量，有助于降低信息不对称程度。其次，问询函和回复函均在交易所网站披露，容易吸引媒体关注并增加报道。由于媒体具有较强的信息解读能力，这就降低了投资者信息收集和理解的成本，提高了信息透明度。综上所述，交易所问询函监管降低了信息不对称程度，有助于股价趋向稳定。因此，我们提出以下假设。

H7.4：限定其他条件，交易所问询监管有助于促使股价稳定。

H7.4a：限定其他条件，交易所问询监管有助于减少股价泡沫。

H7.4b：限定其他条件，交易所问询监管有助于降低股价崩盘风险。

H7.4c：限定其他条件，交易所问询监管有助于提高股价信息含量。

沪深交易所作为我国股票市场的"一线监管"者，有责任对上市公司信息披露合规性进行考核和评价，有权力对违规情况采取纪律处分。纪律处分结果通常记入上市公司诚信档案。通过查阅诚信档案可以发现，上市公司及其管理层披露不真实、不完整、不及时的信息是被处分的主要原因。由于交易所的权威性和专业性，其处分结果深受投资者信赖，不仅极大降低了信息收集处理成本，而且对理性决策大有裨益。

纪律处分会向资本市场传递公司违规的负面信息，因而短期内会被投资者看空，导致股价下跌。但交易所处分的目的是希望违规公司及其管理层能够及时纠正并规范信息披露行为，提高信息披露质量；同时交易所也希望处分能够威慑其他上市公司，降低整体违规概率，维护证券市场秩序。因此，交易所纪律处分虽然短期内对股价造成负面影响，但长期来看，能够提高上市公司信息披露质量，降低信息不对称程度，从而促进股价稳定。因此，我们提出以下假设。

H7.5：限定其他条件，交易所纪律处分有助于促进股价稳定。

H7.5a：限定其他条件，交易所纪律处分有助于减少股价泡沫。

H7.5b：限定其他条件，交易所纪律处分有助于降低股价崩盘风险。

H7.5c：限定其他条件，交易所纪律处分有助于提高股价信息含量。

根据前文分析可知，作为内外两种治理机制的内部控制与证券交易所监管均有助于降低信息不对称，进而促进股价稳定。那么，这两种机制在发挥治理作用时应当存在相互影响，但究竟是相互替代还是相互补充呢？

较差的信息披露质量是导致信息不对称的关键。信息披露质量差主要缘于两方面，一是上市公司故意为之，二是上市公司疏忽大意，不论哪个方面均与内部控制质量密不可分。如果上市公司内部控制质量较高，那么基于自利动机的管理层信息操纵行为将会得到有效遏制，此时主观故意导致的信息不透明会显著减少。同样，高质量的内部控制使得信息的生产和披露过程更加规范，有效减少了疏忽大意造成的信息不透明问题。可见，不论是主观故意还是非主观故意，高质量的内部控制均能够提高信息披露质量。而交易所主要针对信息披露存在问题的上市公司进行问询，因此，内部控制质量较高的上市公司被问询的概率较低。相反，如果上市公司内部控制质量较差，无论是主观故意还是非主观故意都不可能得到有效控制，信息披露质量随之下降，交易所问询的概率显然上升。综上所述，内部控制与问询监管存在替代关系，即当内部控制质量较高时，上市公司向投资者传递的信息本身就比较透明，并不需要交易所进行问询监管；但若内部控制质量较差，交易所必须履行问询监管的职责，确保投资者获取足够的高质量信息进行理性决策。因此，我们提出以下假设。

H7.6：内部控制质量与问询监管在促进股价稳定中存在替代关系，即没有收到问询函时，高质量的内部控制更有助于促进股价稳定。

H7.6a：没有收到问询函时，高质量的内部控制更有助于减少股价泡沫。

H7.6b：没有收到问询函时，高质量的内部控制更有助于降低股价崩盘风险。

H7.6c：没有收到问询函时，高质量的内部控制更有助于提高股价信息含量。

根据上文分析，如果上市公司有健全的内部控制制度并有效运行，管理层就没有机会进行信息操纵，此时信息披露质量通常较高，因而不容易被交易所采取纪律处分措施。相反，如果上市公司内部控制质量不高，甚至存在内部控制缺陷，往往难以遏制主观故意和非主观故意带来的信息不透明现象，因而被交易所纪律处分的概率就高。可见，内部控制与交易所纪律处分也存在替代关系，即当内部控制无效时，交易所会通过纪律处分向投资者传递上市公司信息不透明的事实，帮助投资者理性决策。因此，我们提出以下假设。

H7.7：内部控制质量与交易所纪律处分在促进股价稳定中存在替代关系，即没有被纪律处分时，高质量的内部控制更有助于促进股价稳定。

H7.7a：没有被纪律处分时，高质量的内部控制更有助于减少股价泡沫。

H7.7b：没有被纪律处分时，高质量的内部控制更有助于降低股价崩盘风险。

H7.7c：没有被纪律处分时，高质量的内部控制更有助于提高股价信息含量。

7.3.2　研究设计

7.3.2.1　样本选择与数据处理

由于 2014 年 12 月以后交易所才开始披露问询函，所以研究问询函的起始时间为 2015 年，问询函数据来源于中国研究数据服务平台（CNRDS）。交易所纪律处分数据来源于国泰安数据库。其他数据的选取以及处理与前文一致，不再赘述。

7.3.2.2　变量的选择与度量

股价稳定（SPS）中股价泡沫（Bubble）、股价崩盘风险（NCSKEW、DUVOL）、股价信息含量（c）的衡量方法与前文一致，不再赘述。

内部控制质量（IC）依然采用迪博内部控制指数加 1 后取自然对数衡量。

对交易所问询监管（CL）的考察，我们参照陈运森等（2019）、耀友福和薛爽（2020）、聂萍等（2020）、袁蓉丽等（2022）的做法，采用交易所是否对上市公司年报进行问询来衡量，若发布年报问询函则赋值为 1，否则为 0。此外，由于年报问询函是交易所在年度报告报出后（即第二年）才发函，因此，需要滞后一期处理。

对交易所纪律处分（$Disc$）的考察，我们同样设置滞后一期的虚拟变量衡量，即当交易所作出通报批评、公开谴责等处分措施时赋值为 1，否则为 0。

控制变量的选择与前文一致，不再赘述。

7.3.2.3 实证模型

本书采用模型（7－4）检验假设 H7.4 和假设 H7.5，即交易所问询监管和纪律处分是否影响股价稳定。

$$SPS_{i,t} = \alpha_0 + \alpha_1 IC_{i,t} + \alpha_2 Sup_{i,t-1} + \sum Con_{i,t} + \sum Year_{i,t} + \sum Ind_{i,t} + \varepsilon_{i,t}$$

$$(7-4)$$

其中，$SPS_{i,t}$ 是公司 i 第 t 年股价稳定变量，分别用股价泡沫（$Bubble$）、股价崩盘风险（$NCSKEW$ 和 $DUVOL$）以及股价信息含量（c）来衡量；$IC_{i,t}$ 是内部控制质量；$Sup_{i,t-1}$ 是证券交易所监管变量，分别用问询监管（CL）和纪律处分（$Disc$）来衡量；$Con_{i,t}$ 为控制变量；$Year$ 和 Ind 分别表示年度和行业的虚拟变量。

本章同时采用分组和交互项两种方法检验假设 H7.6 和假设 H7.7。首先，构建模型（7－5）以交易所监管（Sup）进行分组检验。当以问询函考察交易所监管时，如果 CL 等于 1 的组，即被问询的组，内部控制质量促进股价稳定的作用不如没有被问询的组，则两者间存在替代关系，假设 H7.6 成立。当以纪律处分考察交易所监管时，如果 $Disc$ 等于 1 的组，即被交易所处分的组，内部控制质量促进股价稳定的作用不如没有被处分的组，则两者间存在替代关系，假设 H7.7 成立。

$$SPS_{i,t} = \beta_0 + \beta_1 IC_{i,t} + \sum Con_{i,t} + \sum Year_{i,t} + \sum Ind_{i,t} + \varepsilon_{i,t}$$

$$(7-5)$$

其次，构建模型（7－6）采用交互项（$Sup \times IC$）来检验。如果 γ_1 和 γ_2 方向相同，且交叉项系数 γ_3 也同向时，表明交易所监管的边际效应随着内部控制质量的增加而增加，即两者是互补关系；若此时 γ_3 方向相反，则表明交易所监管的边际效应随着内部控制质量的增加而递减，即两者是替代关系。

$$SPS_{i,t} = \gamma_0 + \gamma_1 IC_{i,t} + \gamma_2 Sup_{i,t-1} + \gamma_3 IC_{i,t} \times Sup_{i,t-1} +$$

$$\sum Con_{i,t} + \sum Year_{i,t} + \sum Ind_{i,t} + \varepsilon_{i,t} \qquad (7-6)$$

7.3.3 实证结果及分析

7.3.3.1 描述性统计分析

表 7 – 13 列示了根据年报问询函分组的各变量均值统计结果。样本量的差异源于第 4 章至第 6 章各变量数据处理的不同，相同的控制变量选择样本量大的结果呈列。从表 7 – 13 中可以看出，收到交易所年报问询函的上市公司数量明显小于没有收到年报问询函的上市公司数量，占总体比重 11% 左右。从考察股价稳定的各个指标来看，被问询的上市公司股价泡沫（Bubble）均值为 0. 479，略高于没有被问询上市公司的 0. 44，但这样的差异并不显著。被问询的上市公司股价崩盘风险也偏高，负收益偏态系数（NCSKEW）和收益上下波动比率（DUVOL）的均值均略高于没有被问询的上市公司，但差异同样不显著。被问询的上市公司股价信息含量（c）均值为 – 0. 049，显著低于没有被问询上市公司的 – 0. 037。可见，被问询的上市公司股价泡沫、股价崩盘风险较高，而股价信息含量较低。从内部控制质量来看，被问询的上市公司内部控制质量（IC）均值为 4. 85，显著低于没有被问询上市公司的 6. 187。因此，从均值统计结果来看，交易所年报问询函的治理效果并不理想，但还需要作进一步的实证分析。

表 7 – 13　　　　　　基于年报问询函分组的描述性统计

变量	LCL = 0		LCL = 1		差异检验
	样本量	均值	样本量	均值	
Bubble	7271	0. 440	592	0. 479	– 0. 039
NCSKEW	15546	– 0. 301	2066	– 0. 283	– 0. 017
DUVOL	15546	– 0. 188	2066	– 0. 171	– 0. 017
c	15635	– 0. 037	2054	– 0. 049	0. 012 ***

变量	LCL = 0		LCL = 1		差异检验
	样本量	均值	样本量	均值	
IC	15546	6.187	2066	4.850	1.336***
size	15546	22.47	2066	22.05	0.425***
lev	15546	0.432	2066	0.500	-0.067***
bsize	7271	2.293	592	2.305	-0.012
indrct	7271	0.378	592	0.374	0.005
top1	15635	0.332	2054	0.274	0.059***
mb	15635	3.999	2054	6.254	-2.255***
yrtr	15635	3.190	2054	2.920	0.269***
age	15635	2.219	2054	2.470	-0.252***
dturn	15541	-10.27	2066	-2.876	-7.393***
ret	15546	-0.001	2066	-0.002	0.001***
sigma	15546	0.044	2066	0.054	-0.010***
roa	15546	0.037	2066	-0.006	0.043***
roe	15635	0.058	2054	-0.049	0.107***

注：***表示在1%的统计水平上显著。

表7-14列示了根据纪律处分分组的各变量均值统计结果。从表中可以看出，被交易所纪律处分的上市公司数量明显小于没有被处分的上市公司数量，占总体比重不到3%。从考察股价稳定的各个指标来看，被处分的上市公司股价泡沫（Bubble）均值为0.705，显著高于没有被处分上市公司的0.528。被处分的上市公司股价崩盘风险也偏高，负收益偏态系数（NCSKEW）和收益上下波动比率（DUVOL）的均值均高于没有被处分的上市公司，但差异并不显著。被处分的上市公司股价信息含量（c）均值为-0.049，显著低于没有被处分公司的-0.036。可见，被纪律处分的上市公司股价泡沫、股价崩盘风险偏高，股价信息含量偏低。从内部控制质量来看，被处分的上市公司内部控制质量（IC）均值为5.124，显著低于没有被处分上市公司的6.264。因此，从均值统计结果来看，交易所纪律处分的治理效果并不理想，但还需要作进一步的实证分析。

表7-14　　　　　　　　基于纪律处分分组的描述性统计

变量	LDisc = 0		LDisc = 1		差异检验
	样本量	均值	样本量	均值	
Bubble	29419	0.528	710	0.705	-0.177***
NCSKEW	38934	-0.281	1057	-0.254	-0.027
DUVOL	38934	-0.183	1057	-0.162	-0.021
c	38686	-0.036	1050	-0.049	0.013***
IC	38934	6.264	1057	5.124	1.140***
size	38934	22.05	1057	21.64	0.408***
lev	38934	0.460	1057	0.521	-0.061***
bsize	29419	2.282	710	2.264	0.018*
indrct	29419	0.351	710	0.350	0.001
top1	38686	0.354	1050	0.309	0.045***
mb	38686	4.285	1050	5.978	-1.693***
yrtr	38686	4.380	1050	3.847	0.534***
age	38686	2.111	1050	2.284	-0.173***
dturn	38934	-3.305	1057	-1.630	-1.675
ret	38934	-0.001	1057	-0.001	0.0001***
sigma	38934	0.045	1057	0.050	-0.005***
roa	38934	0.034	1057	0.005	0.030***
roe	38686	0.054	1050	-0.037	0.091***

注：***和*分别代表在1%和10%的统计水平上显著。

7.3.3.2　主要变量的相关性分析

表7-15列示了主要变量间的相关系数。其中股价泡沫、股价崩盘风险、股价信息含量和内部控制质量的相互关系与前文一致，不再赘述。股价泡沫（Bubble）与年报问询函监管（LCL）显著正相关、与纪律处分（LDisc）也显著正相关，表明被交易所问询或处分的上市公司股价泡沫较高。股价崩盘风险两个指标（NCSKEW、DUVOL）与年报问询函监管（LCL）正相关、与纪律处分（LDisc）也正相关，但并不都显著，意味着被交易所问询或处分的上市公司股价崩盘风险偏高。股价信息含量（c）与年报问询函监管（LCL）显著负相关，与纪律处分（LDisc）也显著负相关，表明被交易所问询或处分的上市公司股价信息含量较低。内部控制质

量（IC）与年报问询函监管（LCL）显著负相关，与纪律处分（LDisc）也显著负相关，表明被交易所问询或处分的上市公司内部控制质量较低。因此，从相关性角度来看，交易所的问询监管和纪律处分在促进股价稳定以及提高内部控制质量方面的效果并不明显，还需要控制其他因素进行分析。

表 7 - 15 　　　　　　　　　主要变量的相关系数矩阵

变量	Bubble	NCSKEW	DUVOL	c	IC	LCL	LDisc
Bubble	1	0.037 ***	0.038 ***	- 0.094 ***	- 0.330 ***	0.025 **	0.062 *
NCSKEW	0.032 ***	1	0.886 ***	- 0.030 ***	- 0.038 ***	0.010 *	0.005
DUVOL	0.041 ***	0.877 ***	1	- 0.028 ***	- 0.043 ***	0.022 *	0.002
c	- 0.068 ***	- 0.032 ***	- 0.032 ***	1	0.105 ***	- 0.035 ***	- 0.023 **
IC	- 0.075 ***	- 0.068 ***	- 0.074 ***	0.090 ***	1	- 0.257 ***	- 0.130 ***
LCL	0.023 **	0.009	0.012 **	- 0.035 ***	- 0.268 ***	1	0.232 ***
LDisc	0.046 ***	0.007	0.009 *	- 0.017	- 0.153 ***	0.232 ***	1

注：右上角为 Spearman 相关系数，左下角为 Pearson 相关系数；＊＊＊、＊＊和＊分别表示在 1%、5% 和 10% 的统计水平上显著（双尾检验）。

7.3.3.3　回归分析

由于前文从股价泡沫、股价崩盘风险和股价信息含量三个角度来考察股价稳定，因此，下文也从这三个方面检验交易所年报问询及纪律处分对股价稳定的影响以及年报问询和纪律处分与内部控制质量之间的相互关系。

（1）年报问询函、内部控制质量与股价泡沫。表 7 - 16 列示了年报问询函、内部控制质量与股价泡沫采用面板数据固定效应的回归结果。其中，第（1）列为模型（7 - 4）采用全样本回归结果，第（2）列为模型（7 - 5）采用年报被问询组（LCL = 1）回归结果，第（3）列为模型（7 - 5）采用年报未被问询组（LCL = 0）回归结果，第（4）列为模型（7 - 6）进行交互效应回归结果。从第（1）列可以看出，滞后一期的年报问询（LCL）与股价泡沫（Bubble）的回归系数为 - 0.058，且在 5% 的水平上显著，表明交易所对年报问询可以显著降低股价泡沫，假设 H7.4a 得到证实。从第（1）列还可以看出，内部控制质量的回归系数显著为负，表明高质量的内部控制有助于降低股价泡沫，与前文一致。

从表 7 - 16 的第（2）列可以看出，在年报被问询组中内部控制质量回归系数并不显著，即年报被问询的上市公司，其内部控制质量与股价泡沫之间不存在显著关系。而第（3）列表明，在年报未被问询组中内部控制质量的回归系数在 10% 水平上显著为负，即年报未被问询的上市公司，其内部控制质量的提高可以显著降低股价泡沫。可见，分组检验表明，交易所的年报问询与内部控制质量在降低股价泡沫中存在替代关系，即假设 H7.6a 成立。

从表 7 - 16 的第（4）列可以看出，内部控制质量依然可以显著降低股价泡沫；年报问询回归系数在 1% 水平上显著为负，进一步验证假设 H7.4a。此外，年报问询与内部控制质量的交互项在 5% 水平上显著为正，表明两者在降低股价泡沫中存在替代关系，因此，交互效应检验与分组检验一致，进一步验证假设 H7.6a。

表 7 - 16　　年报问询函、内部控制质量与股价泡沫的回归结果

变量	（1）Bubble 全样本	（2）Bubble 被问询组	（3）Bubble 未被问询组	（4）Bubble 交互效应
IC	- 0. 009 * (- 1. 76)	0. 017 (1. 00)	- 0. 011 * (- 1. 90)	- 0. 010 * (- 1. 95)
LCL	- 0. 058 ** (- 2. 35)			- 0. 159 *** (- 2. 88)
IC × LCL				0. 019 ** (2. 05)
size	- 0. 128 *** (- 4. 40)	- 0. 398 ** (- 2. 12)	- 0. 112 *** (- 3. 58)	- 0. 129 *** (- 4. 42)
lev	0. 309 *** (3. 70)	0. 213 (0. 52)	0. 230 ** (2. 50)	0. 301 *** (3. 60)
bsize	0. 014 (0. 43)	0. 005 (0. 03)	0. 010 (0. 28)	0. 014 (0. 45)
indrct	0. 012 (0. 11)	- 0. 851 (- 1. 22)	0. 023 (0. 21)	0. 012 (0. 12)
top1	- 0. 135 (- 0. 78)	1. 221 (1. 17)	- 0. 289 (- 1. 57)	- 0. 133 (- 0. 77)
mb	- 0. 039 *** (- 5. 06)	- 0. 022 (- 0. 58)	- 0. 036 *** (- 4. 40)	- 0. 039 *** (- 5. 11)

续表

变量	(1) *Bubble* 全样本	(2) *Bubble* 被问询组	(3) *Bubble* 未被问询组	(4) *Bubble* 交互效应
yrtr	−0.005*	−0.011	−0.007**	−0.005*
	(−1.90)	(−0.55)	(−2.32)	(−1.86)
age	−0.041	0.766	−0.089	−0.045
	(−0.60)	(1.07)	(−1.24)	(−0.64)
Constant	3.561***	6.892	3.912***	3.979***
	(4.89)	(1.54)	(4.96)	(5.50)
Year	Yes	Yes	Yes	Yes
Industry	Yes	Yes	Yes	Yes
Fixed Effects	Yes	Yes	Yes	Yes
N	7863	592	7271	7863
Within. R²	0.179	0.353	0.174	0.180
F	29.61***	2.59***	27.04***	28.94***

注：括号中数据为 $t(z)$ 值；***、**和*分别代表在1%、5%和10%的统计水平上显著。

总之，在加入年报问询函后内部控制质量降低股价泡沫的作用依然显著；年报问询函也可以显著降低股价泡沫，与内部控制发挥了相同的作用。年报问询函与内部控制在降低股价泡沫中存在替代关系，该结论无论在分组检验还是交互效应检验中均成立。

（2）纪律处分、内部控制质量与股价泡沫。表7-17列示了纪律处分、内部控制质量与股价泡沫采用面板数据固定效应的回归结果。其中，第（1）列为模型（7-4）采用全样本回归结果，第（2）列为模型（7-5）采用被处分组（*LDisc* = 1）回归结果，第（3）列为模型（7-5）采用未被处分组（*LDisc* = 0）回归结果，第（4）列为模型（7-6）进行交互效应回归结果。从第（1）列可以看出，滞后一期的纪律处分（*LDisc*）与股价泡沫（*Bubble*）的回归系数并不显著，但第（4）列纪律处分回归系数显著为负，表明交易所的纪律处分在降低股价泡沫方面存在显著作用，但并不稳健。从第（1）列还可以看出，内部控制质量的回归系数显著为负，表明高质量的内部控制有助于降低股价泡沫，与前文一致。

从表7-17的第（2）列可以看出，在被处分组中内部控制质量回归

系数为 - 0.048，且在 5% 的水平上显著；第（3）列表明，在未被处分组
中内部控制质量回归系数为 - 0.009，且在 1% 水平上显著，即无论是否被
处分，内部控制质量的提高都可以显著降低股价泡沫。此外，相比于未被
处分组，被处分组中内部控制质量回归系数更小，但这种差异并不显著，
经验 P 值为 0.29。因此，分组检验不能证明两者存在替代关系。

　　从表 7 - 17 的第（4）列可以看出，纪律处分和内部控制质量均可以
显著降低股价泡沫。同时，两者的交互项在 1% 水平上显著为正，即表明
两者在降低股价泡沫中存在替代关系，因此，交互效应检验结论可以验证
假设 H7.7a。

表 7 - 17　　　　纪律处分、内部控制质量与股价泡沫的回归结果

变量	（1）*Bubble* 全样本	（2）*Bubble* 被处分组	（3）*Bubble* 未被处分组	（4）*Bubble* 交互效应
IC	- 0.006 *** (- 2.70)	- 0.048 ** (- 2.30)	- 0.009 *** (- 3.75)	- 0.009 *** (- 3.95)
LDisc	0.018 (1.16)			- 0.229 *** (- 4.84)
IC × LDisc				0.043 *** (5.53)
size	- 0.192 *** (- 36.72)	- 0.205 *** (- 2.64)	- 0.193 *** (- 36.43)	- 0.192 *** (- 36.79)
lev	0.300 *** (14.69)	0.151 (0.79)	0.304 *** (14.58)	0.299 *** (14.66)
bsize	0.031 ** (2.38)	0.153 (1.02)	0.032 ** (2.46)	0.032 ** (2.47)
indrct	- 0.166 *** (- 4.12)	0.075 (0.14)	- 0.171 *** (- 4.21)	- 0.166 *** (- 4.12)
top1	- 0.239 *** (- 7.70)	0.174 (0.52)	- 0.255 *** (- 8.05)	- 0.242 *** (- 7.79)
mb	- 0.024 *** (- 10.99)	- 0.064 ** (- 2.06)	- 0.024 *** (- 10.43)	- 0.024 *** (- 10.89)
yrtr	- 0.003 *** (- 3.70)	0.002 (0.21)	- 0.003 *** (- 3.54)	- 0.004 *** (- 3.77)
age	0.080 *** (6.54)	0.094 (0.46)	0.076 *** (6.19)	0.079 *** (6.48)

续表

变量	(1) Bubble 全样本	(2) Bubble 被处分组	(3) Bubble 未被处分组	(4) Bubble 交互效应
Constant	4.818 *** (40.00)	5.901 *** (3.45)	4.861 *** (39.60)	4.844 *** (40.20)
Year	Yes	Yes	Yes	Yes
Industry	Yes	Yes	Yes	Yes
Fixed Effects	Yes	Yes	Yes	Yes
N	30129	710	29419	30129
Within. R²	0.201	0.353	0.202	0.202
F	128.45 ***	2.03 ***	128.55 ***	126.78 ***
经验 P 值	0.29			

注：括号中数据为 $t(z)$ 值；*** 、** 分别代表在1%、5%的统计水平上显著。

总之，在加入纪律处分后内部控制质量降低股价泡沫的作用依然显著，但纪律处分降低股价泡沫的作用并不稳健。纪律处分与内部控制质量在降低股价泡沫中存在替代关系，但这种关系只在交互效应检验中成立。

（3）年报问询函、内部控制质量与股价崩盘风险。由于前文选择负收益偏态系数（NCSKEW）和收益上下波动比率（DUVOL）两个指标衡量股价崩盘风险，因此，下文也从这两个方面进行回归分析。

表7-18列示了年报问询函、内部控制质量与负收益偏态系数采用面板数据固定效应的回归结果。其中，第（1）列为模型（7-4）采用全样本回归结果，第（2）列为模型（7-5）采用年报被问询组（LCL=1）回归结果，第（3）列为模型（7-5）采用年报未被问询组（LCL=0）回归结果，第（4）列为模型（7-6）进行交互效应回归结果。从第（1）列可以看出，滞后一期的年报问询函（LCL）与负收益偏态系数（NCSKEW）的回归系数为-0.043，且在10%水平上显著，表明交易所对年报问询可以显著降低以负收益偏态系数衡量的股价崩盘风险，假设H7.4b得到证实。从第（1）列还可以看出，内部控制质量的回归系数在1%水平上显著为负，表明高质量的内部控制有助于降低股价崩盘风险，与前文一致。

从表7-18的第（2）列可以看出，在年报被问询组中内部控制质量回归系数并不显著，即年报被问询的上市公司，其内部控制质量与负收益偏态系数之间不存在显著关系。而第（3）列表明，在年报未被问询组中内部控制质量的回归系数在 1% 水平上显著为负，即年报未被问询的上市公司，其内部控制质量的提高可以显著降低负收益偏态系数。可见，分组检验表明，交易所的年报问询与内部控制质量在降低负收益偏态系数中存在替代关系，即假设 H7.6b 成立。

从表 7－18 的第（4）列可以看出，内部控制质量依然可以显著降低负收益偏态系数；年报问询回归系数在 1% 水平上显著为负，进一步验证假设 H7.4b。此外，年报问询与内部控制质量的交互项在 1% 水平上显著为正，即表明两者在降低负收益偏态系数中存在替代关系，因此，交互效应检验结论与分组检验一致，进一步验证假设 H7.6b。

表 7－18　　　　年报问询函、内部控制质量与负收益偏态系数的回归结果

变量	（1）NCSKEW 全样本	（2）NCSKEW 被问询组	（3）NCSKEW 未被问询组	（4）NCSKEW 交互效应
IC	− 0.028 ***	− 0.017	− 0.041 ***	− 0.036 ***
	（− 5.50）	（− 1.30）	（− 6.26）	（− 6.07）
LCL	− 0.043 *			− 0.165 ***
	（− 1.93）			（− 3.20）
IC × LCL				0.023 ***
				（2.62）
Ldturn	− 0.039 **	− 0.018	− 0.038 **	− 0.040 **
	（− 2.35）	（− 0.21）	（− 2.19）	（− 2.45）
Lret	0.265	− 0.125	0.297	0.280
	（1.09）	（− 0.15）	（1.11）	（1.16）
Lsigma	5.192 ***	3.502	5.236 ***	5.315 ***
	（3.56）	（0.64）	（3.29）	（3.64）
Lsize	0.129 ***	0.115	0.136 ***	0.125 ***
	（5.66）	（1.38）	（5.07）	（5.48）
Lmb	0.020 ***	0.008	0.029 ***	0.020 ***
	（6.30）	（1.02）	（7.32）	（6.30）
Llev	− 0.461 ***	− 0.467 *	− 0.495 ***	− 0.447 ***
	（− 5.35）	（− 1.74）	（− 4.87）	（− 5.18）
Lroa	− 0.087	− 0.415	0.056	− 0.083
	（− 0.72）	（− 1.39）	（0.37）	（− 0.68）

变量	(1) NCSKEW 全样本	(2) NCSKEW 被问询组	(3) NCSKEW 未被问询组	(4) NCSKEW 交互效应
Constant	-3.494*** (-6.00)	-2.411 (-1.26)	-4.829*** (-4.16)	-3.380*** (-5.79)
Year	Yes	Yes	Yes	Yes
Industry	Yes	Yes	Yes	Yes
Fixed Effects	Yes	Yes	Yes	Yes
N	17612	2066	15546	17612
Within. R^2	0.045	0.064	0.052	0.046
F	17.83***	1.67***	18.06***	17.55***

注：括号中数据为 $t(z)$ 值；***、**和*分别代表在1%、5%和10%的统计水平上显著。

总之，在加入年报问询函后内部控制质量降低负收益偏态系数的作用依然显著；年报问询函也可以显著降低负收益偏态系数，与内部控制发挥了相同的作用。年报问询函与内部控制在降低负收益偏态系数中存在替代关系，该结论无论在分组检验还是交互效应检验中均成立。

表7-19列示了年报问询函、内部控制质量与收益上下波动比率采用面板数据固定效应的回归结果，第（1）~（4）列的做法与表7-18相同。从第（1）列可以看出，滞后一期的年报问询函（LCL）与收益上下波动比率（DUVOL）的回归系数为-0.027，且在10%水平上显著，表明交易所对年报问询可以显著降低以收益上下波动比率衡量的股价崩盘风险，假设H7.4b得到进一步证实。内部控制质量的回归系数依然在1%水平上显著为负，与前文一致。

从表7-19的第（2）列可以看出，在年报被问询组中内部控制质量回归系数为-0.018，且在5%水平上显著；第（3）列表明，在年报未被问询组中内部控制质量的回归系数为-0.029，且在1%水平上显著，即无论年报是否被问询，内部控制质量的提高都可以显著降低收益上下波动比率。此外，与年报未被问询组相比，被问询组的回归系数更大，但这种差异并不显著，经验P值为0.306。因此，分组检验不能证明两者存在替代关系。

从表7-19的第（4）列可以看出，内部控制质量依然可以显著降低收益上下波动比率；年报问询回归系数在1%水平上显著为负，进一步验证假设 H7.4b。此外，年报问询函与内部控制质量的交互项在 5% 水平上显著为正，即表明两者在降低收益上下波动比率中存在替代关系，因此，交互效应检验结论可以验证假设 H7.6b。

表 7-19　　年报问询函、内部控制质量与收益上下波动比率的回归结果

变量	(1) DUVOL 全样本	(2) DUVOL 被问询组	(3) DUVOL 未被问询组	(4) DUVOL 交互效应
IC	-0.021***	-0.018**	-0.029***	-0.026***
	(-6.30)	(-2.22)	(-6.97)	(-6.72)
LCL	-0.027*			-0.103***
	(-1.89)			(-3.11)
IC×LCL				0.014**
				(2.54)
Ldturn	-0.028***	0.004	-0.031***	-0.029***
	(-2.70)	(0.07)	(-2.80)	(-2.80)
Lret	0.153	-0.149	0.258	0.163
	(0.98)	(-0.28)	(1.50)	(1.05)
Lsigma	2.762***	1.556	3.220***	2.838***
	(2.95)	(0.46)	(3.15)	(3.03)
Lsize	0.094***	0.078	0.100***	0.091***
	(6.43)	(1.50)	(5.80)	(6.25)
Lmb	0.014***	0.012**	0.020***	0.014***
	(7.12)	(2.39)	(7.74)	(7.11)
Llev	-0.301***	-0.407**	-0.299***	-0.293***
	(-5.44)	(-2.42)	(-4.57)	(-5.28)
Lroa	-0.081	-0.237	0.048	-0.078
	(-1.03)	(-1.27)	(0.50)	(-1.00)
Constant	-2.517***	-1.997*	-3.391***	-2.446***
	(-6.73)	(-1.67)	(-4.55)	(-6.53)
Year	Yes	Yes	Yes	Yes
Industry	Yes	Yes	Yes	Yes
Fixed Effects	Yes	Yes	Yes	Yes
N	17612	2066	15546	17612
Within. R^2	0.049	0.068	0.055	0.049
F	19.44***	1.77***	19.38***	19.11***
经验 P 值	0.306			

注：括号中数据为 $t(z)$ 值；***、** 和 * 分别代表在 1%、5% 和 10% 的统计水平上显著。

总之，在加入年报问询函后内部控制质量降低收益上下波动比率的作用依然显著；年报问询函也可以显著降低收益上下波动比率，与内部控制发挥了相同的作用。年报问询函与内部控制质量在降低收益上下波动比率中存在替代关系，但这种关系只在交互效应检验中成立。

结合表 7-18 和表 7-19 发现，年报问询函可以显著降低负收益偏态系数和收益上下波动比率，说明其对股价崩盘风险有显著负向影响，假设 H7.4b 得到证实。年报问询函与内部控制质量在降低负收益偏态系数中存在替代关系，说明假设 H7.6b 基本得到证实。

（4）纪律处分、内部控制质量与股价崩盘风险。表 7-20 列示了纪律处分、内部控制质量与负收益偏态系数采用面板数据固定效应的回归结果。其中，第（1）列为模型（7-4）采用全样本回归结果，第（2）列为模型（7-5）采用被处分组（$LDisc=1$）回归结果，第（3）列为模型（7-5）采用未被处分组（$LDisc=0$）回归结果，第（4）列为模型（7-6）进行交互效应回归结果。从第（1）列可以看出，滞后一期的纪律处分（$LDisc$）与负收益偏态系数（$NCSKEW$）的回归系数为 -0.068，且在 1% 水平上显著，表明交易所的纪律处分可以显著降低以负收益偏态系数衡量的股价崩盘风险，假设 H7.5b 得到证实。从第（1）列还可以看出，内部控制质量的回归系数在 1% 水平上显著为负，表明高质量的内部控制有助于降低股价崩盘风险，与前文一致。

从表 7-20 的第（2）列可以看出，在被处分组中内部控制质量回归系数并不显著，即被处分的上市公司，其内部控制质量与负收益偏态系数之间不存在显著关系。而第（3）列表明，在未被处分组中内部控制质量的回归系数在 1% 水平上显著为负，即未被处分的上市公司，其内部控制质量的提高可以显著降低负收益偏态系数。可见，分组检验表明，交易所的纪律处分与内部控制质量在降低负收益偏态系数中存在替代关系，即假设 H7.7b 成立。

从表 7-20 的第（4）列可以看出，内部控制质量依然可以显著降低负收益偏态系数；纪律处分的回归系数在 1% 水平上显著为负，进一步验证假设 H7.5b。此外，纪律处分与内部控制质量的交互项在 10% 水平上显著为正，即表明两者在降低负收益偏态系数中存在替代关系，因此，交互效应检验结论与分组检验一致，进一步验证假设 H7.7b。

表 7 - 20　　　　纪律处分、内部控制质量与负收益偏态系数的回归结果

变量	(1) NCSKEW 全样本	(2) NCSKEW 被处分组	(3) NCSKEW 未被处分组	(4) NCSKEW 交互效应
IC	-0.033***	-0.014	-0.036***	-0.035***
	(-10.05)	(-0.53)	(-10.32)	(-10.18)
LDisc	-0.068***			-0.162***
	(-2.98)			(-3.01)
IC × LDisc				0.018*
				(1.93)
Ldturn	-0.034***	0.088	-0.035***	-0.034***
	(-3.09)	(0.52)	(-3.10)	(-3.12)
Lret	0.632***	0.718	0.622***	0.631***
	(3.94)	(0.43)	(3.80)	(3.94)
Lsigma	6.509***	8.980	6.445***	6.522***
	(7.04)	(0.87)	(6.84)	(7.05)
Lsize	0.066***	0.108	0.067***	0.066***
	(8.63)	(1.50)	(8.56)	(8.62)
Lmb	0.018***	0.004	0.019***	0.018***
	(10.65)	(0.31)	(10.80)	(10.65)
Llev	-0.233***	-0.045	-0.235***	-0.233***
	(-6.22)	(-0.12)	(-6.10)	(-6.22)
Lroa	0.105	-0.897	0.161**	0.106
	(1.47)	(-1.63)	(2.16)	(1.47)
Constant	-1.700***	-2.008	-1.727***	-1.685***
	(-9.72)	(-1.05)	(-9.63)	(-9.63)
Year	Yes	Yes	Yes	Yes
Industry	Yes	Yes	Yes	Yes
Fixed Effects	Yes	Yes	Yes	Yes
N	39991	1057	38934	39991
Within. R^2	0.056	0.200	0.057	0.056
F	39.38***	1.25***	39.64***	38.74***

注：括号中数据为 $t(z)$ 值；***、** 和 * 分别代表在 1%、5% 和 10% 的统计水平上显著。

总之，在加入纪律处分后内部控制质量降低负收益偏态系数的作用依然显著；纪律处分也可以显著降低负收益偏态系数，与内部控制发挥了相

同的作用。纪律处分与内部控制在降低负收益偏态系数中存在替代关系，该结论无论在分组检验还是交互效应检验中均成立。

表7-21列示了纪律处分、内部控制质量与收益上下波动比率采用面板数据固定效应的回归结果，第（1）～第（4）列的做法与表7-20相同。从第（1）列可以看出，滞后一期的纪律处分（LDisc）与收益上下波动比率（DUVOL）的回归系数为-0.047，且在1%水平上显著，表明交易所的纪律处分可以显著降低以收益上下波动比率衡量的股价崩盘风险，假设H7.5b得到进一步证实。内部控制质量的回归系数依然在1%水平上显著为负，与前文一致。

从表7-21的第（2）列可以看出，在被处分组中内部控制质量回归系数并不显著，即被处分的上市公司，其内部控制质量与收益上下波动比率之间不存在显著关系。而第（3）列表明，在未被处分组中内部控制质量的回归系数在1%水平上显著为负，即未被处分的上市公司，其内部控制质量的提高可以显著降低收益上下波动比率。可见，分组检验表明，交易所的纪律处分与内部控制质量在降低收益上下波动比率中存在替代关系，进一步验证假设H7.7b成立。

从表7-21的第（4）列可以看出，内部控制质量依然可以显著降低收益上下波动比率；纪律处分的回归系数在1%水平上显著为负，进一步验证假设H7.5b。此外，纪律处分与内部控制质量的交互项在5%水平上显著为正，即表明两者在降低收益上下波动比率中存在替代关系，因此，交互效应检验结论与分组检验一致，同样验证了假设H7.7b。

表7-21　　纪律处分、内部控制质量与收益上下波动比率的回归结果

变量	（1）DUVOL 全样本	（2）DUVOL 被处分组	（3）DUVOL 未被处分组	（4）DUVOL 交互效应
IC	-0.021*** （-9.78）	-0.018 （-0.95）	-0.023*** （-10.10）	-0.023*** （-10.01）
LDisc	-0.047*** （-3.12）			-0.119*** （-3.33）
IC×LDisc				0.014** （2.22）

续表

变量	(1) *DUVOL* 全样本	(2) *DUVOL* 被处分组	(3) *DUVOL* 未被处分组	(4) *DUVOL* 交互效应
Ldturn	- 0. 024 ***	0. 050	- 0. 025 ***	- 0. 024 ***
	(- 3. 22)	(0. 41)	(- 3. 33)	(- 3. 25)
Lret	0. 409 ***	- 0. 114	0. 417 ***	0. 408 ***
	(3. 83)	(- 0. 10)	(3. 83)	(3. 83)
Lsigma	3. 891 ***	4. 402	3. 898 ***	3. 901 ***
	(6. 33)	(0. 60)	(6. 23)	(6. 35)
Lsize	0. 036 ***	0. 100 **	0. 036 ***	0. 036 ***
	(7. 06)	(1. 97)	(6. 85)	(7. 04)
Lmb	0. 012 ***	- 0. 002	0. 012 ***	0. 012 ***
	(10. 23)	(- 0. 24)	(10. 14)	(10. 23)
Llev	- 0. 124 ***	- 0. 127	- 0. 118 ***	- 0. 124 ***
	(- 4. 99)	(- 0. 48)	(- 4. 60)	(- 4. 98)
Lroa	0. 053	- 0. 892 **	0. 092 *	0. 053
	(1. 10)	(- 2. 28)	(1. 86)	(1. 11)
Constant	- 0. 967 ***	- 1. 612	- 0. 979 ***	- 0. 956 ***
	(- 8. 32)	(- 1. 19)	(- 8. 22)	(- 8. 22)
Year	Yes	Yes	Yes	Yes
Industry	Yes	Yes	Yes	Yes
Fixed Effects	Yes	Yes	Yes	Yes
N	39991	1057	38934	39991
Within. R²	0. 057	0. 216	0. 058	0. 057
F	39. 74 ***	1. 38 ***	39. 92 ***	39. 12 ***

注：括号中数据为 $t(z)$ 值；***、** 和 * 分别代表在1%、5% 和10% 的统计水平上显著。

总之，在加入纪律处分后内部控制质量降低收益上下波动比率的作用依然显著；纪律处分也可以显著降低收益上下波动比率，与内部控制发挥了相同的作用。纪律处分与内部控制在降低收益上下波动比率中存在替代关系，该结论无论在分组检验还是交互效应检验中均成立。

结合表 7 - 20 和表 7 - 21 发现，纪律处分可以显著降低负收益偏态系数和收益上下波动比率，说明其对股价崩盘风险有显著的负向影响，假设 H7. 5b 得到证实。纪律处分与内部控制质量在降低负收益偏态系数和收益上下波动比率中均存在替代关系，说明假设 H7. 7b 得到证实。

（5）年报问询函、内部控制质量与股价信息含量。表 7－22 列示了年报问询函、内部控制质量与股价信息含量采用面板数据固定效应的回归结果。其中第（1）列为模型（7－4）采用全样本回归结果，第（2）列为模型（7－5）采用年报被问询组（$LCL=1$）回归结果，第（3）列为模型（7－5）采用年报未被问询组（$LCL=0$）回归结果，第（4）列为模型（7－6）进行交互效应回归结果。从第（1）列可以看出，滞后一期的年报问询（LCL）与股价信息含量（c）的回归系数为 0.006，且在 10% 的水平上显著，表明交易所对年报问询可以显著提升股价信息含量，假设 H7.4c 得到证实。从第（1）列还可以看出，内部控制质量的回归系数显著为正，表明高质量的内部控制有助于提升股价信息含量，与前文一致。

从表 7－22 的第（2）列可以看出，在年报被问询组中内部控制质量回归系数为 0.006，且在 1% 水平上显著；第（3）列表明，在年报未被问询组中内部控制质量的回归系数为 0.002，且在 5% 水平上显著，即无论是否被问询，内部控制质量都可以显著提升股价信息含量。此外，相比于未被问询组，被问询组中内部控制质量回归系数更大，但这种差异并不显著，经验 P 值为 0.189。因此，分组检验不能证明两者存在替代关系。

从表 7－22 的第（4）列可以看出，内部控制质量依然可以显著提升股价信息含量，但年报问询回归系数不再显著。此外，年报问询与内部控制质量的交互项也不显著，因此，交互效应检验与分组检验一致，都不支持两者间的替代关系。

表 7－22　　年报问询函、内部控制质量与股价信息含量的回归结果

变量	(1) c 全样本	(2) c 被问询组	(3) c 未被问询组	(4) c 交互效应
IC	0.003*** (3.91)	0.006*** (3.35)	0.002** (2.00)	0.003*** (3.03)
LCL	0.006* (1.77)			0.001 (0.12)
$IC \times LCL$				0.001 (0.71)
$size$	0.014*** (3.79)	−0.006 (−0.52)	0.020*** (4.63)	0.013*** (3.72)

续表

变量	(1) c 全样本	(2) c 被问询组	(3) c 未被问询组	(4) c 交互效应
lev	−0.019 (−1.42)	−0.006 (−0.14)	−0.026* (−1.68)	−0.019 (−1.42)
roe	0.026*** (3.79)	0.042*** (2.58)	0.024*** (2.75)	0.027*** (3.82)
$top1$	0.047** (2.15)	0.150** (2.02)	0.050** (2.02)	0.047** (2.14)
$dturn$	0.023*** (5.21)	0.021 (1.56)	0.022*** (4.50)	0.023*** (5.18)
mb	0.0001 (0.35)	−0.001 (−1.05)	0.0004 (0.70)	0.0002 (0.39)
age	0.014** (2.01)	0.030 (0.57)	0.016** (2.11)	0.014** (1.99)
$yrtr$	−0.001** (−2.02)	0.0003 (0.14)	−0.001** (−2.14)	−0.001** (−2.02)
$Constant$	−0.449*** (−5.05)	−0.011 (−0.04)	−0.562*** (−4.36)	−0.439*** (−4.89)
$Year$	Yes	Yes	Yes	Yes
$Industry$	Yes	Yes	Yes	Yes
$Fixed\ Effects$	Yes	Yes	Yes	Yes
N	17689	2054	15635	17689
$Within.\ R^2$	0.030	0.120	0.026	0.030
F	11.65***	3.48***	8.69***	11.36***
经验 P 值	0.189			

注：括号中数据为 $t(z)$ 值；***、**和*分别代表在 1%、5%和 10%的统计水平上显著。

总之，在加入年报问询函后内部控制质量提升股价信息含量的作用依然显著，但年报问询函对股价信息含量的影响并不稳健。此外，年报问询函与内部控制在提升股价信息含量中并不存在替代关系。

（6）纪律处分、内部控制质量与股价信息含量。表 7 - 23 列示了纪律处分、内部控制质量与股价信息含量采用面板数据固定效应的回归结果。其中，第（1）列为模型（7 - 4）采用全样本回归结果，第（2）列为模型（7 - 5）采用被处分组（$LDisc = 1$）回归结果，第（3）列为模型（7 - 5）采用未被处分组（$LDisc = 0$）回归结果，第（4）列为模型（7 - 6）进行交互效应回归结果。从第（1）列可以看出，滞后一期的纪律处分（$LDisc$）与股价信息含量（c）的回归系数并不显著，表明交易所的纪律处分在提升股价信息含量方面不存在显著作用。从第（1）列还可以看出，内部控制质量的回归系数显著为正，与前文一致。

从表7–23的第（2）和第（3）列可以看出，内部控制质量回归系数在被处分组中不显著，而在未被处分组中显著为正。可见，分组检验表明，交易所的纪律处分与内部控制质量在提升股价信息含量中存在替代关系。

从表7–23的第（4）列可以看出，纪律处分回归系数依然不显著。同时，两者的交互项也不显著，因此，交互效应检验并不支持两者在提升股价信息含量中存在替代关系。

表7–23　　　　　纪律处分、内部控制质量与股价信息含量的回归结果

变量	（1）c 全样本	（2）c 被处分组	（3）c 未被处分组	（4）c 交互效应
IC	0.003 ***	0.005	0.003 ***	0.003 ***
	(6.44)	(1.42)	(5.83)	(6.15)
$LDisc$	0.00003			−0.001
	(0.01)			(−0.14)
$IC \times LDisc$				0.0002
				(0.15)
$size$	0.011 ***	0.025 *	0.012 ***	0.011 ***
	(10.11)	(1.92)	(10.25)	(10.11)
lev	−0.024 ***	−0.057	−0.023 ***	−0.024 ***
	(−4.52)	(−1.06)	(−4.31)	(−4.52)
roe	0.012 ***	−0.027	0.012 ***	0.012 ***
	(3.06)	(−1.13)	(2.97)	(3.06)
$top1$	0.015 **	−0.008	0.016 **	0.015 **
	(2.20)	(−0.10)	(2.30)	(2.20)
$dturn$	0.023 ***	0.035	0.023 ***	0.023 ***
	(7.78)	(1.08)	(7.72)	(7.78)
mb	−0.0004 **	−0.001	−0.0004 **	−0.0004 **
	(−2.22)	(−0.86)	(−2.23)	(−2.21)
age	0.009 ***	0.015	0.009 ***	0.009 ***
	(3.58)	(0.36)	(3.61)	(3.58)

续表

变量	（1）c 全样本	（2）c 被处分组	（3）c 未被处分组	（4）c 交互效应
yrtr	0.001***	0.0004	0.001***	0.001***
	(5.17)	(0.15)	(5.14)	(5.18)
Constant	-0.268***	-0.759**	-0.274***	-0.268***
	(-10.76)	(-2.44)	(-10.71)	(-10.74)
Year	Yes	Yes	Yes	Yes
Industry	Yes	Yes	Yes	Yes
Fixed Effects	Yes	Yes	Yes	Yes
N	39736	1050	38686	39736
Within. R^2	0.038	0.252	0.037	0.038
F	25.47***	1.71***	24.75***	25.03***

注：括号中数据为 $t(z)$ 值；***、** 和 * 分别代表在 1%、5% 和 10% 的统计水平上显著。

总之，在加入纪律处分后内部控制质量提升股价信息含量的作用依然显著，但纪律处分对股价信息含量并没有显著影响。纪律处分与内部控制质量在提升股价信息含量中也不存在替代关系。

综上所述，从交易所年报问询函监管效果来看，年报问询函显著降低了股价泡沫和股价崩盘风险，但提升股价信息含量的作用不稳健，可见，交易所年报问询函监管在一定程度上促进了股价稳定。年报问询函监管和内部控制质量在降低股价泡沫和股价崩盘风险中均存在显著的替代关系，而在提升股价信息含量中不存在替代关系。从交易所纪律处分监管效果来看，纪律处分显著降低了股价崩盘风险，但降低股价泡沫的作用不稳健，对股价信息含量没有显著影响，可见，交易所纪律处分在一定程度上能够促进股价稳定。纪律处分和内部控制质量在降低股价崩盘风险和股价泡沫中均存在显著的替代关系，而在提升股价信息含量中不存在替代关系。

7.3.4 稳健性检验

上文揭示了交易所监管、内部控制质量与股价稳定的关系，其中，以股价崩盘风险表现最为显著。为使上述结论更加稳健，我们围绕负收益偏态系数衡量的股价崩盘风险进行稳健性测试。

7.3.4.1 倾向得分匹配法（PSM）回归分析

（1）年报问询函、内部控制质量与股价崩盘风险。被交易所问询与没有被问询的上市公司间存在一些固有差异，而这些差异可能会带来内生性问题。为降低这两类公司特征差异的影响，本节采用倾向得分匹配法（PSM）对样本进行匹配处理后，再次检验研究假设。参照陈运森等（2019）、胡宁等（2020）的研究，我们选取了一系列影响公司是否收到问询函的变量进行倾向得分匹配，这些变量包括公司规模、财务杠杆、净资产收益率、第一大股东持股比例、是否发生亏损的虚拟变量、成长性、上市年限等，进行 1∶3 分年度匹配后的结果如表 7-24 所示。

表 7-24　　年报问询函、内部控制质量与股价崩盘风险的 PSM 回归结果

变量	(1) NCSKEW 全样本	(2) NCSKEW 被问询组	(3) NCSKEW 未被问询组	(4) NCSKEW 交互效应
IC	-0.022** (-2.42)	-0.011 (-0.64)	-0.034** (-2.25)	-0.036*** (-3.21)
LCL	-0.087** (-2.09)			-0.222*** (-2.94)
$IC \times LCL$				0.029** (2.14)
$Ldturn$	0.047 (0.82)	0.094 (0.82)	0.037 (0.45)	0.035 (0.61)
$Lret$	-0.368 (-0.59)	0.439 (0.44)	-0.064 (-0.06)	-0.305 (-0.49)
$Lsigma$	0.259 (0.07)	5.062 (0.78)	2.150 (0.33)	0.794 (0.20)
$Lsize$	0.116* (1.94)	-0.071 (-0.64)	0.213** (2.02)	0.105* (1.76)
Lmb	0.011* (1.87)	0.005 (0.57)	0.015 (1.28)	0.011* (1.88)
$Llev$	-0.478** (-2.41)	-0.284 (-0.82)	-0.518 (-1.53)	-0.460** (-2.32)
$Lroa$	-0.264 (-1.24)	-0.192 (-0.55)	-0.003 (-0.01)	-0.255 (-1.20)
$Constant$	-2.498* (-1.82)	1.968 (0.78)	-3.503 (-1.17)	-2.194 (-1.59)

续表

变量	（1）*NCSKEW* 全样本	（2）*NCSKEW* 被问询组	（3）*NCSKEW* 未被问询组	（4）*NCSKEW* 交互效应
Year	Yes	Yes	Yes	Yes
Industry	Yes	Yes	Yes	Yes
Fixed Effects	Yes	Yes	Yes	Yes
N	4183	1235	2948	4183
Within. R^2	0.052	0.067	0.081	0.054
F	2.99***	1.22***	2.33***	3.05***

注：括号中数据为 $t(z)$ 值；***、** 和 * 分别代表在1%、5%和10%的统计水平上显著。

表中第（1）列为倾向得分匹配后模型（7-4）回归结果，年报问询函和内部控制质量的回归系数均显著为负，与前文假设一致。第（2）和第（3）列是根据年报问询函分组检验相互关系的结果，在第（2）列被问询组中，内部控制质量回归系数不显著；而在第（3）列未被问询组中，内部控制质量回归系数显著为负，因此，分组检验依然支持两者间替代关系。最后，第（4）列年报问询函和内部控制质量的回归系数均显著为负，交互项回归系数显著为正，即交互效应检验同样支持两者间的替代关系。总之，采用 PSM 后假设 H7.4b 和假设 H7.6b 均得到进一步验证。

（2）纪律处分、内部控制质量与股价崩盘风险。被交易所处分和没有被处分的上市公司间存在一些固有差异，而这些差异可能会带来内生性问题。为降低这两类公司特征差异的影响，本节采用倾向得分匹配法（PSM）对样本进行匹配处理后，再次检验研究假设。我们选取了一系列影响公司是否被交易所处分的变量进行倾向得分匹配，这些变量包括公司规模、财务杠杆、净资产收益率、第一大股东持股比例、是否发生亏损的虚拟变量、成长性、上市年限、是否微利、营业收入占总资产的比重、市现率等，进行1∶1分年度匹配后的结果如表7-25所示。

表中第（1）列为倾向得分匹配后模型（7-4）回归结果，纪律处分和内部控制质量的回归系数均显著为负，与前文假设一致。第（2）和第（3）列是根据处分分组检验相互关系的结果，在第（2）列被处分组中，内部控制质量回归系数不显著；而在第（3）列未被处分组中，内部控制质量回归系数显著为负，因此，分组检验依然支持两者间替代关系。最后，第（4）列纪律处分和内部控制质量的回归系数均显著为负，交互项回归系数显著为正，即交互效应检验同样支持两者间的替代关系。总之，采用 PSM 后假设 H7.5b 和假设 H7.7b 均得到进一步验证。

表 7-25　　　纪律处分、内部控制质量与股价崩盘风险的 PSM 回归结果

变量	（1）NCSKEW 全样本	（2）NCSKEW 被处分组	（3）NCSKEW 未被处分组	（4）NCSKEW 交互效应
IC	-0.052***	0.009	-0.077***	-0.064***
	(-3.20)	(0.08)	(-4.14)	(-3.66)
LDisc	-0.152*			-0.434**
	(-1.74)			(-2.50)
IC × LDisc				0.059*
				(1.88)
Ldturn	0.085	0.691	0.123	0.087
	(0.75)	(0.36)	(1.02)	(0.77)
Lret	1.369	1.933	1.753	1.332
	(1.11)	(0.13)	(1.29)	(1.08)
Lsigma	9.493	4.120	11.003	9.147
	(1.40)	(0.06)	(1.47)	(1.35)
Lsize	0.050	-0.519	0.035	0.049
	(1.08)	(-0.38)	(0.71)	(1.06)
Lmb	0.005	0.051	0.003	0.006
	(0.49)	(0.86)	(0.31)	(0.58)
Llev	0.295	-1.966	0.440*	0.288
	(1.23)	(-0.64)	(1.69)	(1.20)
Lroa	-0.205	-1.400	0.245	-0.173
	(-0.56)	(-0.55)	(0.60)	(-0.48)
Constant	-0.878	11.721	-0.573	-0.771
	(-0.83)	(0.40)	(-0.51)	(-0.73)
Year	Yes	Yes	Yes	Yes
Industry	Yes	Yes	Yes	Yes
Fixed Effects	Yes	Yes	Yes	Yes
N	2165	639	1526	2165
Within. R^2	0.133	0.23	0.165	0.138
F	2.09***	1.21***	2.30***	2.13***

注：括号中数据为 $t(z)$ 值；***、** 和 * 分别代表在 1%、5% 和 10% 的统计水平上显著。

7.3.4.2　变更股价崩盘风险的度量方法

（1）年报问询函、内部控制质量与股价崩盘风险。根据第 5 章模型（5-9）和模型（5-10）重新估算负收益偏态系数（*NCSKEW*2）进行稳健性检验，结果如表 7-26 所示。首先，第（1）列和第（4）列中年报问询函和内部控制质量的回归系数均显著为负，与前文假设一致。其次，在第（2）列被问询组中，内部控制质量回归系数不显著；而在第（3）列未被问询组中，内部控制质量回归系数显著为负；同时第（4）列年报问询函和内部控制质量交互项回归系数显著为正，进一步验证两者的替代关系。总之，变更股价崩盘风险度量方法后假设 H7.4b 和假设 H7.6b 均得到验证。

表 7-26　　　　　变更股价崩盘风险度量方法的回归结果

变量	(1) *NCSKEW*2 全样本	(2) *NCSKEW*2 被问询组	(3) *NCSKEW*2 未被问询组	(4) *NCSKEW*2 交互效应
IC	-0.032*** (-5.73)	-0.018 (-1.27)	-0.043*** (-6.20)	-0.039*** (-6.12)
LCL	-0.054** (-2.27)			-0.172*** (-3.09)
IC × LCL				0.022** (2.34)
Ldturn	-0.040** (-2.25)	0.009 (0.09)	-0.039** (-2.08)	-0.042** (-2.35)
Lret	0.231 (0.88)	-0.405 (-0.43)	0.264 (0.92)	0.246 (0.94)
Lsigma	4.942*** (3.14)	1.943 (0.32)	4.955*** (2.89)	5.061*** (3.21)
Lsize	0.140*** (5.73)	0.105 (1.15)	0.152*** (5.26)	0.137*** (5.56)
Lmb	0.025*** (7.22)	0.016* (1.86)	0.034*** (8.00)	0.025*** (7.21)
Llev	-0.550*** (-5.91)	-0.530* (-1.80)	-0.596*** (-5.43)	-0.537*** (-5.76)
Lroa	-0.175 (-1.33)	-0.498 (-1.52)	-0.081 (-0.50)	-0.171 (-1.30)
Constant	-3.594*** (-5.72)	-2.068 (-0.99)	-5.162*** (-4.13)	-3.484*** (-5.53)

续表

变量	(1) NCSKEW2 全样本	(2) NCSKEW2 被问询组	(3) NCSKEW2 未被问询组	(4) NCSKEW2 交互效应
Year	Yes	Yes	Yes	Yes
Industry	Yes	Yes	Yes	Yes
Fixed Effects	Yes	Yes	Yes	Yes
N	17612	2066	15546	17612
Within. R^2	0.047	0.077	0.053	0.047
F	18.54***	2.01***	18.47***	18.19***

注：括号中数据为 $t(z)$ 值；***、**和*分别代表在1%、5%和10%的统计水平上显著。

（2）纪律处分、内部控制质量与股价崩盘风险。根据第5章模型（5-9）和模型（5-10）重新估算负收益偏态系数（NCSKEW2）进行稳健性检验，结果如表7-27所示。首先，第（1）列和第（4）列中纪律处分和内部控制质量的回归系数均显著为负，与前文假设一致。其次，在第（2）列被处分组中，内部控制质量回归系数不显著；而在第（3）列未被处分组中，内部控制质量回归系数显著为负；同时第（4）列纪律处分和内部控制质量交互项回归系数显著为正，进一步验证两者的替代关系。总之，变更股价崩盘风险度量方法后假设 H7.5b 和假设 H7.7b 均得到验证。

表7-27　　　　　变更股价崩盘风险度量方法的回归结果

变量	(1) NCSKEW2 全样本	(2) NCSKEW2 被处分组	(3) NCSKEW2 未被处分组	(4) NCSKEW2 交互效应
IC	-0.037*** (-10.45)	0.003 (0.09)	-0.039*** (-10.65)	-0.039*** (-10.60)
LDisc	-0.080*** (-3.29)			-0.185*** (-3.23)
IC × LDisc				0.020** (2.03)
Ldturn	-0.027** (-2.25)	0.021 (0.11)	-0.026** (-2.21)	-0.027** (-2.29)
Lret	0.513*** (2.99)	1.151 (0.63)	0.509*** (2.91)	0.512*** (2.99)
Lsigma	5.430*** (5.50)	10.040 (0.88)	5.398*** (5.37)	5.444*** (5.51)

续表

变量	(1) NCSKEW2 全样本	(2) NCSKEW2 被处分组	(3) NCSKEW2 未被处分组	(4) NCSKEW2 交互效应
Lsize	0.072***	0.102	0.073***	0.072***
	(8.79)	(1.30)	(8.72)	(8.77)
Lmb	0.020***	0.009	0.021***	0.020***
	(10.80)	(0.71)	(11.00)	(10.80)
Llev	−0.242***	0.032	−0.250***	−0.242***
	(−6.05)	(0.08)	(−6.07)	(−6.04)
Lroa	0.085	−0.869	0.130	0.086
	(1.11)	(−1.43)	(1.64)	(1.12)
Constant	−1.711***	−1.669	−1.735***	−1.694***
	(−9.16)	(−0.80)	(−9.06)	(−9.07)
Year	Yes	Yes	Yes	Yes
Industry	Yes	Yes	Yes	Yes
Fixed Effects	Yes	Yes	Yes	Yes
N	39991	1057	38934	39991
Within. R^2	0.059	0.190	0.059	0.059
F	41.03***	1.18***	41.08***	40.37***

注：括号中数据为 $t(z)$ 值；***、**分别代表在1%、5%的统计水平上显著。

7.3.4.3 变更内部控制质量的度量方法

（1）年报问询函、内部控制质量与股价崩盘风险。与前文一致，为避免迪博内部控制指数可能存在的主观性，我们进一步采用内部控制是否存在缺陷（IC2）衡量内部控制质量进行稳健性检验，结果如表7-28所示。首先，第（1）列年报问询函回归系数显著为负，进一步验证假设 H7.4b；内部控制缺陷回归系数显著为正，与前文一致。其次，在第（2）列被问询组中，内部控制缺陷回归系数不显著；而在第（3）列未被问询组中，内部控制缺陷回归系数显著为正；同时第（4）列年报问询函和内部控制缺陷交互项回归系数显著为负，而内部控制缺陷是内部控制质量的反向指标，所以，两者依然是替代关系。总之，变更内部控制质量度量方法后假设 H7.4b 和假设 H7.6b 均得到验证。

表 7 - 28 变更内部控制质量度量方法的回归结果

变量	(1) NCSKEW 全样本	(2) NCSKEW 被问询组	(3) NCSKEW 未被问询组	(4) NCSKEW 交互效应
IC2	0.067 * (1.88)	− 0.120 (− 1.39)	0.148 *** (3.29)	0.116 *** (2.76)
LCL	− 0.037 * (− 1.65)			− 0.023 (− 1.02)
IC2 × LCL				− 0.156 ** (− 2.22)
Ldturn	− 0.042 ** (− 2.53)	− 0.034 (− 0.40)	− 0.040 ** (− 2.30)	− 0.043 *** (− 2.59)
Lret	0.309 (1.27)	− 0.007 (− 0.01)	0.325 (1.22)	0.318 (1.31)
Lsigma	5.543 *** (3.79)	4.322 (0.80)	5.494 *** (3.45)	5.610 *** (3.84)
Lsize	0.114 *** (5.00)	0.115 (1.38)	0.121 *** (4.50)	0.113 *** (4.97)
Lmb	0.020 *** (6.33)	0.008 (0.99)	0.029 *** (7.38)	0.020 *** (6.36)
Llev	− 0.416 *** (− 4.84)	− 0.404 (− 1.51)	− 0.457 *** (− 4.49)	− 0.412 *** (− 4.79)
Lroa	− 0.125 (− 1.03)	− 0.468 (− 1.56)	− 0.001 (− 0.01)	− 0.138 (− 1.13)
Constant	− 3.339 *** (− 5.72)	− 2.501 (− 1.31)	− 4.693 *** (− 4.04)	− 3.348 *** (− 5.74)
Year	Yes	Yes	Yes	Yes
Industry	Yes	Yes	Yes	Yes
Fixed Effects	Yes	Yes	Yes	Yes
N	17590	2062	15528	17590
Within. R^2	0.043	0.065	0.050	0.044
F	17.13 ***	1.67 ***	17.28 ***	16.81 ***

注：括号中数据为 $t(z)$ 值；***、** 和 * 分别代表在1%、5%和10%的统计水平上显著。

（2）纪律处分、内部控制质量与股价崩盘风险。同样采用内部控制是否存在缺陷（IC2）衡量内部控制质量进行稳健性检验，结果如表 7 - 29所示。首先，第（1）列和第（4）列纪律处分回归系数均显著为负，进一步验证假设 H7.5b；内部控制缺陷回归系数显著为正，与前文一致。其次，在第（2）列被处分组中，内部控制缺陷回归系数不显著；而在第（3）列未被处分组中，内部控制缺陷回归系数显著为正；第（4）列纪律处分和内部控制缺陷交互项回归系数虽然为负，但不显著。因此，两者的替代关系并不稳健。总之，变更内部控制质量度量方法后假设 H7.5b 得到验证，假设 H7.7b 也在一定程度上成立。

表 7 - 29　　　　　　　　变更内部控制质量度量方法的回归结果

变量	(1) $NCSKEW$ 全样本	(2) $NCSKEW$ 被处分组	(3) $NCSKEW$ 未被处分组	(4) $NCSKEW$ 交互效应
IC2	0.140 ***	0.236	0.142 ***	0.142 ***
	(5.47)	(1.31)	(5.28)	(5.33)
LDisc	−0.051 *			−0.048 *
	(−1.91)			(−1.68)
IC2 × LDisc				−0.029
				(−0.36)
Ldturn	−0.043 ***	0.108	−0.044 ***	−0.043 ***
	(−3.80)	(0.52)	(−3.81)	(−3.80)
Lret	0.710 ***	0.013	0.710 ***	0.711 ***
	(4.10)	(0.01)	(4.02)	(4.11)
Lsigma	7.312 ***	0.974	7.273 ***	7.318 ***
	(7.18)	(0.07)	(7.02)	(7.18)
Lsize	0.055 ***	−0.032	0.056 ***	0.055 ***
	(5.78)	(−0.30)	(5.77)	(5.78)
Lmb	0.019 ***	0.005	0.020 ***	0.019 ***
	(9.97)	(0.30)	(10.29)	(9.97)
Llev	−0.239 ***	−0.500	−0.247 ***	−0.239 ***
	(−5.36)	(−0.85)	(−5.40)	(−5.36)
Lroa	0.038	−0.789	0.078	0.037
	(0.47)	(−1.06)	(0.93)	(0.45)
Constant	−2.004 ***	1.877	−2.060 ***	−2.004 ***
	(−8.84)	(0.72)	(−8.86)	(−8.84)
Year	Yes	Yes	Yes	Yes
Industry	Yes	Yes	Yes	Yes
Fixed Effects	Yes	Yes	Yes	Yes
N	32960	778	32182	32960
Within. R^2	0.045	0.245	0.046	0.045
F	28.57 ***	1.04 ***	29.01 ***	27.99 ***

注：括号中数据为 $t(z)$ 值；*** 、** 和 * 分别代表在 1%、5% 和 10% 的统计水平上显著。

7.3.4.4 进一步控制其他影响因素

（1）年报问询函、内部控制质量与股价崩盘风险。与第 5 章一致，我们进一步控制了会计稳健性、托宾 Q 值、机构投资者持股比例三个因素进行稳健性检验，结果如表 7-30 所示。首先，第（1）列和第（4）列年报问询函和内部控制质量回归系数均显著为负，与前文假设一致。其次，在第（2）列被问询组中，内部控制质量回归系数不显著；而在第（3）列未被问询组中，内部控制质量回归系数显著为负；同时第（4）列年报问询函和内部控制质量交互项回归系数显著为正，进一步验证了两者的替代关系。总之，控制其他影响因素后假设 H7.4b 和假设 H7.6b 依然得到验证。

表 7-30　　　　　　　　　控制其他因素的回归结果

变量	（1）NCSKEW 全样本	（2）NCSKEW 被问询组	（3）NCSKEW 未被问询组	（4）NCSKEW 交互效应
IC	-0.027*** (-5.21)	-0.015 (-1.18)	-0.040*** (-6.11)	-0.036*** (-5.96)
LCL	-0.037* (-1.66)			-0.177*** (-3.31)
IC × LCL				0.026*** (2.88)
Ldturn	-0.034** (-2.03)	0.017 (0.19)	-0.032* (-1.85)	-0.035** (-2.13)
Lret	0.403* (1.65)	0.461 (0.53)	0.361 (1.34)	0.416* (1.71)
Lsigma	5.462*** (3.73)	5.278 (0.96)	5.254*** (3.30)	5.584*** (3.81)
Lsize	0.134*** (5.45)	0.303*** (3.07)	0.120*** (4.16)	0.131*** (5.30)
Lmb	0.004 (0.76)	0.011 (0.85)	0.013* (1.83)	0.005 (0.94)
Llev	-0.296*** (-2.81)	-0.784** (-2.23)	-0.329*** (-2.67)	-0.298*** (-2.82)
Lroa	-0.102 (-0.82)	-0.265 (-0.86)	0.008 (0.05)	-0.093 (-0.75)
LC_Score	0.127 (0.59)	0.918 (1.19)	0.206 (0.86)	0.149 (0.69)

续表

变量	(1) NCSKEW 全样本	(2) NCSKEW 被问询组	(3) NCSKEW 未被问询组	(4) NCSKEW 交互效应
LTQ	0.069 ***	0.122 ***	0.048 ***	0.067 ***
	(5.77)	(2.93)	(3.31)	(5.57)
LInst	0.305 ***	0.413	0.349 ***	0.309 ***
	(3.19)	(0.98)	(3.29)	(3.23)
Constant	−3.882 ***	−6.946 ***	−4.697 ***	−3.771 ***
	(−6.32)	(−3.10)	(−3.99)	(−6.13)
Year	Yes	Yes	Yes	Yes
Industry	Yes	Yes	Yes	Yes
Fixed Effects	Yes	Yes	Yes	Yes
N	17476	2017	15459	17476
Within. R^2	0.050	0.086	0.054	0.051
F	18.22 ***	2.06 ***	17.44 ***	17.99 ***

注：括号中数据为 $t(z)$ 值；＊＊＊、＊＊和＊分别代表在 1%、5% 和 10% 的统计水平上显著。

（2）纪律处分、内部控制质量与股价崩盘风险。与第 5 章一致，我们进一步控制了会计稳健性、托宾 Q 值、机构投资者持股比例三个因素进行稳健性检验，结果如表 7 - 31 所示。首先，第（1）列和第（4）列纪律处分和内部控制质量回归系数均显著为负，与前文假设一致。其次，在第（2）列被处分组中，内部控制质量回归系数不显著；而在第（3）列未被处分组中，内部控制质量回归系数显著为负；同时第（4）列纪律处分和内部控制质量交互项回归系数显著为正，进一步验证了两者的替代关系。总之，控制其他影响因素后假设 H7.5b 和假设 H7.7b 依然得到验证。

表 7 - 31　　纪律处分、内部控制质量与负收益偏态系数的回归结果

变量	(1) NCSKEW 全样本	(2) NCSKEW 被处分组	(3) NCSKEW 未被处分组	(4) NCSKEW 交互效应
IC	−0.032 ***	0.008	−0.035 ***	−0.034 ***
	(−9.34)	(0.28)	(−9.83)	(−9.62)
LDisc	−0.062 ***			−0.180 ***
	(−2.64)			(−3.19)
IC × LDisc				0.022 **
				(2.30)

续表

变量	(1) NCSKEW 全样本	(2) NCSKEW 被处分组	(3) NCSKEW 未被处分组	(4) NCSKEW 交互效应
Ldturn	−0.035***	0.061	−0.036***	−0.036***
	(−3.15)	(0.31)	(−3.15)	(−3.19)
Lret	0.686***	0.895	0.671***	0.686***
	(4.17)	(0.50)	(3.99)	(4.16)
Lsigma	6.266***	11.742	6.178***	6.285***
	(6.58)	(1.06)	(6.37)	(6.60)
Lsize	0.076***	0.238**	0.075***	0.076***
	(8.59)	(2.51)	(8.26)	(8.56)
Lmb	0.006**	0.023	0.007***	0.006**
	(2.39)	(1.22)	(2.67)	(2.44)
Llev	−0.101**	−0.661	−0.100**	−0.102**
	(−2.08)	(−1.25)	(−2.02)	(−2.11)
Lroa	0.033	−0.985	0.097	0.036
	(0.44)	(−1.55)	(1.22)	(0.47)
LC_Score	−0.373***	0.981	−0.384***	−0.371***
	(−3.36)	(0.74)	(−3.40)	(−3.34)
LTQ	0.053***	0.049	0.051***	0.053***
	(8.14)	(0.78)	(7.51)	(8.07)
LInst	0.149***	0.459	0.146***	0.149***
	(4.46)	(1.17)	(4.27)	(4.48)
Constant	−2.122***	−5.940***	−2.089***	−2.103***
	(−2.94)	(−2.63)	(−2.89)	(−2.91)
Year	Yes	Yes	Yes	Yes
Industry	Yes	Yes	Yes	Yes
Fixed Effects	Yes	Yes	Yes	Yes
N	37617	990	36627	37617
Within. R^2	0.060	0.245	0.060	0.060
F	37.17***	1.38***	37.12***	36.64***

注：括号中数据为 $t(z)$ 值；***、** 分别代表在 1%、5% 的统计水平上显著。

7.3.4.5　基于 Heckman 两阶段模型的内生性检验

（1）年报问询函、内部控制质量与股价崩盘风险。为了缓解迪博内部控制指数可能存在自选择的内生性问题，与前文一致，我们依然采用 Heckman 两阶段模型进行稳健性检验。第一阶段结果如表 5 − 8 第（1）列所示，第二阶段纳入逆米尔斯比率（*IMR*）回归结果如表 7 - 32 所示。首先，第（1）列和第（4）列中年报问询函和内部控制质量的回归系数均显著为负，与前文假设一致。其次，在第（2）列被问询组中，内部控制质量回归系数不显著；而在第（3）列未被问询组中，内部控制质量回归系数显著为负；同时第（4）列年报问询函和内部控制质量交互项回归系数显著为正，进一步验证了两者的替代关系。总之，采用 Heckman 两阶段模型后假设 H7.4b 和假设 H7.6b 依然得到验证。

表 7 - 32　　　　　　　　　　Heckman 的回归结果

变量	（1）*NCSKEW* 全样本	（2）*NCSKEW* 被问询组	（3）*NCSKEW* 未被问询组	（4）*NCSKEW* 交互效应
IC	- 0.025 ***	- 0.015	- 0.038 ***	- 0.034 ***
	（- 4.70）	（- 1.09）	（- 5.61）	（- 5.56）
LCL	- 0.057 **			- 0.200 ***
	（- 2.51）			（- 3.76）
IC × LCL				0.027 ***
				（2.97）
IMR	0.394 ***	0.248	0.435 ***	0.403 ***
	（6.20）	（1.34）	（5.80）	（6.35）
Ldturn	- 0.047 ***	- 0.035	- 0.047 ***	- 0.049 ***
	（- 2.82）	（- 0.40）	（- 2.67）	（- 2.95）
Lret	0.207	- 0.121	0.230	0.224
	（0.84）	（- 0.14）	（0.84）	（0.91）
Lsigma	5.155 ***	3.945	5.203 ***	5.291 ***
	（3.47）	（0.71）	（3.22）	（3.57）
Lsize	0.184 ***	0.169 *	0.190 ***	0.180 ***
	（7.41）	（1.89）	（6.49）	（7.24）
Lmb	0.024 ***	0.010	0.034 ***	0.024 ***
	（7.19）	（1.24）	（8.20）	（7.22）
Llev	- 0.628 ***	- 0.536 *	- 0.674 ***	- 0.616 ***
	（- 6.80）	（- 1.85）	（- 6.22）	（- 6.67）
Lroa	0.087	- 0.334	0.218	0.099
	（0.68）	（- 1.07）	（1.38）	（0.78）
Constant	- 4.756 ***	- 3.605 *	- 4.560 ***	- 4.625 ***
	（- 7.24）	（- 1.75）	（- 6.05）	（- 7.03）
Year	Yes	Yes	Yes	Yes

续表

变量	(1) NCSKEW 全样本	(2) NCSKEW 被问询组	(3) NCSKEW 未被问询组	(4) NCSKEW 交互效应
Industry	Yes	Yes	Yes	Yes
Fixed Effects	Yes	Yes	Yes	Yes
N	17244	2007	15237	17244
Within. R^2	0.048	0.066	0.055	0.049
F	18.18***	1.60***	18.69***	17.96***

注：括号中数据为 $t(z)$ 值；***、**和*分别代表在1%、5%和10%的统计水平上显著。

（2）纪律处分、内部控制质量与股价崩盘风险。为了缓解迪博内部控制指数可能存在自选择的内生性问题，与前文一致，我们采用 Heckman 两阶段模型进行稳健性检验。第一阶段结果如表5-8第（1）列所示，第二阶段纳入逆米尔斯比率（IMR）回归结果如表7-33所示。首先，第（1）和（4）列中纪律处分和内部控制质量的回归系数均显著为负，与前文假设一致。其次，在第（2）列被处分组中，内部控制质量回归系数不显著；而在第（3）列未被处分组中，内部控制质量回归系数显著为负；同时第（4）列纪律处分和内部控制质量交互项回归系数显著为正，进一步验证了两者的替代关系。总之，采用 Heckman 两阶段模型后假设 H7.5b 和假设 H7.7b 依然得到验证。

表7-33 Heckman 的回归结果

变量	(1) NCSKEW 全样本	(2) NCSKEW 被处分组	(3) NCSKEW 未被处分组	(4) NCSKEW 交互效应
IC	-0.029*** (-8.72)	0.001 (0.04)	-0.032*** (-9.13)	-0.031*** (-8.97)
LDisc	-0.072*** (-3.13)			-0.180*** (-3.26)
IC × LDisc				0.020** (2.15)
IMR	0.233*** (7.63)	0.137 (0.51)	0.242*** (7.73)	0.233*** (7.64)
Ldturn	-0.043*** (-3.85)	0.092 (0.54)	-0.045*** (-3.94)	-0.044*** (-3.88)

续表

变量	（1）NCSKEW 全样本	（2）NCSKEW 被处分组	（3）NCSKEW 未被处分组	（4）NCSKEW 交互效应
Lret	0.582***	1.111	0.568***	0.581***
	(3.57)	(0.68)	(3.41)	(3.57)
Lsigma	6.441***	10.988	6.374***	6.454***
	(6.88)	(1.07)	(6.68)	(6.89)
Lsize	0.119***	0.173*	0.122***	0.119***
	(11.78)	(1.93)	(11.74)	(11.76)
Lmb	0.021***	0.010	0.022***	0.021***
	(11.62)	(0.84)	(11.70)	(11.62)
Llev	−0.386***	−0.058	−0.393***	−0.386***
	(−9.11)	(−0.14)	(−9.05)	(−9.10)
Lroa	0.228***	−0.672	0.285***	0.229***
	(3.07)	(−1.21)	(3.69)	(3.08)
Constant	−2.894***	−3.554	−2.948***	−2.877***
	(−12.44)	(−1.54)	(−12.37)	(−12.36)
Year	Yes	Yes	Yes	Yes
Industry	Yes	Yes	Yes	Yes
Fixed Effects	Yes	Yes	Yes	Yes
N	39263	1027	38236	39263
Within. R^2	0.058	0.220	0.060	0.059
F	39.38***	1.32***	39.74***	38.78***

注：括号中数据为 $t(z)$ 值；***、**分别代表在1%、5%的统计水平上显著。

7.3.4.6　基于工具变量法的内生性检验

（1）年报问询函、内部控制质量与股价崩盘风险。与前文一致，我们采用同年度同行业同地区上市公司内部控制指数均值作为工具变量处理互为因果的内生性问题。基于工具变量的回归结果如表7-34所示。首先，第（1）列和第（4）列中年报问询函和内部控制质量拟合值的回归系数均显著为负，与前文假设一致。其次，在第（2）列被问询组中，内部控制质量拟合值回归系数不显著；而在第（3）列未被问询组中，内部控制质量拟合值回归系数显著为负；同时第（4）列年报问询函和内部控制质量拟合值交互项回归系数显著为正，进一步验证了两者的替代关系。总之，工具变量回归结果依然验证了假设H7.4b和假设H7.6b。

表 7 - 34   工具变量的回归结果

变量	(1) *NCSKEW* 全样本	(2) *NCSKEW* 被问询组	(3) *NCSKEW* 未被问询组	(4) *NCSKEW* 交互效应
IC_hat	- 0. 021 **	- 0. 011	- 0. 035 **	- 0. 027 **
	(- 2. 10)	(- 0. 54)	(- 2. 54)	(- 2. 09)
LCL	- 0. 062 ***			- 0. 155 **
	(- 2. 65)			(- 2. 19)
IC_hat × LCL				0. 018 *
				(1. 73)
Ldturn	- 0. 025 *	0. 040	- 0. 025 *	- 0. 026 *
	(- 1. 73)	(0. 49)	(- 1. 66)	(- 1. 80)
Lret	- 0. 028 ***	- 0. 026	0. 378 *	- 0. 028 ***
	(- 3. 06)	(- 1. 54)	(1. 90)	(- 3. 09)
Lsigma	3. 143 ***	2. 976 **	5. 749 ***	3. 169 ***
	(7. 74)	(2. 00)	(4. 35)	(7. 81)
Lsize	0. 086 ***	0. 033	0. 084 ***	0. 084 ***
	(4. 01)	(0. 43)	(3. 31)	(3. 93)
Lmb	- 0. 0001	- 0. 0001	- 0. 00001	- 0. 0001
	(- 0. 87)	(- 0. 11)	(- 0. 04)	(- 0. 94)
Llev	0. 002	- 0. 003	- 0. 010	0. 003
	(0. 36)	(- 0. 31)	(- 0. 28)	(0. 37)
Lroa	0. 004	- 0. 061	0. 184	0. 003
	(0. 05)	(- 0. 47)	(1. 43)	(0. 04)
Constant	- 2. 329 ***	- 1. 269	- 3. 134 ***	- 2. 253 ***
	(- 4. 08)	(- 0. 71)	(- 2. 87)	(- 3. 93)
Year	Yes	Yes	Yes	Yes
Industry	Yes	Yes	Yes	Yes
Fixed Effects	Yes	Yes	Yes	Yes
N	17612	2066	15546	17612
Within. R^2	0. 043	0. 062	0. 047	0. 043
Wald	3118. 46 ***	286. 70 ***	2861. 39 ***	3120. 05 ***

注: 括号中数据为 $t(z)$ 值; ***、** 和 * 分别代表在 1%、5% 和 10% 的统计水平上显著。

（2）纪律处分、内部控制质量与股价崩盘风险。与前文一致，我们采用同年度同行业同地区上市公司内部控制指数均值作为工具变量处理互为因果的内生性问题。基于工具变量的回归结果如表 7 - 35 所示。首先，第（1）列和第（4）列中纪律处分和内部控制质量拟合值的回归系数均显著为负，与前文假设一致。其次，在第（2）列被处分组中，内部控制质量拟合值回归系数不显著；而在第（3）列未被处分组中，内部控制质量拟合值回归系数显著为负；同时第（4）列纪律处分和内部控制质量拟合值交互项回归系数显著为正，进一步验证了两者的替代关系。总之，工具变量回归结果依然验证了假设 H7.5b 和假设 H7.7b。

表 7 - 35　　　　　　　　　　　工具变量的回归结果

变量	（1）NCSKEW 全样本	（2）NCSKEW 被处分组	（3）NCSKEW 未被处分组	（4）NCSKEW 交互效应
IC_hat	- 0. 037 ***	0. 076	- 0. 041 ***	- 0. 039 ***
	（- 3. 26）	（1. 07）	（- 3. 44）	（- 3. 20）
LDisc	- 0. 070 ***			- 0. 179 **
	（- 2. 99）			（- 2. 40）
IC_hat × LDisc				0. 021 *
				（1. 72）
Ldturn	- 0. 034 ***	0. 022	- 0. 034 ***	- 0. 034 ***
	（- 3. 03）	（0. 12）	（- 3. 05）	（- 3. 08）
Lret	0. 628 ***	1. 248	0. 617 ***	0. 628 ***
	（3. 91）	（0. 72）	（3. 76）	（3. 91）
Lsigma	6. 476 ***	12. 824	6. 402 ***	6. 493 ***
	（6. 97）	（1. 18）	（6. 77）	（6. 99）
Lsize	0. 067 ***	0. 090	0. 069 ***	0. 067 ***
	（8. 29）	（1. 21）	（8. 30）	（8. 29）
Lmb	0. 018 ***	0. 002	0. 019 ***	0. 018 ***
	（10. 50）	（0. 19）	（10. 59）	（10. 50）
Llev	- 0. 235 ***	0. 121	- 0. 237 ***	- 0. 235 ***
	（- 6. 22）	（0. 30）	（- 6. 12）	（- 6. 21）
Lroa	0. 117	- 1. 060 *	0. 179 **	0. 117
	（1. 48）	（- 1. 84）	（2. 16）	（1. 47）
Constant	- 1. 691 ***	- 2. 383	- 1. 711 ***	- 1. 674 ***
	（- 9. 56）	（- 1. 21）	（- 9. 38）	（- 9. 39）
Year	Yes	Yes	Yes	Yes
Industry	Yes	Yes	Yes	Yes
Fixed Effects	Yes	Yes	Yes	Yes
N	39991	1057	38934	39991
Within. R^2	0. 056	0. 161	0. 057	0. 056
Wald	8902. 50 ***	200. 10 ***	8735. 64 ***	8903. 80 ***

注：括号中数据为 $t(z)$ 值；*** 、** 和 * 分别代表在 1% 、5% 和 10% 的统计水平上显著。

7.3.5　研究结论

作为重要的自律监管主体，证券交易所监管能否像内部控制一样发挥监督管理层进而促进股价稳定的作用，以及两者在发挥作用时相互关系如何。本节从年报问询函和纪律处分两个方面详细研究了证券交易所监管效果。具体来说，首先，在理论分析的基础上提出了两类假设：一是交易所对上市公司进行年报问询或纪律处分有助于减少股价泡沫、降低股价崩盘风险、提高股价信息含量，进而促使股价稳定；二是内部控制质量和交易所年报问询或纪律处分在促进股价稳定中可能存在替代关系。其次，通过选取中国上市公司数据以及合适的研究变量，构建实证模型进行回归分析。针对假设 H7.4 的实证结果表明，交易所的年报问询函监管显著降低了股价泡沫和股价崩盘风险，但提升股价信息含量的作用不稳健；针对假设 H7.5 的实证结果表明，交易所的纪律处分显著降低了股价崩盘风险，但降低股价泡沫的作用不稳健，对股价信息含量没有显著影响。可见，交易所的问询函监管和纪律处分在一定程度促进了股价稳定，具有监管效果。针对假设 H7.6 的实证结果表明，年报问询函监管和内部控制质量在降低股价泡沫和股价崩盘风险中均存在显著的替代关系，而在提升股价信息含量中不存在相互关系；针对假设 H7.7 的实证结果表明，纪律处分和内部控制质量在降低股价崩盘风险和股价泡沫中均存在显著的替代关系，而在提升股价信息含量中的替代作用并不稳健。可见，证券交易所监管和内部控制质量在促进股价稳定中更多地表现为替代关系，即当内部控制发挥有效作用时，管理层信息操纵程度较低，透明的信息披露减少了交易所不必要的监管措施，进而促进股价稳定。

本节的研究不仅丰富了交易所监管经济后果和股价稳定影响因素的文献，而且揭示了交易所监管和内部控制这两种内外部治理机制在影响股价稳定中的相互作用。根据研究结论，交易所在履行监管职责的同时，要充分关注企业内部控制质量，及时调整监管措施。当企业内部控制出现问题时，交易所需加大监管力度来弥补内部治理机制的不足，提高企业信息披露质量，从而保护投资者利益。

7.4　证监会处罚、内部控制质量与股价稳定

作为国务院直属机构，中国证券监督管理委员会（以下简称证监会）是我国证券市场最具权威的监管者，拥有最为广泛的证券监督管理权力。证监会成立于 1992 年，成立之初只是国务院证券委员会的监管执行机构。1998 年，国务院撤销了证券委员会，并将其职能全部划入证监会；同时，沪深交易所及各地方证券监管部门也均被划归证监会管理。1999 年实施的《中华人民共和国证券法》又在法律层面确立了证监会的监管地位。至此，证监会正式成为我国政府对证券市场全方位统一监管的最高主管机构。证监会依据《中华人民共和国证券法》《中华人民共和国公司法》等法律行使监管权，并制定相关的监管规章和规范性文件，比如《上市公司信息披露管理办法》《上市公司证券发行管理办法》《证券交易所管理办法》《上市公司监管指引》《公开发行证券的公司信息披露编报规则》《公开发行证券的公司信息披露内容与格式准则》等。

当前，我国对上市公司信息披露进行直接监管的主要机构是证监会和沪深交易所。交易所虽处一线监管地位，但受证监会的监督和管理，权力有限，因而证监会拥有更为广泛的监管权。根据相关法规，证监会在信息披露监管方面拥有以下权限：对上市公司定期报告、临时报告等披露情况进行监督；对上市公司信息披露事务管理活动及信息披露义务人的行为进行监督；制定公开发行证券的公司信息披露编报规则以及信息披露内容与格式准则等；指导和监督其派出机构及交易所监管上市公司信息披露行为等。当发现上市公司存在信息披露违规行为时，证监会还拥有处理权限，比如，对上市公司或者其他信息披露义务人进行现场调查，采取行政监管措施或进行行政处罚（包括责令改正、警告、罚款或者市场禁入等）。

证监会作为我国证券市场最重要的监管者，不仅有信息披露规范制定权，还有行政处罚权，因而其监管对上市公司潜在的信息披露违规行为具有防范、威慑作用，对已发生的信息披露违规行为具有惩戒、教育、以防

再犯的作用。可见，证监会的监管处罚应当能够缓解证券市场的信息不对称、改善信息透明度。那么，证监会监管处罚在促进股价稳定中是否发挥积极作用，效果如何还需深入研究。此外，证监会监管处罚与企业内部控制这两种内外治理机制又存在着怎样的相互关系也值得进一步探讨。为研究上述问题，我们首先从理论上分析了证监会监管处罚影响股价稳定的作用机制以及其与内部控制间的相互关系，进而选取 A 股上市公司数据进行实证检验。

7.4.1 研究回顾与理论假设

7.4.1.1 研究回顾

证监会的监管行为，特别是对违规行为的处罚具有很强的威慑作用。一些学者根据威慑理论展开相关研究发现，证监会处罚会产生直接威慑效应和间接威慑效应。证监会处罚的直接威慑效应体现在它能够使受罚公司及时纠正违规行为并作出相应改进措施。

首先，证监会处罚会给受罚公司带来一系列负面影响。绝大多数上市公司受罚后，短期内出现股价下跌、累积超额报酬率显著下降的不良市场反应（Dechow et al.，1996；陈工孟和高宁，2005；杨忠莲和谢香兵，2008；Armour et al.，2017）。一些上市公司受罚后，银行债务融资规模和商业信用额度显著减少，债务融资成本也更高（陈运森和王汝花，2014；刘星和陈西婵，2018；窦炜等，2018）。还有一些上市公司受罚后，被审计师收取了更高的审计费用，且被出具非标审计意见的概率也更高（朱春艳和伍利娜，2009；黄灿和王妙媛，2022）。此外，大客户还会对受罚公司实施声誉制裁，通过减少产品需求来降低受罚公司的经营业绩（Johnson et al.，2014；辛清泉等，2019）。

其次，证监会处罚会使受罚公司采取有效措施纠正违规行为以防再犯。法伯（Farber，2005）研究了 87 家因财务舞弊而被美国证券交易委员会处罚的公司，发现受罚后，这些公司改善了治理机制，赢得了投资者的关注并获得了较好的股价表现。马奇可泰特等（Marciukaityte et al.，2006）研究了 133 家被处罚的美国上市公司，发现受罚后这些公司提高了审计委员会中独立董事比例，优化了内部控制体系，进而修复了公司在金融和产品市场中的声誉。陈工孟等（Chen et al.，2005）基于中国证监会处罚的 169 个样本研究发现，受罚后公司变更了 CEO 和审计师以降低财务错报风险。针对中国证监会的处罚公告，学者们还研究发现，上市公司被处罚后降低了管理层持股比例、减少了高管薪酬、约束了管理层机会主义行为，从而缓解了代理冲突、提高了盈余质量（刘明辉和韩小芳，2009；王海燕和陈华，2011；沈红波等，2014）。但也有上市公司针对处罚采取的措施并不恰当反而带来不良后果。比如，一些公司在受罚后期望通过投资新的项目来转移投资者注意力并修复负面形象，但这样的投资通常较为激进且效率偏低，反而损害了投资者利益（顾小龙等。2017）。还有一些学者研究发现，证监会处罚并没有产生直接威慑效应。比如，有些受罚企业并没有降低再违规概率，甚至通过构建更隐蔽的真实盈余管理来规避处罚（宋云玲等，2011；高利芳和盛明泉，2012）。此外，郝旭光等（2012）通过问卷调查还发现，市场参与者对我国证券监管效果评价较低，总体上没有达到及格水平。

证监会处罚的间接威慑效应体现在它能够使未违规企业观察违规企业受罚而约束自身行为，达到"惩一儆百"的作用。姚咏仪等（Yiu et al.，2014）研究了中国 302 起证券违规处罚案件，发现违规处罚存在行业层面的间接威慑作用，即当未违规公司观察到同行业某公司被处罚时会放弃相关的违规行为。达昆托等（D'Acunto et al.，2019）研究了中国 254 起证券违规处罚案件，发现违规处罚对国有企业的间接威慑作用更有效，具体来说，未被处罚的国有企业观察到某公司因违规担保而被处罚时会减少相关行为并完善治理机制。薛健等（2017）研究了证监会查处高管违规腐败案件，发现对个别上市公司高管的违规处罚能够间接威慑同地区或同行业其他上市公司高管腐败行为。陆蓉和常维（2018）也有类似发现，管理层会通过观察同区域违规公司所受到的惩罚和股价变动幅度来决定是否进行违规操纵，因此，加大处罚力度不仅是威慑违规主体，更重要的是实现以儆效尤的目的。马壮等（2019）也发现，处罚力度直接影响了潜在企业对违规风险和成本的考量，能够阻断企业违规传染，并且处罚力度越大，传递的威慑信号越强。此外，证监会处罚还会对注册会计师产生间接威慑。杨金凤等（2018）研究了证监会查处的注册会计师违规案件，发现对注册会计师的处罚对同组或同所的其他注册会计师有间接威慑作用。还有一些学者研究发现，证监会处罚的间接威慑也可能失效。比如，褚剑和方军雄（2021）研究发现，证监会处罚违规公司后，其高管联结的未违规公司不但没有减少财务错报，甚至可能会增加。

少数学者还研究了证监会处罚和股价波动的关系。顾小龙等（2016）研究发现，对上市公司违规的处罚有助于降低市场噪声、增强公司特质信息，从而降低股价同步性。汶海等（2020）研究发现，证监会对会计师事务所的随机抽查制度有助于提高审计质量，增强审计客户的信息透明度，从而降低客户企业股价崩盘风险。

还有一些学者探讨了证监会监管与内部控制的关系。首先，存在内部控制缺陷的上市公司发生违规的概率较高，因而容易受到证监会处罚（单华军，2010）。而高质量的内部控制能够约束管理层舞弊行为，降低了被证监会处罚的概率（周继军和张旺峰，2011）。其次，证监会处罚可以改善基于报告和合规目标的内部控制有效性（张子余和李常安，2015）。此外，证监会的随机抽查制度有助于发现上市公司内部控制缺陷，及时督促整改，有效降低其违规概率（滕飞等，2022）。

纵观上述文献，多数学者认为证监会处罚能够产生良好的监管效果。但监管处罚能否促进股价稳定，以及其与内部控制在稳定股价中会产生怎样的作用，现有文献较少涉及，有必要作进一步研究。

7.4.1.2　理论假设

违规行为产生的原因在于违规收益高于违规成本。与交易所自律监管不同，证监会处罚属于行政处罚，给违规企业带来的违规成本更高。证监会处罚不仅给违规公司带来法律诉讼、高额罚款等显性成本，还会造成管理层声誉毁损、公司形象恶化、投资者信心丧失等隐性成本。此外，随着《证券法》等相关法律法规的不断完善，证监会的处罚力度也不断加大，使得违规成本持续上升。当违规成本显著高于违规收益时，管理层违规动机减弱，上市公司违规行为随之减少。可见，证监会处罚能够促使受罚公司纠正违规行为，避免再犯。受罚公司及其管理层为修复声誉并赢得投资者信赖会主动减少信息操纵行为，增强内部监督，提高信息披露质量。综上所述，证监会处罚提高了违规成本，有效约束了管理层信息操纵行为，降低了信息不对称程度，从而有助于股价稳定。因此，我们提出以下假设。

H7.8：限定其他条件，证监会处罚有助于促使股价稳定。

H7.8a：限定其他条件，证监会处罚有助于减少股价泡沫。

H7.8b：限定其他条件，证监会处罚有助于降低股价崩盘风险。

H7.8c：限定其他条件，证监会处罚有助于提高股价信息含量。

根据前文分析可知，内部控制和证监会处罚均有助于降低信息不对称，进而促进股价稳定。那么，这两种内外治理机制之间存在怎样的相互作用呢？内部控制是企业内部极其重要的监督治理机制，可以从事前防范和事后纠正两个层面抑制违规行为。首先，内部控制通过行为约束机制和内部惩罚机制防范舞弊操纵行为，降低违规发生的概率；其次，内部控制通过信息传递与反馈机制及时发现并纠正已存在的舞弊操纵行为，降低违规再犯的可能性。因此，提高内部控制质量能够合理保证企业遵循相关法律法规，从而降低被证监会处罚的概率。相反，若内部控制质量较低，也就意味着内部监督治理作用失效，管理层舞弊操纵行为得不到有效抑制，信息不对称程度随之增加。此时，证监会有必要实施行政处罚手段替代内部控制的不足，向资本市场揭示企业违规行为，避免投资者基于不真实信息作出错误决策，提高资本市场信息效率。综上所述，内部控制与证监会处罚存在替代关系，即当内部控制质量较高时，管理层的信息操纵行为将被有效遏制，从而降低被证监会处罚的概率；但若内部控制质量较差，证监会必将对信息披露违规行为作出处罚，确保投资者基于透明的信息进行理性决策。因此，我们提出以下假设。

H7.9：内部控制质量与证监会处罚在促进股价稳定中存在替代关系，即当没有被处罚时，高质量的内部控制更有助于促进股价稳定。

H7.9a：当没有被处罚时，高质量的内部控制更有助于减少股价泡沫。

H7.9b：当没有被处罚时，高质量的内部控制更有助于降低股价崩盘风险。

H7.9c：当没有被处罚时，高质量的内部控制更有助于提高股价信息含量。

7.4.2 研究设计

7.4.2.1 样本选择与数据处理

与前文的时间跨度一致，本节选取 2000～2021 年被中国证监会及其派出机构处罚的 A 股上市公司为监管处罚样本，数据来源于国泰安的资本市场监管数据库。其他数据的选取以及处理与前文一致，不再赘述。

7.4.2.2 变量的选择与度量

股价稳定（SPS）中股价泡沫（Bubble）、股价崩盘风险（NCSKEW、DUVOL）、股价信息含量（c）的衡量方法与前文一致，不再赘述。

内部控制质量（IC）依然采用迪博内部控制指数加 1 后取自然对数衡量。

关于证监会处罚（Puni）的度量，参考顾小龙等（2016）、刘星和陈西婵（2018）的做法，采用虚拟变量衡量，即当上市公司被证监会处罚时赋值为 1，否则为 0。此外，我们以证监会作出处罚决定的日期为标准确定处罚时间；与交易所监管一致，我们也对证监会处罚作滞后一期处理。

控制变量的选择与前文一致，不再赘述。

7.4.2.3 模型设定

本节采用模型（7-7）检验假设 H7.8，即证监会处罚是否影响股价稳定。

$$SPS_{i,t} = \alpha_0 + \alpha_1 IC_{i,t} + \alpha_2 Puni_{i,t-1} + \sum Con_{i,t} + \sum Year_{i,t} + \sum Ind_{i,t} + \varepsilon_{i,t}$$

$$(7-7)$$

其中，$SPS_{i,t}$ 是公司 i 第 t 年股价稳定变量，分别用股价泡沫（Bubble）、股价崩盘风险（NCSKEW、DUVOL）以及股价信息含量（c）来衡量；$IC_{i,t}$ 是内部控制质量；$Puni_{i,t}$ 是证监会处罚变量；$Con_{i,t}$ 为控制变量；

Year 和 *Ind* 分别表示年度和行业的虚拟变量。

　　本节同时采用分组和交互项两种方法检验假设 H7.9。首先，构建模型（7-8）以证监会处罚（*Puni*）进行分组检验。如果 *Puni* 等于 1 的组，也即被处罚的组，内部控制质量促进股价稳定的作用不如没有被处罚的组，则两者间存在替代关系，假设 H7.9 成立。

$$SPS_{i,t} = \beta_0 + \beta_1 IC_{i,t} + \sum Con_{i,t} + \sum Year_{i,t} + \sum Ind_{i,t} + \varepsilon_{i,t}$$

$$(7-8)$$

　　其次，构建模型（7-9）采用交互项（*IC* × *Puni*）来检验。如果 γ_1 和 γ_2 方向相同，且交叉项系数 γ_3 也同向时，表明证监会处罚的边际效应随着内部控制质量的增加而增加，即两者是互补关系；若此时 γ_3 方向相反，则表明证监会处罚的边际效应随着内部控制质量的增加而递减，即两者是替代关系。

$$SPS_{i,t} = \gamma_0 + \gamma_1 IC_{i,t} + \gamma_2 Puni_{i,t-1} + \gamma_3 IC_{i,t} \times Puni_{i,t-1} +$$
$$\sum Con_{i,t} + \sum Year_{i,t} + \sum Ind_{i,t} + \varepsilon_{i,t} \qquad (7-9)$$

7.4.3　实证结果及分析

7.4.3.1　描述性统计分析

　　表 7-36 列示了根据证监会处罚分组的各变量均值统计结果。样本量的差异源于第 4 章至第 6 章各变量数据处理的不同，相同的控制变量选择样本量大的结果呈列。从表 7-36 中可以看出，被证监会处罚的上市公司数量明显小于没有被处罚的上市公司数量，占总体比重约 1%。从考察股价稳定的各个指标来看，被处罚的上市公司股价泡沫（*Bubble*）均值为 0.660，高于没有被处罚上市公司的 0.531。被处罚上市公司股价崩盘风险也偏高，负收益偏态系数（*NCSKEW*）和收益上下波动比率（*DUVOL*）的均值均略高于没有被处罚的上市公司，但差异并不显著。被处罚上市公司股价信息含量（*c*）均值为 -0.053，显著低于没有被处罚上市公司的 -0.036。可见，被处罚的上市公司股价泡沫、股价崩盘风险较高，而股价信息含量较低。从内部控制质量来看，被处罚上市公司内部控制质量

（*IC*）均值为4.653，显著低于没有被处罚上市公司的6.246。因此，从均值统计结果来看，证监会处罚的治理效果并不理想，但还需要作进一步的实证分析。

表7-36   基于证监会处罚分组的描述性统计

变量	*LPuni* = 0		*LPuni* = 1		差异检验
	样本量	均值	样本量	均值	
Bubble	29905	0.531	224	0.660	− 0.128 ***
NCSKEW	39678	− 0.281	313	− 0.254	− 0.026
DUVOL	39678	− 0.182	313	− 0.177	− 0.005
c	39427	− 0.036	309	− 0.053	0.017 ***
IC	39678	6.246	313	4.653	1.594 ***
size	39678	22.04	313	21.50	0.533 ***
lev	39678	0.462	313	0.525	− 0.064 ***
bsize	29905	2.281	224	2.283	− 0.001
indrct	29905	0.351	224	0.345	0.006
*top*1	39427	0.353	309	0.293	0.061 ***
mb	39427	4.301	309	7.968	− 3.667 ***
yrtr	39427	4.368	309	4.175	0.193
age	39427	2.114	309	2.413	− 0.300 ***
dturn	39671	− 3.241	313	− 5.799	2.559
ret	39678	− 0.0012	313	− 0.0014	0.0002 ***
sigma	39678	0.045	313	0.050	− 0.006 ***
roa	39678	0.034	313	− 0.007	0.041 ***
roe	39427	0.052	309	− 0.026	0.078 ***

注：***表示在1%的统计水平上显著。

7.4.3.2 主要变量的相关性分析

表7-37列示了主要变量间的相关系数。其中股价泡沫、股价崩盘风险、股价信息含量和内部控制质量的相互关系与前文一致，不再赘述。股价泡沫（*Bubble*）与证监会处罚（*LPuni*）显著正相关，表明被证监会处罚的上市公司股价泡沫较高。股价崩盘风险两个指标（*NCSKEW*、*DUVOL*）与证监会处罚（*LPuni*）均正相关，但并不显著，意味着被证监会处罚的上市公司股价崩盘风险偏高。股价信息含量（*c*）与证监会处罚（*LPuni*）

显著负相关，表明被证监会处罚的上市公司股价信息含量较低。内部控制质量（IC）与证监会处罚（LPuni）显著负相关，表明被证监会处罚的上市公司内部控制质量较低。因此，从相关性角度来看，证监会处罚在促进股价稳定以及提高内部控制质量方面的效果并不明显，还需要控制其他因素进行分析。

表 7 - 37　　　　　　　　　　主要变量的相关系数矩阵

变量	Bubble	NCSKEW	DUVOL	c	IC	LPuni
Bubble	1	0.037 ***	0.038 ***	− 0.094 ***	− 0.327 ***	0.025 ***
NCSKEW	0.031 ***	1	0.892 ***	− 0.030 ***	− 0.038 ***	0.003
DUVOL	0.040 ***	0.877 ***	1	− 0.028 ***	− 0.043 ***	0.001
c	− 0.068 ***	− 0.032 ***	− 0.032 ***	1	0.107 ***	− 0.014 **
IC	− 0.075 ***	− 0.069 ***	− 0.074 ***	0.090 ***	1	− 0.069 ***
LPuni	0.016 ***	0.004	0.003	− 0.010 *	− 0.075 ***	1

注：***、**和*分别代表在1%、5%和10%的统计水平上显著。

7.4.3.3 回归分析

（1）证监会处罚、内部控制质量与股价泡沫。表7-38列示了证监会处罚、内部控制质量与股价泡沫采用面板数据固定效应的回归结果。其中，第（1）列为模型（7-7）采用全样本回归结果，第（2）列为模型（7-8）采用被处罚组（LPuni =1）回归结果，第（3）列为模型（7-8）采用未被处罚组（LPuni =0）回归结果，第（4）列为模型（7-9）进行交互效应回归结果。从第（1）列可以看出，滞后一期的证监会处罚（LPuni）与股价泡沫（Bubble）的回归系数为 − 0.053，且在 10% 水平上显著，表明证监会处罚可以显著降低股价泡沫，假设 H7.8a 得到证实。从第（1）列还可以看出，内部控制质量的回归系数显著为负，表明高质量的内部控制有助于降低股价泡沫，与前文一致。

从表7-38的第（2）列可以看出，在被处罚组中内部控制质量回归系数并不显著，即被处罚的上市公司，其内部控制质量与股价泡沫之间不存在显著关系。而第（3）列表明，在未被处罚组中内部控制质量的回归系数在1%水平上显著为负，即被证监会处罚的上市公司，其内部控制质量的提高可以显著降低股价泡沫。可见，分组检验表明，证监会处罚与内部控制质量在降低股价泡沫中存在替代关系，即假设 H7.9a 成立。

从表 7-38 的第（4）列可以看出，内部控制质量依然可以显著降低股价泡沫；证监会处罚回归系数在 1% 水平上显著为负，进一步验证假设 H7.8a。此外，证监会处罚与内部控制质量的交互项在 1% 水平上显著为正，即表明两者在降低股价泡沫中存在替代关系，因此，交互效应检验与分组检验一致，进一步验证假设 H7.9a。

表 7-38　　　　证监会处罚、内部控制质量与股价泡沫的回归结果

变量	（1）*Bubble* 全样本	（2）*Bubble* 被处罚组	（3）*Bubble* 未被处罚组	（4）*Bubble* 交互效应
IC	-0.006*** (-2.77)	-0.015 (-0.15)	-0.008*** (-3.26)	-0.008*** (-3.26)
LPuni	-0.053* (-1.95)			-0.289*** (-4.01)
IC × LPuni				0.043*** (3.54)
size	-0.192*** (-36.84)	0.106 (0.14)	-0.192*** (-36.64)	-0.193*** (-36.89)
lev	0.302*** (14.78)	2.114 (1.00)	0.302*** (14.70)	0.303*** (14.83)
bsize	0.031** (2.41)	-1.460 (-0.62)	0.032** (2.49)	0.031** (2.43)
indrct	-0.167*** (-4.16)	3.081 (0.98)	-0.168*** (-4.17)	-0.167*** (-4.15)
top1	-0.240*** (-7.73)	-3.019 (-0.44)	-0.241*** (-7.71)	-0.239*** (-7.70)
mb	-0.024*** (-10.96)	0.131 (0.47)	-0.024*** (-10.54)	-0.024*** (-10.85)
yrtr	-0.004*** (-3.75)	-0.049 (-0.60)	-0.003*** (-3.69)	-0.004*** (-3.79)
age	0.080*** (6.57)	-2.733 (-0.53)	0.079*** (6.46)	0.080*** (6.54)
Constant	4.832*** (40.10)	2.704 (0.18)	4.840*** (39.86)	4.846*** (40.20)
Year	Yes	Yes	Yes	Yes

续表

变量	（1）*Bubble* 全样本	（2）*Bubble* 被处罚组	（3）*Bubble* 未被处罚组	（4）*Bubble* 交互效应
Industry	Yes	Yes	Yes	Yes
Fixed Effects	Yes	Yes	Yes	Yes
N	30129	224	29905	30129
Within. R^2	0. 201	0. 821	0. 202	0. 202
F	128. 51 ***	0. 55	130. 42 ***	126. 42 ***

注：括号中数据为 $t(z)$ 值；*** 、** 和 * 分别代表在 1%、5% 和 10% 的统计水平上显著。

总之，在加入证监会处罚后内部控制质量降低股价泡沫的作用依然显著；证监会处罚也可以显著降低股价泡沫，与内部控制发挥了相同的作用。证监会处罚与内部控制在降低股价泡沫中存在替代关系，该结论无论在分组检验还是交互效应检验中均成立。

（2）证监会处罚、内部控制质量与股价崩盘风险。由于前文选择负收益偏态系数（*NCSKEW*）和收益上下波动比率（*DUVOL*）两个指标衡量股价崩盘风险，因此，下文也从这两个方面进行回归分析。

表 7 – 39 列示了证监会处罚、内部控制质量与负收益偏态系数采用面板数据固定效应的回归结果。其中，第（1）列为模型（7 – 7）采用全样本回归结果，第（2）列为模型（7 – 8）采用被处罚组（*LPuni* = 1）回归结果，第（3）列为模型（7 – 8）采用未被处罚组（*LPuni* = 0）回归结果，第（4）列为模型（7 – 9）进行交互效应回归结果。从第（1）列可以看出，证监会处罚的回归系数虽为负值，但并不显著，因此，假设 H7.8b 没有得到证实；内部控制质量的回归系数依然在 1% 水平上显著为负，与前文一致。

从表 7 – 39 的第（2）列可以看出，在被处罚组内部控制质量回归系数虽为负，但不显著，即被处罚的上市公司，其内部控制质量与负收益偏态系数之间不存在显著关系。而第（3）列表明，未被处罚组内部控制质量回归系数为 – 0. 033，且在 1% 水平上显著，即未被处罚的上市公司，其内部控制质量的提高可以显著降低负收益偏态系数。可见，分组检验表明，证监会处罚与内部控制质量在降低负收益偏态系数中存在替代关系。

从表7-39的第（4）列可以看出，证监会处罚回归系数依然不显著，同时，其与内部控制质量的交互项也不显著，因此，交互效应检验并不支持两者在降低负收益偏态系数中存在替代关系的研究假设。

表7-39　　证监会处罚、内部控制质量与负收益偏态系数的回归结果

变量	(1) NCSKEW 全样本	(2) NCSKEW 被处罚组	(3) NCSKEW 未被处罚组	(4) NCSKEW 交互效应
IC	-0.032 ***	-0.034	-0.033 ***	-0.033 ***
	(-9.92)	(-0.55)	(-9.96)	(-9.86)
LPuni	-0.053			-0.089
	(-1.31)			(-1.11)
IC × LPuni				0.008
				(0.52)
Ldturn	-0.034 ***	-0.323	-0.033 ***	-0.034 ***
	(-3.10)	(-0.50)	(-2.95)	(-3.12)
Lret	0.629 ***	2.602	0.641 ***	0.629 ***
	(3.92)	(0.49)	(3.95)	(3.92)
Lsigma	6.470 ***	30.864	6.484 ***	6.469 ***
	(7.00)	(0.97)	(6.93)	(6.99)
Lsize	0.066 ***	0.333	0.068 ***	0.066 ***
	(8.61)	(0.40)	(8.82)	(8.60)
Lmb	0.018 ***	0.036	0.019 ***	0.018 ***
	(10.63)	(0.44)	(10.87)	(10.63)
Llev	-0.234 ***	-0.088	-0.239 ***	-0.234 ***
	(-6.23)	(-0.05)	(-6.31)	(-6.23)
Lroa	0.116	3.139 **	0.121 *	0.116
	(1.62)	(2.23)	(1.67)	(1.62)
Constant	-1.698 ***	-8.171	-1.734 ***	-1.695 ***
	(-9.71)	(-0.47)	(-9.84)	(-9.68)
Year	Yes	Yes	Yes	Yes
Industry	Yes	Yes	Yes	Yes
Fixed Effects	Yes	Yes	Yes	Yes
N	39991	313	39678	39991
Within. R^2	0.056	0.690	0.057	0.056
F	39.24 ***	1.23	40.09 ***	38.54 ***

注：括号中数据为 $t(z)$ 值；***、** 和 * 分别代表在1%、5%和10%的统计水平上显著。

　　总之，在加入证监会处罚后内部控制质量降低负收益偏态系数的作用依然显著；但证监会处罚对负收益偏态系数并没有显著影响，其与内部控制质量在降低负收益偏态系数中也不存在稳健的替代关系。

　　表 7 - 40 列示了证监会处罚、内部控制质量与收益上下波动比率采用面板数据固定效应的回归结果，第（1）~（4）列的做法与表 7 - 39 相同。从第（1）列可以看出，滞后一期的证监会处罚（$LPuni$）与收益上下波动比率（$DUVOL$）的回归系数为 - 0.05，且在 10% 水平上显著，表明证监会处罚可以显著降低以收益上下波动比率衡量的股价崩盘风险。内部控制质量的回归系数依然在 1% 水平上显著为负，与前文一致。

　　从表 7 - 40 的第（2）和第（3）列可以看出，内部控制质量回归系数在被处罚组中不显著，而在未被处罚组中显著为负。可见，分组检验表明，证监会处罚与内部控制质量在降低收益上下波动比率中存在替代关系。

　　从表 7 - 40 的第（4）列可以看出，证监会处罚回归系数不显著，同时，其与内部控制质量的交互项也不显著，因此，交互效应检验并不支持两者在降低收益上下波动比率中存在替代关系的研究假设。

表 7 - 40　　　　证监会处罚、内部控制质量与收益上下波动比率的回归结果

变量	（1）$DUVOL$ 全样本	（2）$DUVOL$ 被处罚组	（3）$DUVOL$ 未被处罚组	（4）$DUVOL$ 交互效应
IC	- 0.021 *** (- 9.67)	- 0.027 (- 0.70)	- 0.021 *** (- 9.66)	- 0.021 *** (- 9.49)
$LPuni$	- 0.050 * (- 1.85)			- 0.041 (- 0.76)
$IC \times LPuni$				- 0.002 (- 0.21)
$Ldturn$	- 0.024 *** (- 3.24)	- 0.064 (- 0.16)	- 0.023 *** (- 3.10)	- 0.024 *** (- 3.23)
$Lret$	0.406 *** (3.81)	- 0.023 (- 0.01)	0.406 *** (3.76)	0.407 *** (3.82)
$Lsigma$	3.866 *** (6.29)	10.145 (0.52)	3.840 *** (6.18)	3.866 *** (6.29)
$Lsize$	0.036 *** (7.01)	0.494 (0.96)	0.037 *** (7.19)	0.036 *** (7.02)

续表

变量	(1) DUVOL 全样本	(2) DUVOL 被处罚组	(3) DUVOL 未被处罚组	(4) DUVOL 交互效应
Lmb	0.012 ***	0.052	0.012 ***	0.012 ***
	(10.21)	(1.03)	(10.24)	(10.21)
Llev	-0.124 ***	-0.202	-0.124 ***	-0.124 ***
	(-4.98)	(-0.17)	(-4.93)	(-4.99)
Lroa	0.059	1.795 *	0.068	0.059
	(1.25)	(2.07)	(1.40)	(1.25)
Constant	-0.964 ***	-11.343	-0.983 ***	-0.965 ***
	(-8.29)	(-1.05)	(-8.40)	(-8.29)
Year	Yes	Yes	Yes	Yes
Industry	Yes	Yes	Yes	Yes
Fixed Effects	Yes	Yes	Yes	Yes
N	39991	313	39678	39991
Within. R^2	0.057	0.740	0.057	0.057
F	39.61 ***	1.57	40.29 ***	38.91 ***

注：括号中数据为 $t(z)$ 值；*** 、** 和 * 分别代表在 1%、5% 和 10% 的统计水平上显著。

总之，在加入证监会处罚后，内部控制质量降低收益上下波动比率的作用依然显著。但证监会处罚对收益上下波动比率的影响并不稳健，其与内部控制质量在降低收益上下波动比率中也不存在稳健的替代关系。

结合表 7-39 和表 7-40 发现，证监会处罚对股价崩盘风险的影响并不稳健，假设 H7.8b 没有得到证实。此外，证监会处罚与内部控制质量在降低股价崩盘风险中不存在稳健的替代关系，假设 H7.9b 也没有得到证实。

（3）证监会处罚、内部控制质量与股价信息含量。

表 7-41 列示了证监会处罚、内部控制质量与股价信息含量采用面板数据固定效应的回归结果。其中第（1）列为模型（7-7）采用全样本回归结果，第（2）列为模型（7-8）采用被处罚组（LPuni =1）回归结果，第（3）列为模型（7-8）采用未被处罚组（LPuni =0）回归结果，第（4）列为模型（7-9）进行交互效应回归结果。从第（1）列可以看出，滞后一期的证监会处罚（LPuni）与股价信息含量（c）的回归系数虽为正，但并不显著，表明证监会处罚对股价信息含量没有显著影响。从第

（1）列还可以看出，内部控制质量的回归系数显著为正，表明高质量的内部控制有助于提升股价信息含量，与前文一致。

从表7-41的第（2）列可以看出，在被处罚组内部控制质量回归系数不显著，即被处罚的上市公司，其内部控制质量与股价信息含量之间不存在显著关系。而第（3）列表明，未被处罚组内部控制质量回归系数在1%水平上显著为正，即未被处罚的上市公司，其内部控制质量的提高可以显著提升股价信息含量。可见，分组检验表明，证监会处罚与内部控制质量在提升股价信息含量中存在替代关系。

从表7-41的第（4）列可以看出，证监会处罚回归系数依然不显著，同时，其与内部控制质量的交互项也不显著，因此，交互效应检验并不支持两者在提升股价信息含量中存在替代关系的研究假设。

表7-41　　证监会处罚、内部控制质量与股价信息含量的回归结果

变量	（1）c 全样本	（2）c 被处罚组	（3）c 未被处罚组	（4）c 交互效应
IC	0.003***	-0.007	0.003***	0.003***
	(6.48)	(-0.56)	(6.29)	(6.38)
$LPuni$	0.005			0.003
	(0.84)			(0.27)
$IC \times LPuni$				0.0003
				(0.14)
$size$	0.011***	-0.251**	0.011***	0.011***
	(10.14)	(-2.34)	(10.18)	(10.14)
lev	-0.024***	0.259	-0.024***	-0.024***
	(-4.53)	(0.90)	(-4.55)	(-4.53)
roe	0.012***	0.004	0.011***	0.012***
	(3.04)	(0.04)	(2.76)	(3.05)
$top1$	0.015**	-0.146	0.015**	0.015**
	(2.21)	(-0.27)	(2.25)	(2.21)
$dturn$	0.023***	-0.006	0.023***	0.023***
	(7.78)	(-0.04)	(7.85)	(7.79)
mb	-0.0004**	-0.007	-0.0005**	-0.0004**
	(-2.24)	(-0.65)	(-2.45)	(-2.23)
age	0.009***	-0.700	0.009***	0.009***
	(3.57)	(-1.56)	(3.59)	(3.57)

续表

变量	(1) c 全样本	(2) c 被处罚组	(3) c 未被处罚组	(4) c 交互效应
yrtr	0.001***	0.003	0.001***	0.001***
	(5.18)	(0.13)	(5.19)	(5.18)
Constant	-0.269***	6.367**	-0.268***	-0.269***
	(-10.79)	(2.25)	(-10.70)	(-10.78)
Year	Yes	Yes	Yes	Yes
Industry	Yes	Yes	Yes	Yes
Fixed Effects	Yes	Yes	Yes	Yes
N	39736	309	39427	39736
Within. R^2	0.038	0.626	0.038	0.038
F	25.49***	0.98	25.88***	25.04***

注：括号中数据为 $t(z)$ 值；***、**分别代表在1%、5%的统计水平上显著。

总之，在加入证监会处罚后内部控制质量提升股价信息含量的作用依然显著；但证监会处罚对股价信息含量并没有显著影响，其与内部控制质量在提升股价信息含量中也不存在稳健的替代关系。

综上所述，表7-38至表7-41分别从股价泡沫、股价崩盘风险和股价信息含量三个角度考察了股价稳定与证监会处罚、内部控制质量的关系。针对假设H1的研究结果表明，证监会处罚可以在一定程度上促进股价稳定。具体来说，证监会处罚可以显著降低股价泡沫，但对股价崩盘风险和股价信息含量的影响并不显著。针对假设H7.9的研究结果表明，证监会处罚与内部控制质量在促进股价稳定中更多地表现为替代关系。具体来说，两者的替代关系在降低股价泡沫中最为显著，而在降低股价崩盘风险和提升股价信息含量中只成立于分组检验。

7.4.4 稳健性检验

上文揭示了证监会处罚、内部控制质量与股价稳定的关系，其中，以股价泡沫表现最为显著。为使上述结论更加稳健，我们围绕股价泡沫进行稳健性测试。

7.4.4.1 倾向得分匹配法（PSM）回归分析

被证监会处罚与没有被处罚的上市公司间存在一些固有差异，而这些差异可能会带来内生性问题。为降低这两类公司特征差异的影响，本节采用倾向得分匹配法（PSM）对样本进行匹配处理后，再次检验研究假设。参照褚剑和方军雄（2021）、刘瑶瑶和路军伟（2021）、黄灿和王妙媛（2022）、滕飞等（2022）的研究，我们选取了一系列影响公司是否被证监会处罚的变量进行倾向得分匹配，这些变量包括公司规模、财务杠杆、总资产收益率、第一大股东持股比例、应收账款占总资产比重、存货占总资产比重、董事会规模、独立董事比例、两职合一、成长性、产权性质等，匹配后的回归结果如表 7 - 42 所示。

表 7 - 42　　证监会处罚、内部控制质量与股价泡沫的 PSM 回归结果

变量	（1）*Bubble* 全样本	（2）*Bubble* 被处罚组	（3）*Bubble* 未被处罚组	（4）*Bubble* 交互效应
IC	- 0. 017 ** (- 2. 17)	- 0. 015 (- 0. 15)	- 0. 031 *** (- 3. 42)	- 0. 032 *** (- 3. 64)
LPuni	- 0. 110 *** (- 3. 08)			- 0. 434 *** (- 4. 54)
IC × LPuni				0. 057 *** (3. 65)
size	- 0. 167 *** (- 8. 91)	0. 106 (0. 14)	- 0. 197 *** (- 9. 35)	- 0. 172 *** (- 9. 15)
lev	0. 444 *** (8. 87)	2. 114 (1. 00)	0. 513 *** (9. 79)	0. 451 *** (9. 03)
bsize	- 0. 050 * (- 1. 73)	- 1. 460 (- 0. 62)	- 0. 051 * (- 1. 77)	- 0. 046 (- 1. 61)
indrct	0. 070 (1. 05)	3. 081 (0. 98)	0. 080 (1. 23)	0. 071 (1. 07)
*top*1	0. 003 (0. 04)	- 3. 019 (- 0. 44)	- 0. 082 (- 0. 83)	- 0. 018 (- 0. 19)
mb	- 0. 016 *** (- 2. 98)	0. 131 (0. 47)	- 0. 014 ** (- 2. 43)	- 0. 016 *** (- 2. 85)
yrtr	- 0. 006 (- 1. 51)	- 0. 049 (- 0. 60)	- 0. 003 (- 0. 77)	- 0. 006 (- 1. 58)
age	- 0. 110 ** (- 2. 05)	- 2. 733 (- 0. 53)	- 0. 075 (- 1. 25)	- 0. 119 ** (- 2. 22)

变量	（1）*Bubble* 全样本	（2）*Bubble* 被处罚组	（3）*Bubble* 未被处罚组	（4）*Bubble* 交互效应
Constant	4. 776 ***	2. 901	4. 767 ***	5. 021 ***
	(11. 59)	(0. 19)	(7. 82)	(12. 06)
Year	Yes	Yes	Yes	Yes
Industry	Yes	Yes	Yes	Yes
Fixed Effects	Yes	Yes	Yes	Yes
N	773	212	561	773
Within. R^2	0. 384	0. 810	0. 578	0. 385
F	1. 82 **	0. 556	1. 73 **	1. 76 **

注：括号中数据为 $t(z)$ 值；＊＊＊、＊＊和＊分别代表在 1%、5% 和 10% 的统计水平上显著。

第（1）列为倾向得分匹配后模型（7 – 7）回归结果，证监会处罚和内部控制质量的回归系数均显著为负，与前文假设一致。第（2）和第（3）列是根据处罚分组检验相互关系的结果，在第（2）列被处罚组中，内部控制质量回归系数不显著；而在第（3）列未被处罚组中，内部控制质量回归系数显著为负，因此，分组检验依然支持两者间替代关系。最后，第（4）列证监会处罚和内部控制质量的回归系数均显著为负，交互项回归系数显著为正，即交互效应检验同样支持两者间的替代关系。总之，采用 PSM 后假设 H7.8a 和假设 H7.9a 均得到进一步验证。

7.4.4.2　变更股价泡沫的度量方法

根据第 4 章稳健性检验中变更股价泡沫的做法，我们采用 *Bubble*2 重复上述实证过程，结果如表 7 – 43 所示。首先，第（1）列和第（4）列中证监会处罚和内部控制质量的回归系数均显著为负，与前文假设一致。其次，在第（2）列被处罚组中，内部控制质量回归系数不显著；而在第（3）列未被处罚组中，内部控制质量回归系数显著为负；同时，第（4）列证监会处罚和内部控制质量交互项回归系数显著为正，进一步验证两者的替代关系。总之，变更股价泡沫度量方法后假设 H7.8a 和假设 H7.9a 均得到验证。

表 7 – 43　　　　　　　　　　变更股价泡沫度量方法的回归结果

变量	(1) Bubble2 全样本	(2) Bubble2 被处罚组	(3) Bubble2 未被处罚组	(4) Bubble2 交互效应
IC	– 0.005 **	– 0.013	– 0.007 ***	– 0.007 ***
	(– 2.22)	(– 0.13)	(– 2.68)	(– 2.69)
LPuni	– 0.052 *			– 0.288 ***
	(– 1.86)			(– 3.85)
IC × LPuni				0.043 ***
				(3.41)
size	– 0.202 ***	0.152	– 0.202 ***	– 0.202 ***
	(– 37.29)	(0.19)	(– 37.10)	(– 37.34)
lev	0.312 ***	2.271	0.313 ***	0.313 ***
	(14.74)	(1.05)	(14.67)	(14.78)
bsize	0.031 **	– 1.521	0.032 **	0.031 **
	(2.32)	(– 0.63)	(2.40)	(2.34)
indrct	– 0.169 ***	3.072	– 0.170 ***	– 0.168 ***
	(– 4.04)	(0.95)	(– 4.06)	(– 4.04)
top1	– 0.242 ***	– 3.434	– 0.243 ***	– 0.241 ***
	(– 7.51)	(– 0.49)	(– 7.49)	(– 7.49)
mb	– 0.026 ***	0.142	– 0.025 ***	– 0.026 ***
	(– 11.28)	(0.49)	(– 10.87)	(– 11.17)
yrtr	– 0.004 ***	– 0.048	– 0.004 ***	– 0.004 ***
	(– 4.17)	(– 0.57)	(– 4.11)	(– 4.21)
age	0.086 ***	– 3.104	0.085 ***	0.085 ***
	(6.78)	(– 0.59)	(6.66)	(6.75)
Constant	5.025 ***	2.231	5.034 ***	5.038 ***
	(40.23)	(0.14)	(39.99)	(40.33)
Year	Yes	Yes	Yes	Yes
Industry	Yes	Yes	Yes	Yes
Fixed Effects	Yes	Yes	Yes	Yes
N	30129	224	29905	30129
Within. R^2	0.204	0.824	0.204	0.204
F	130.61 ***	0.56	132.54 ***	128.46 ***

注：括号中数据为 $t(z)$ 值；***、**和*分别代表在1%、5%和10%的统计水平上显著。

7.4.4.3　变更内部控制质量的度量方法

与前文一致，为避免迪博内部控制指数可能存在的主观性，我们进一步采用内部控制是否存在缺陷（*IC2*）衡量内部控制质量进行稳健性检验，结果如表7-44所示。首先，第（1）列和第（4）列中证监会处罚回归系数显著为负，进一步验证假设H1a；内部控制缺陷回归系数均显著为正，与前文一致。其次，在第（2）列被处罚组中，内部控制缺陷回归系数不显著；而在第（3）列未被处罚组中，内部控制缺陷回归系数显著为正；同时，第（4）列证监会处罚和内部控制缺陷交互项回归系数显著为负，而内部控制缺陷是内部控制质量的反向指标，所以，两者依然是替代关系。总之，变更内部控制质量度量方法后假设H7.8a和假设H7.9a均得到验证。

表7-44 变更内部控制质量度量方法的回归结果

变量	（1）*Bubble* 全样本	（2）*Bubble* 被处罚组	（3）*Bubble* 未被处罚组	（4）*Bubble* 交互效应
IC2	0.426 ***	0.263	0.438 ***	0.439 ***
	(10.25)	(0.51)	(10.37)	(10.45)
LPuni	−0.141 **			−0.109 *
	(−2.44)			(−1.84)
IC2 × LPuni				−0.480 **
				(−2.12)
size	−0.285 ***	0.508	−0.290 ***	−0.285 ***
	(−25.73)	(0.89)	(−25.96)	(−25.74)
lev	0.888 ***	−0.797	0.909 ***	0.888 ***
	(18.81)	(−0.64)	(19.03)	(18.82)
bsize	0.114 ***	0.454	0.117 ***	0.115 ***
	(4.18)	(0.53)	(4.24)	(4.22)
indrct	−0.251 ***	1.879	−0.250 ***	−0.250 ***
	(−2.89)	(0.63)	(−2.86)	(−2.88)
*top*1	−0.503 ***	−2.137	−0.503 ***	−0.501 ***
	(−6.33)	(−0.55)	(−6.28)	(−6.31)
mb	−0.003 ***	0.042	−0.003 ***	−0.003 ***
	(−4.98)	(0.97)	(−4.27)	(−4.97)
yrtr	−0.001	−0.081	−0.002	−0.001
	(−0.74)	(−1.14)	(−0.85)	(−0.75)
age	−0.043	−1.424	−0.047 *	−0.043
	(−1.62)	(−0.43)	(−1.77)	(−1.63)

续表

变量	(1) *Bubble* 全样本	(2) *Bubble* 被处罚组	(3) *Bubble* 未被处罚组	(4) *Bubble* 交互效应
Constant	6.626 *** (24.63)	-6.954 (-0.47)	6.759 *** (24.81)	6.626 *** (24.63)
Year	Yes	Yes	Yes	Yes
Industry	Yes	Yes	Yes	Yes
Fixed Effects	Yes	Yes	Yes	Yes
N	23358	174	23184	23358
Within. R^2	0.180	0.812	0.180	0.180
F	96.73 ***	0.45	98.43 ***	94.67 ***

注：括号中数据为 $t(z)$ 值；***、** 和 * 分别代表在 1%、5% 和 10% 的统计水平上显著。

7.4.4.4 进一步控制其他影响因素

与第 4 章一致，我们进一步控制了投资者异质性（*dturn*）、个股收益波动（*sigma*）及会计稳健性（*C_Score*）三个因素进行稳健性检验，结果如表 7 - 45 所示。首先，第（1）列和第（4）列中证监会处罚和内部控制质量的回归系数均显著为负，与前文假设一致。其次，在第（2）列被处罚组中，内部控制质量回归系数不显著；而在第（3）列未被处罚组中，内部控制质量回归系数显著为负；同时，第（4）列证监会处罚和内部控制质量交互项回归系数显著为正，进一步验证了两者的替代关系。总之，控制其他影响因素后假设 H7.8a 和假设 H7.9a 依然得到验证。

表 7 - 45 控制其他因素的回归结果

变量	(1) *Bubble* 全样本	(2) *Bubble* 被处罚组	(3) *Bubble* 未被处罚组	(4) *Bubble* 交互效应
IC	-0.006 *** (-2.73)	0.031 (0.34)	-0.008 *** (-3.23)	-0.008 *** (-3.22)
LPuni	-0.051 * (-1.87)			-0.281 *** (-3.91)
IC × LPuni				0.042 *** (3.46)
size	-0.191 *** (-36.28)	0.539 (0.28)	-0.191 *** (-36.09)	-0.191 *** (-36.33)

续表

变量	(1) Bubble 全样本	(2) Bubble 被处罚组	(3) Bubble 未被处罚组	(4) Bubble 交互效应
lev	0.307 ***	1.033	0.308 ***	0.308 ***
	(14.29)	(0.30)	(14.24)	(14.36)
bsize	0.030 **	0.157	0.031 **	0.030 **
	(2.31)	(0.11)	(2.38)	(2.33)
indrct	−0.168 ***	4.394	−0.169 ***	−0.167 ***
	(−4.17)	(0.92)	(−4.17)	(−4.16)
top1	−0.241 ***	−2.925	−0.243 ***	−0.241 ***
	(−7.73)	(−0.24)	(−7.74)	(−7.71)
mb	−0.028 ***	0.165	−0.028 ***	−0.028 ***
	(−12.36)	(0.32)	(−11.92)	(−12.23)
yrtr	−0.003 ***	−0.152	−0.003 ***	−0.003 ***
	(−2.99)	(−0.62)	(−2.90)	(−3.03)
age	0.083 ***	−1.934	0.082 ***	0.083 ***
	(6.71)	(−0.29)	(6.60)	(6.67)
dturn	−0.037 ***	0.501	−0.037 ***	−0.037 ***
	(−3.70)	(0.30)	(−3.70)	(−3.68)
sigma	1.086 ***	4.756	1.073 ***	1.082 ***
	(9.20)	(0.31)	(9.04)	(9.17)
C_Score	−0.184 ***	1.451	−0.188 ***	−0.189 ***
	(−2.91)	(0.42)	(−2.94)	(−2.98)
Constant	4.762 ***	−10.407	4.773 ***	4.776 ***
	(39.17)	(−0.26)	(38.97)	(39.27)
Year	Yes	Yes	Yes	Yes
Industry	Yes	No	Yes	Yes
Fixed Effects	Yes	Yes	Yes	Yes
N	30012	221	29791	30012
Within. R^2	0.204	0.800	0.205	0.205
F	123.56 ***	0.48	125.25 ***	121.65 ***

注：括号中数据为 $t(z)$ 值；***、** 和 * 分别代表在 1%、5% 和 10% 的统计水平上显著。

7.4.4.5 基于 Heckman 两阶段模型的内生性检验

为了缓解迪博内部控制指数可能存在自选择的内生性问题，与前文一致，我们依然采用 Heckman 两阶段模型进行稳健性检验。第一阶段结果如表 4 - 6 第（1）列所示，第二阶段纳入逆米尔斯比率（IMR）回归结果如

表7-46所示。首先，第（1）列和第（4）列中证监会处罚和内部控制质量的回归系数均显著为负，与前文假设一致。其次，在第（2）列被处罚组中，内部控制质量回归系数不显著；而在第（3）列未被处罚组中，内部控制质量回归系数显著为负；同时，第（4）列证监会处罚和内部控制质量交互项回归系数显著为正，进一步验证了两者的替代关系。总之，采用 Heckman 两阶段模型后假设 H7.8a 和假设 H7.9a 依然得到验证。

表7-46 Heckman 的回归结果

变量	（1）Bubble 全样本	（2）Bubble 被处罚组	（3）Bubble 未被处罚组	（4）Bubble 交互效应
IC	-0.007*** (-2.89)	0.182 (0.49)	-0.008*** (-3.40)	-0.008*** (-3.39)
LPuni	-0.053* (-1.95)			-0.303*** (-4.15)
IC × LPuni				0.045*** (3.69)
IMR	0.178*** (3.12)	-54.986 (-0.60)	0.177*** (3.06)	0.183*** (3.20)
size	-0.133*** (-6.81)	-23.764 (-0.60)	-0.133*** (-6.81)	-0.131*** (-6.75)
lev	0.167*** (3.53)	45.491 (0.62)	0.169*** (3.55)	0.164*** (3.47)
bsize	0.023* (1.71)	9.329 (0.48)	0.024* (1.81)	0.023* (1.72)
indrct	-0.124*** (-2.97)	-14.610 (-0.48)	-0.126*** (-2.99)	-0.123*** (-2.95)
top1	-0.234*** (-7.49)	7.438 (0.36)	-0.235*** (-7.49)	-0.233*** (-7.45)
mb	-0.013*** (-3.31)	-4.799 (-0.59)	-0.013*** (-3.13)	-0.013*** (-3.17)
yrtr	-0.003*** (-3.58)	-0.221 (-0.71)	-0.003*** (-3.53)	-0.003*** (-3.62)
age	0.056*** (3.80)	-1.247 (-0.15)	0.055*** (3.72)	0.055*** (3.73)
Constant	3.521*** (8.20)	505.128 (0.61)	3.543*** (8.20)	3.500*** (8.15)

续表

变量	(1) Bubble 全样本	(2) Bubble 被处罚组	(3) Bubble 未被处罚组	(4) Bubble 交互效应
Year	Yes	Yes	Yes	Yes
Industry	Yes	Yes	Yes	Yes
Fixed Effects	Yes	Yes	Yes	Yes
N	30018	221	29797	30018
Within. R^2	0.201	0.864	0.202	0.201
F	125.42***	0.24	127.23***	123.45***

注：括号中数据为 $t(z)$ 值；***、** 和 * 分别代表在 1%、5% 和 10% 的统计水平上显著。

7.4.4.6 基于工具变量法的内生性检验

与前文一致，我们采用同年度同行业同地区上市公司内部控制指数均值作为工具变量处理互为因果的内生性问题。基于工具变量的回归结果如表 7-47 所示。首先，第（1）列和第（4）列中证监会处罚和内部控制质量拟合值的回归系数均显著为负，与前文假设一致。其次，在第（2）列被处罚组中，内部控制质量拟合值回归系数不显著；而在第（3）列未被处罚组中，内部控制质量拟合值回归系数显著为负；同时，第（4）列证监会处罚和内部控制质量拟合值交互项回归系数显著为正，进一步验证了两者的替代关系。总之，工具变量回归结果依然验证了假设 H7.8a 和假设 H7.9b。

表 7-47　　　　　　　　　　工具变量的回归结果

变量	(1) Bubble 全样本	(2) Bubble 被处罚组	(3) Bubble 未被处罚组	(4) Bubble 交互效应
IC_hat	-0.041*** (-5.32)	-0.017 (-0.12)	-0.042*** (-5.39)	-0.043*** (-5.46)
LPuni	-0.058** (-2.13)			-0.440*** (-5.56)
IC_hat × LPuni				0.070*** (5.17)
size	-0.181*** (-31.54)	0.106 (0.14)	-0.182*** (-31.49)	-0.182*** (-31.70)
lev	0.262*** (11.84)	2.132 (0.95)	0.264*** (11.84)	0.264*** (11.94)

续表

变量	(1) *Bubble* 全样本	(2) *Bubble* 被处罚组	(3) *Bubble* 未被处罚组	(4) *Bubble* 交互效应
bsize	0.021 (1.63)	-1.465 (-0.62)	0.023 * (1.75)	0.022 * (1.66)
indrct	-0.158 *** (-3.90)	3.063 (0.95)	-0.159 *** (-3.90)	-0.157 *** (-3.89)
*top*1	-0.234 *** (-7.49)	-3.005 (-0.44)	-0.235 *** (-7.48)	-0.233 *** (-7.45)
mb	-0.025 *** (-11.27)	0.131 (0.47)	-0.024 *** (-10.82)	-0.025 *** (-11.10)
yrtr	-0.003 *** (-3.47)	-0.049 (-0.59)	-0.003 *** (-3.43)	-0.003 *** (-3.53)
age	0.083 *** (6.78)	-2.764 (-0.52)	0.082 *** (6.65)	0.082 *** (6.73)
Constant	4.873 *** (40.17)	6.724 (0.34)	4.888 *** (39.95)	4.895 *** (40.29)
Year	Yes	Yes	Yes	Yes
Industry	Yes	Yes	Yes	Yes
Fixed Effects	Yes	Yes	Yes	Yes
N	30129	224	29905	30129
Within. R^2	0.195	0.821	0.196	0.195
F	65420.66 ***	478.88 ***	64729.54 ***	65449.35 ***

注：括号中数据为 $t(z)$ 值；***、** 和 * 分别代表在 1%、5% 和 10% 的统计水平上显著。

7.4.5　研究结论

作为最具权威的证券市场监管者，证监会及其监管能否像内部控制一样发挥监督管理层进而促进股价稳定的作用，以及两者在发挥作用时相互关系如何，本节进行了详细研究。具体来说，本节首先，在理论分析的基础上提出了两大假设：一是证监会处罚有助于减少股价泡沫、降低股价崩盘风险、提高股价信息含量，进而促使股价稳定；二是内部控制质量和证监会处罚在促进股价稳定中可能存在替代关系。其次，通过选取中国上市公司数据以及合适的研究变量，构建实证模型进行回归分析。针对假设 H7.8 的实证结果表明，证监会处罚可以在一定程度上促进股价稳定，具体来说，证监会处罚可以显著降低股价泡沫，而在降低股价崩盘风险和提升股价信息含量方面的作用不够稳健。针对假设 H7.9 的实证结果表明，证监会处罚与内部控制质量在促进股价稳定中存在替代关系，具体来说，两者的替代关系在降低股价泡沫中最为显著，而在降低股价崩盘风险和提升股价信息含量方面并不稳健。

本节的研究不仅丰富了证监会监管经济后果和股价稳定影响因素的文献，而且揭示了证监会监管和内部控制这两种内外部治理机制在影响股价稳定中的相互作用。根据研究结论，证监会在履行监管职责的同时，要充分关注企业内部控制质量，及时调整监管措施。当企业内部控制出现问题时，证监会需加大监管力度来弥补内部治理机制的不足，提高企业信息披露质量，从而促进股价稳定。

7.5　本章小结

外部监管也发挥着监督管理层进而提高信息披露质量的作用，那么，它们与内部控制在促进股价稳定中存在怎样的相互关系值得深入研究。本章从注册会计师审计、证券交易所自律监管和证监会处罚三个层次理论分析并实证检验了外部监管对股价稳定的影响以及它们和内部控制在影响股价稳定中的相互关系。实证研究发现：（1）注册会计师审计在一定程度上促进了股价稳定，表现为显著地提升了股价信息含量、降低了股价泡沫；更重要的是，注册会计师审计和内部控制质量在促进股价稳定中更多地表现为替代关系，且这种关系在提升股价信息含量中最为显著。（2）证券交易所的年报问询函监管和纪律处分均能在一定程度上促进股价稳定，表现为年报问询函监管显著降低了股价泡沫和股价崩盘风险，纪律处分则显著降低了股价崩盘风险；更重要的是，年报问询函和纪律处分这两种交易所监管措施与内部控制质量在促进股价稳定中均存在替代关系，且这样的关系在降低股价崩盘风险和股价泡沫中均十分显著。（3）证监会处罚在一定程度上促进了股价稳定，表现为显著地降低了股价泡沫；更重要的是，证监会处罚和内部控制质量在促进股价稳定中存在替代关系，且这种关系在降低股价泡沫中最为显著。

可见，与内部控制作用相似，外部监管机制（注册会计师审计、证券交易所自律监管和证监会处罚）也能够在一定程度上促进股价稳定。而且这些外部监管机制与内部控制在促进股价稳定中存在替代关系，即当企业内部控制在促进股价稳定中发挥有效作用时，可以有效减少外部监管机构的监管措施和力度，提高监管效率，合理分配监管资源。

本章的研究不仅丰富了外部监管（注册会计师审计、证券交易所自律监管和证监会处罚）经济后果和股价稳定影响因素的文献，而且揭示了外部监管和内部控制在影响股价稳定中的相互作用。根据研究结论，外部监管机构在不断创新监管措施、增强监管力度的同时，需要充分关注企业内部控制质量，及时调整监管手段，合理分配监管资源，不断提高股市信息效率，保护投资者合法权益，促进资本市场健康有序发展。

第 8 章

研究结论与政策建议

8.1　研究结论

本书根据中国股票市场剧烈波动的现实情况，探究了股价波动的原因以及抑制股价暴涨暴跌风险、促使股价趋于稳定的有效途径。本书首先回顾并分析了内部控制以及股价稳定的概念，然后通过对相关理论和文献的回顾与综述，揭示了内部控制影响股价稳定的内在机理，并通过回归分析和中介效应分析检验了内部控制质量对股价稳定的影响以及管理层信息操纵所发挥的中介作用，从而证实了本书构建的理论框架。通过上述研究，本书得到了以下结论。

第一，股价泡沫、股价崩盘风险和股价信息含量是考察股价稳定的有效途径。本书根据价格围绕价值在一定范围内波动的规律，并总结相关文献及理论分析得出，暴涨暴跌是股价不稳定的外在表现，而信息含量低是股价不稳定的内在原因。因此，通过分析股价泡沫、股价崩盘以及股价信息含量这三个可度量的变量，可以很好地揭示股价稳定的内在规律。

第二，内部控制在约束管理层操纵好消息行为中能减少股价泡沫。本书首先从管理层操纵好消息角度分析了内部控制质量对股价泡沫的影响机理，然后以股票的市场价值对内在价值偏离比率衡量股价泡沫，以迪博内部控制指数衡量内部控制质量，并借助最小二乘法及面板数据固定效应方法进行实证分析。结果表明，提升上市公司的内部控制质量有助于降低股价泡沫。进一步以盈余激进度和盈余平滑度作为管理层操纵好消息的中介变量，分析内部控制质量影响股价泡沫的传导机制发现，盈余激进度和盈

244

余平滑度均存在显著的中介效应。综上，高质量的内部控制可以通过抑制管理层的盈余激进和平滑行为来降低股价泡沫。

第三，内部控制在减少管理层捂盘行为中能降低股价崩盘风险。本书首先从管理层隐藏坏消息角度分析了内部控制质量抑制股价崩盘风险的作用路径，然后以负收益偏态系数、收益上下波动比率及崩盘概率来度量股价崩盘风险，以迪博内部控制指数衡量内部控制质量，并借助面板数据固定效应方法进行实证分析。结果表明，提高内部控制质量能够有效抑制管理层的捂盘行为，减轻坏消息的集中释放对股价的负面冲击，从而降低股价崩盘风险。进一步以信息披露质量和代理成本作为管理层隐藏坏消息的中介变量，分析内部控制质量影响股价崩盘风险的传导机制发现，信息披露质量和代理成本均存在显著的中介效应。综上，高质量的内部控制可以通过提高信息披露质量和减少代理成本来降低股价崩盘风险。

第四，内部控制在制约管理层信息操纵行为中能提升股价信息含量。本书首先从管理层信息操纵角度分析内部控制质量对股价信息含量的作用机制，然后以分析知情者交易的收益率与换手率动态模型的交乘项系数衡量股价信息含量，以迪博内部控制指数衡量内部控制质量，并借助面板数据固定效应方法进行实证分析。结果表明，高质量的内部控制能够显著提升股价信息含量。进一步以应计盈余管理和真实盈余管理作为管理层信息操纵的中介变量，分析内部控制质量影响股价信息含量的传导机制发现，应计盈余管理和真实盈余管理均存在显著的中介效应。综上，高质量的内部控制可以通过抑制应计盈余管理和真实盈余管理等降低信息透明度的行为来促进股价信息含量的提升。

第五，内部控制与外部监管在促进股价稳定中存在替代关系。本书从注册会计师审计、证券交易所监管和行政监管三个层次理论分析并实证检验了外部监管的效果及其与内部控制在促进股价稳定中的相互关系。分别以是否聘请国际四大事务所审计衡量注册会计师审计质量、以年报问询函和纪律处分考察证券交易所监管效果、以证监会处罚考察行政监管效果。借助面板数据固定效应方法进行实证分析，结果表明，外部监管在促进股价稳定中能够发挥一定的作用，表现为注册会计师审计显著提升了股价信息含量、降低了股价泡沫，证券交易所的年报问询函监管和纪律处分显著降低了股价崩盘风险，证监会处罚显著降低了股价泡沫。进一步的相互关系检验表明，外部监管与内部控制在促进股价稳定中存在显著的替代关系，表现为注册会计师审计与内部控制质量在提升股价信息含量中存在显著的替代关系，证券交易所的年报问询函和纪律处分两类监管措施与内部控制质量在降低股价崩盘风险中均存在显著的替代关系，证监会处罚和内部控制质量在降低股价泡沫中存在显著的替代关系。因此，高质量的内部控制在促进股价稳定中减少了对外部监管的需求，提高了监管资源的合理分配，增强了监管效率。

8.2 政策建议

本书的研究结果表明，不断提升上市公司内部控制质量，抑制管理层信息操纵，进而提高信息透明度是减少股价泡沫、降低股价崩盘风险和提升股价信息含量的有效措施，因此，要使股价趋于稳定还需从内部控制及信息操纵角度作出相应的改善。

8.2.1 提高内部控制质量促使股价稳定的有效措施

根据本书的研究结果，内部控制是约束管理层操纵好消息及隐藏坏消息等信息操纵行为的关键措施。因此，应当不断提升内部控制的质量。本书认为，可以从以下方面提出提高内部控制质量的建议。

（1）上市公司应不断完善自身的内部控制。通过合理配置董事会、监事会和经理层的权限，明确各自职责，设计并实施具有制衡、监督及激励作用的内部控制制度；充分发挥内部控制在优化治理结构、缓解代理冲突、提高信息披露质量中的积极作用，使内部控制成为抑制管理层信息操纵的重要防线。

（2）会计师事务所等中介机构应当增强注册会计师在内部控制审计中的独立性和专业胜任能力，严格按照准则和指引的要求开展内部控制审计业务，防范上市公司管理层对信息的操纵行为；注册会计师还应当积极引导上市公司做好内部控制的建设、评价及整改工作，不断促进上市公司内部控制质量的提升。

（3）政府相关部门应当进一步完善内部控制的法治建设，加大监管强度和惩罚力度。明确上市公司董事会、监事会和经理层在内部控制建设及信息披露中的法律责任，加大对信息操纵行为的处罚力度；明确注册会计师在内部控制审计中的法律责任，强化对审计执业情况的检查。

8.2.2　抑制信息操纵促使股价稳定的有效措施

根据本书的研究结论，有效抑制管理层信息操纵行为可以不断提高信息披露质量，从而促进股价稳定。因此，我们还可以从抑制管理层信息操纵行为的角度提出以下有效措施。

（1）建立合理的管理层薪酬激励机制。薪酬作为解决委托代理问题的重要手段之一，其制定是否合理影响着企业能否健康发展。不合理的薪酬制度同时也是管理层信息操纵的诱因。一方面，如果企业管理层不能得到与其所作出贡献相匹配的报酬，那么，管理层可能会通过披露不真实信息来隐藏自己的利益侵占行为；另一方面，管理层也可能会采取操纵盈余的方式来获取与业绩挂钩的高额薪酬。因此，合理的薪酬制度是抑制信息操纵行为，进而提升信息透明度的重要条件。

当前，我国上市公司高管薪酬制度还存在诸多不合理之处。比如，薪酬衡量指标单一，缺乏科学性和全面性；短期薪酬激励比重过高，与绩效挂钩的薪酬制度容易导致管理层的短视行为；管理层在薪酬决定机制中的权力过大，薪酬委员会地位弱化；薪酬差距偏大以及外部监管不力等。

针对上市公司薪酬制度存在的不足，应当立足于我国国情和资本市场特点，构建合理的薪酬激励模式。一方面，薪酬激励应当趋向多元化，增加股权、期权等长期激励的比重，强化管理层与公司利益的一致性；另一方面，逐步缩小薪酬差距，合理控制薪酬范围，并建立行之有效的管理层权力制衡机制。此外，还应逐步完善公司治理机制，提高信息披露水平，并构建良好的薪酬监管体系，确保薪酬制度兼具激励和约束作用。

（2）加强管理层信息披露行为的外部监管。我国资本市场信息披露的外部监管可划分为三个层次。第一个层次，会计师事务所等中介机构的监管。注册会计师可以通过年报审计、内部控制鉴证等增信服务业务的开展，约束管理层信息操纵行为，从而保证信息披露的合规性。第二个层次，上交所和深交所的监管。交易所有义务督促、监督上市公司管理层，要求其在信息披露过程中合规运作，并有权力对发现的信息披露违规行为在法律许可的范围内作出惩戒，对情节严重的操纵行为可以报送中国证监会查处。第三个层次，证监会监管。证监会通过行使调查权和行政处罚权对管理层的信息操纵行为进行处罚，情节严重的，可以移交司法机关处理。

虽然我国对信息披露的外部监管划分了三个层次，然而，在层层监管的制度安排下，管理层的信息操纵行为依然屡禁不止，这与执行力度不足有很大关联。因此，还需进一步加大各个层次监管力度。如积极推进会计师事务所等中介机构对上市公司年报审计、内部控制鉴证等增信服务业务的有效开展；进一步强化上交所和深交所在上市公司信息披露过程中的监督、惩戒以及评价作用；充分实现证监会在上市公司信息披露监管中的监督检查权和行政处罚权。

（3）完善财务报告及信息披露的规范体系。相关规章制度的不完善也给管理层信息操纵留出了空间，是上市公司信息披露不透明的重要影响因素。我国自2006年出台与国际接轨的新会计准则以来，多次针对会计准则的相关内容发布解释公告。这一系列的举措不仅是与国际会计准则接轨的要求，更是完善会计制度的体现。作为发展中国家，我国资本市场成立时间较短，有关配套制度也相对滞后。因此，在可预见的未来，有必要进一步借鉴国际经验，并结合我国实际情况，不断完善信息披露规章制度，逐步提高上市公司信息透明度。

参考文献

[1] 敖小波，林晚发，李晓慧. 内部控制质量与债券信用评级 [J]. 审计研究，2017，196（2）：57－64.

[2] 蔡春，朱磊，郑倩雯，等. 多个大股东与高质量审计需求 [J]. 会计研究，2021，408（10）：176－189.

[3] 蔡卫星，高明华. 审计委员会与信息披露质量：来自中国上市公司的经验证据 [J]. 南开管理评论，2009（4）：120－127.

[4] 蔡志岳，吴世农. 董事会特征影响上市公司违规行为的实证研究 [J]. 南开管理评论，2007（6）：62－68＋92.

[5] 曹丰，鲁冰，李争光，等. 股价崩盘风险文献述评与未来研究展望 [J]. 财务研究，2016（2）：61－67.

[6] 曹国华，鲍学欣，王鹏. 审计行为能够抑制真实盈余管理吗？[J]. 审计与经济研究，2014，29（1）：30－38.

[7] 曹建新，董瑞超. 内部控制对上市公司信息披露质量的影响研究——来自深交所2008年的经验证据 [J]. 财会通讯，2011（9）：54－56.

[8] 曹廷求，钱先航. 公司治理与盈余管理：基于上市公司的实证分析 [J]. 山东大学学报（哲学社会科学版），2008（6）：50－58.

[9] 查道林，雷光勇. 公司治理、财务特征与违规处罚预测 [J]. 中国地质大学学报（社会科学版），2009，9（4）：74－79.

[10] 陈工孟，高宁. 我国证券监管有效性的实证研究 [J]. 管理世界，2005（7）：40－47.

[11] 陈共荣，刘燕. 内部控制信息披露的市场反应 [J]. 系统工程，2007，25（10）：40－45.

[12] 陈共荣，王慧，谢珊珊. 内部监督对盈余管理行为的抑制作用研究——基于高管变更的视角 [J]. 财经理论与实践，2015（3）：66－71.

[13] 陈国进，颜诚. 中国股市泡沫的三区制特征识别 [J]. 系统工程理论与实践，

2013 (1): 25 – 33.

[14] 陈国进, 张贻军, 王景. 再售期权、通胀幻觉与中国股市泡沫的影响因素分析 [J]. 经济研究, 2009 (5): 106 – 117.

[15] 陈国进, 张贻军, 王磊. 股市崩盘现象研究评述 [J]. 经济学动态, 2008 (11): 116 – 120.

[16] 陈国进, 张贻军. 异质信念、卖空限制与我国股市的暴跌现象研究 [J]. 金融研究, 2009 (4): 80 – 91.

[17] 陈汉文, 廖方楠, 韩洪灵. 独立董事联结与内部控制对盈余管理的治理效应 [J]. 经济管理, 2019, 41 (5): 171 – 191.

[18] 陈汉文, 杨晴贺. 内部控制与汇率风险管理 [J]. 审计研究, 2021, 224 (6): 46 – 60.

[19] 陈建林. 家族所有权与非控股国有股权对企业绩效的交互效应研究——互补效应还是替代效应 [J]. 中国工业经济, 2015 (12): 99 – 114.

[20] 陈俊, 张传明. 操控性披露变更、信息环境与盈余管理 [J]. 管理世界, 2010 (8): 181 – 183.

[21] 陈浪南, 熊伟. 公司特质波动决定因素研究——信息效率还是噪音交易? [J]. 中国会计评论, 2014 (1): 1 – 16.

[22] 陈述, 游家兴, 朱书谊. 地方政府工作目标完成度与公司盈余管理——基于政府工作报告文本分析的视角 [J]. 会计研究, 2022, 416 (6): 32 – 42.

[23] 陈宋生, 郭京晶. 内部控制信息披露的市场反应——来自沪深股市的经验证据 [J]. 上海立信会计学院学报, 2011, 25 (2): 14 – 25.

[24] 陈翔宇, 万鹏. 代理成本、媒体关注与股价暴跌风险 [J]. 会计与经济研究, 2016 (3): 45 – 65.

[25] 陈小怡, 何建敏. 贷款人监督的缺失与目标公司治理的改善——来自沪、深两市交易所的相关证据 [J]. 金融研究, 2006 (8): 70 – 78.

[26] 陈运森, 邓祎璐, 李哲. 证券交易所一线监管的有效性研究: 基于财务报告问询函的证据 [J]. 管理世界, 2019, 35 (3): 169 – 185.

[27] 陈运森, 邓祎璐, 李哲. 非处罚性监管具有信息含量吗? ——基于问询函的证据 [J]. 金融研究, 2018, 454 (4): 155 – 171.

[28] 陈运森, 邓祎璐, 李哲. 非行政处罚性监管能改进审计质量吗? ——基于财务报告问询函的证据 [J]. 审计研究, 2018b, 205 (5): 82 – 88.

[29] 陈运森, 王汝花. 产品市场竞争、公司违规与商业信用 [J]. 会计与经济研究, 2014, 28 (5)：26 – 40.

[30] 陈作华, 方红星. 内部控制能扎紧董监高的机会主义减持藩篱吗 [J]. 会计研究, 2019, 381 (7)：82 – 89.

[31] 程博, 宣扬, 潘飞. 国有企业党组织治理的信号传递效应——基于审计师选择的分析 [J]. 财经研究, 2017, 43 (3)：69 – 80.

[32] 程小可, 郑立东, 姚立杰. 内部控制能否抑制真实活动盈余管理? ——兼与应计盈余管理之比较 [J]. 中国软科学, 2013 (3)：120 – 131.

[33] 程新生, 刘建梅, 张正好, 等. 审计委员会信息权对会计信息质量的影响 [J]. 财贸研究, 2015 (3)：142 – 149.

[34] 池国华, 杨金. 高质量内部控制能够改善公司价值创造效果吗? ——基于沪市 A 股上市公司的实证研究 [J]. 财经问题研究, 2013 (8)：94 – 101.

[35] 褚剑, 方军雄. 中国式融资融券制度安排与股价崩盘风险的恶化 [J]. 经济研究, 2016 (5)：143 – 158.

[36] 褚剑, 方军雄. "惩一" 必然 "儆百" 吗? ——监管处罚间接威慑失效研究 [J]. 会计研究, 2021 (1)：44 – 54.

[37] 单华军. 内部控制、公司违规与监管绩效改进——来自 2007—2008 年深市上市公司的经验证据 [J]. 中国工业经济, 2010 (11)：140 – 148.

[38] 邓祎璐, 李哲, 陈运森. 证券交易所一线监管与企业高管变更——基于问询函的证据 [J]. 管理评论, 2020, 32 (4)：194 – 205.

[39] 翟林瑜. 信息、投资者行为与资本市场效率 [J]. 经济研究, 2004 (3)：47 – 54.

[40] 翟淑萍, 王敏, 白梦诗. 财务问询函能够提高年报可读性吗? ——来自董事联结上市公司的经验证据 [J]. 外国经济与管理, 2020, 42 (9)：136 – 152.

[41] 翟淑萍, 王敏, 韩贤. 交易所财务问询监管与会计信息可比性——直接影响与溢出效应 [J]. 当代财经, 2020, 431 (10)：124 – 137.

[42] 翟淑萍, 王敏, 毛文霞. 财务报告问询函与上市公司融资约束 [J]. 金融论坛, 2020, 25 (10)：46 – 57.

[43] 翟淑萍, 王敏. 非处罚性监管提高了公司业绩预告质量吗——来自财务报告问询函的证据 [J]. 山西财经大学学报, 2019, 41 (4)：92 – 107.

[44] 丁方飞, 刘倩倩. 证券交易所一线监管能提升证券分析师盈利预测质量吗? ——

基于年报问询函的证据 [J]. 当代会计评论, 2019, 12 (4): 46 – 67.

[45] 丁龙飞, 谢获宝. 年报问询函的监管溢出效应研究——来自企业集团 A 股上市子公司的证据 [J]. 南方经济, 2020, 371 (8): 98 – 113.

[46] 董望, 陈汉文. 内部控制、应计质量与盈余反应——基于中国 2009 年 A 股上市公司的经验证据 [J]. 审计研究, 2011 (4): 68 – 78.

[47] 窦炜, 郝晓敏, 毛成兴. 公司违规、法制环境与债务融资成本——基于倾向评分匹配 (PSM) 法的分析 [J]. 华东经济管理, 2018, 32 (2): 162 – 168.

[48] 范经华, 张雅曼, 刘启亮. 内部控制、审计师行业专长、应计与真实盈余管理 [J]. 会计研究, 2013 (4): 81 – 88.

[49] 范卓玮, 解维敏. 审计质量对资本市场定价效率的影响研究——基于股价同步性角度分析 [J]. 价格理论与实践, 2017 (6): 156 – 158.

[50] 方红星, 金玉娜. 高质量内部控制能抑制盈余管理吗?——基于自愿性内部控制鉴证报告的经验研究 [J]. 会计研究, 2011 (8): 53 – 60.

[51] 方红星, 刘丹. 内部控制质量与审计师变更——来自我国上市公司的经验证据 [J]. 审计与经济研究, 2013, 28 (2): 16 – 24.

[52] 方红星, 施继坤. 自愿性内部控制鉴证与权益资本成本——来自沪市 A 股非金融类上市公司的经验证据 [J]. 经济管理, 2011 (12): 128 – 134.

[53] 方红星, 张志平. 内部控制质量与会计稳健性——来自深市 A 股公司 2007—2010 年年报的经验证据 [J]. 审计与经济研究, 2012 (5): 3 – 10.

[54] 淦未宇, 徐细雄, 林丁健. 高管性别、权力结构与企业反伦理行为——基于上市公司违规操作 PSM 配对样本的实证检验 [J]. 外国经济与管理, 2015, 37 (10): 18 – 31.

[55] 高雷, 宋顺林. 公司治理与公司透明度 [J]. 金融研究, 2007 (11): 28 – 44.

[56] 高利芳, 盛明泉. 证监会处罚对公司盈余管理的影响后果及机制研究 [J]. 财贸研究, 2012, 23 (1): 134 – 141.

[57] 高增亮, 张俊瑞, 胡明生. 审计师行业专长对股价同步性的影响研究 [J]. 财经论丛, 2019 (7): 64 – 73.

[58] 宫义飞, 罗开心, 龙思橼. 异常审计费用、审计质量与股价崩盘风险 [J]. 北京工商大学学报 (社会科学版), 2021, 36 (1): 56 – 67.

[59] 古志辉. 全球化情境中的儒家伦理与代理成本 [J]. 管理世界, 2015, 258 (3): 113 – 123.

［60］顾鸣润，杨继伟，余怒涛. 产权性质、公司治理与真实盈余管理［J］. 中国会计评论，2012（3）：255 – 274.

［61］顾小龙，辛宇，滕飞. 违规监管具有治理效应吗——兼论股价同步性指标的两重性［J］. 南开管理评论，2016，19（5）：41 – 54.

［62］顾小龙，张霖琳，许金花. 证券监管处罚、公司印象管理与 CEO 过度投资［J］. 经济管理，2017，39（2）：66 – 84.

［63］韩小芳. 公开谴责、董事会变更与盈余管理——基于财务舞弊公司面板数据的研究［J］. 财贸研究，2012，23（5）：148 – 156.

［64］郝旭光. 中国证券市场监管有效性研究［J］. 中国工业经济，2011（6）：16 – 25.

［65］何慧华，方军雄. 交易所问询函监管会影响高管薪酬业绩敏感性吗［J］. 经济管理，2021，43（8）：177 – 192.

［66］何慧华，方军雄. 问询函监管与银行信贷决策的改善［J］. 经济理论与经济管理，2022，42（3）：67 – 84.

［67］何卓静，王新，曾攀. 交易所年报问询与独立董事履职行为研究［J/OL］. 南开管理评论：1 – 22［2023 – 01 – 17］. http://kns.cnki.net/kcms/detail/12.1288.f.20210806.0954.004.html.

［68］侯宇，叶冬艳. 机构投资者、知情人交易和市场效率——来自中国资本市场的实证证据［J］. 金融研究，2008（4）：131 – 145.

［69］胡定杰，谢军. 非处罚性监管、审计师辞聘及后任审计师行为——基于年报问询函证据的分析［J］. 南京审计大学学报，2021，18（4）：41 – 50.

［70］胡宁，曹雅楠，周楠，等. 监管信息披露与债权人定价决策——基于沪深交易所年报问询函的证据［J］. 会计研究，2020，389（3）：54 – 65.

［71］胡延平，陈超. 上市公司信息披露违规处罚分析［J］. 南方金融，2004（2）：41 – 42.

［72］胡奕明，唐松莲. 独立董事与上市公司盈余信息质量［J］. 管理世界，2008（9）：149 – 160.

［73］胡元木，刘佩，纪端. 技术独立董事能有效抑制真实盈余管理吗？——基于可操控 R&D 费用视角［J］. 会计研究，2016（3）：29 – 35.

［74］黄灿，王妙媛. 信息披露违规对审计费用的影响［J］. 证券市场导报，2022（2）：56 – 66.

［75］黄丹，吴国萍，王晓来. 监管导因的信息披露质量研究——基于深交所信息披露

质量考评结果分析 [J]. 税务与经济, 2012 (4): 50 - 53.

[76] 黄寿昌, 李芸达, 陈圣飞. 内部控制报告自愿披露的市场效应——基于股票交易量及股票收益波动率的实证研究 [J]. 审计研究, 2010 (4): 44 - 51.

[77] 黄政, 刘怡芳. 会计信息质量与股价信息含量——基于会计准则变革前后的比较研究 [J]. 东北师大学报 (哲学社会科学版), 2016 (5): 97 - 104.

[78] 黄政, 吴国萍. 信息透明度对资本配置效率的影响——来自中国制造业上市公司的经验证据 [J]. 财经理论与实践, 2014 (5): 40 - 45.

[79] 黄政. 监事会特征对信息披露违规影响的实证研究 [C] //中国会计学会 2012 年学术年会论文集 [A]. 中国会计学会教育分会, 2012 (10).

[80] 黄政. 信息透明度影响资本配置效率的传导机制研究 [D]. 东北师范大学, 2014: 88 - 92.

[81] 江轩宇, 陈玥, 于上尧. 股价暴跌风险与企业创新 [J]. 南开管理评论, 2020, 23 (3): 200 - 211.

[82] 江轩宇, 伊志宏. 审计行业专长与股价崩盘风险 [J]. 中国会计评论, 2013, 11 (2): 133 - 150.

[83] 金智. 新会计准则, 会计信息质量与股价同步性 [J]. 会计研究, 2010 (7): 19 - 26.

[84] 李春涛, 宋敏, 张璇. 分析师跟踪与企业盈余管理——来自中国上市公司的证据 [J]. 金融研究, 2014 (7): 124 - 139.

[85] 李东平, 黄德华, 王振林. "不清洁"审计意见、盈余管理与会计师事务所变更 [J]. 会计研究, 2001 (6): 51 - 57.

[86] 李刚. 审计质量、分析师盈余预测与上市公司股价信息含量 [J]. 北京工商大学学报 (社会科学版), 2012, 27 (6): 66 - 71.

[87] 李琳, 张敦力, 夏鹏. 年报监管、内部人减持与市场反应——基于深交所年报问询函的研究 [J]. 当代财经, 2017, 397 (12): 108 - 119.

[88] 李青原, 周汝卓. "四大"审计师与审计质量的再审视 [J]. 东南大学学报 (哲学社会科学版), 2016, 18 (1): 41 - 51 + 143.

[89] 李万福, 林斌, 宋璐. 内部控制在公司投资中的角色: 效率促进还是抑制? [J]. 管理世界, 2011 (2): 81 - 99.

[90] 李万福, 林斌, 刘春丽. 内部控制缺陷异质性如何影响财务报告? ——基于中国情境的经验证据 [J]. 财经研究, 2014 (6): 71 - 82.

[91] 李仙，聂丽洁. 我国上市公司 IPO 中审计质量与盈余管理实证研究 [J]. 审计研究，2006 (6)：67 – 72.

[92] 李小荣，张瑞君，董红晔. 债务诉讼与股价崩盘风险 [J]. 中国会计评论，2014，12 (2)：133 – 158.

[93] 李晓慧，杨子萱. 内部控制质量与债权人保护研究——基于债务契约特征的视角 [J]. 审计与经济研究，2013 (2)：97 – 105.

[94] 李晓溪，饶品贵，岳衡. 年报问询函与管理层业绩预告 [J]. 管理世界，2019a，35 (8)：173 – 188.

[95] 李晓溪，杨国超，饶品贵. 交易所问询函有监管作用吗？——基于并购重组报告书的文本分析 [J]. 经济研究，2019b，54 (5)：181 – 198.

[96] 李瑛玫，戴荣华. 外部监管对上市公司内控缺陷披露的影响研究——基于 2011 年沪市 A 股的经验证据 [J]. 中国注册会计师，2013 (9)：51 – 57.

[97] 李增泉. 所有权结构与股票价格的同步性——来自中国股票市场的证据 [J]. 中国会计与财务研究，2005 (3)：57 – 100.

[98] 梁上坤，陈冬，胡晓莉. 外部审计师类型与上市公司费用粘性 [J]. 会计研究，2015，328 (2)：79 – 86 + 94.

[99] 林斌，林东杰，等. 目标导向的内部控制指数研究 [J]. 会计研究，2014 (8)：16 – 24.

[100] 林慧婷，何玉润，刘金雅. 财务报告问询函压力与企业金融化 [J]. 会计研究，2021，407 (9)：65 – 76.

[101] 林忠国，韩立岩，李伟. 股价波动非同步性——信息还是噪音？ [J]. 管理科学学报，2012，15 (6)：68 – 81.

[102] 林钟高，胡苏华. 大股东控股、内部控制与股价同步性 [J]. 会计与控制评论，2015 (5)：18 – 32.

[103] 林钟高，郑军，王书珍. 内部控制与企业价值研究——来自沪深两市 A 股的经验分析 [J]. 财经研究，2007 (4)：132 – 143.

[104] 刘柏，卢家锐. 交易所一线监管能甄别资本市场风险吗？——基于年报问询函的证据 [J]. 财经研究，2019，45 (7)：45 – 58.

[105] 刘柏，卢家锐. 柔性监管：企业股价暴跌风险的事中识别与事后纠偏 [J]. 西安交通大学学报（社会科学版），2022，42 (4)：31 – 40.

[106] 刘明辉，韩小芳. "谴责"能否促进财务舞弊的公司改善公司治理？ [J]. 财经

问题研究，2009（2）：100 - 107.

[107] 刘明辉，韩小芳. 财务舞弊公司董事会变更及其对审计师变更的影响——基于面板数据 Logit 模型的研究 [J]. 会计研究，2011（3）：81 - 88.

[108] 刘启亮，罗乐，张雅曼，等. 高管集权、内部控制与会计信息质量 [J]. 南开管理评论，2013（1）：15 - 23.

[109] 刘星，陈西婵. 证监会处罚、分析师跟踪与公司银行债务融资——来自信息披露违规的经验证据 [J]. 会计研究，2018（1）：60 - 67.

[110] 刘瑶瑶，路军伟，宁冲. 证监会随机抽查能提高上市公司会计信息质量吗 [J]. 山西财经大学学报，2021，43（12）：111 - 126.

[111] 刘怡芳，黄政. 内部审计特征对会计信息质量影响研究——基于深交所主板上市公司 2009—2012 年的经验证据 [J]. 东北师大学报（哲学社会科学版），2015（1）：141 - 146.

[112] 柳木华，雷霄. 审计师利用专家工作抑制盈余管理了吗？——基于关键审计事项披露的经验证据 [J]. 审计研究，2020（1）：78 - 86.

[113] 柳志南，白文洁. 财务报告问询函影响高管超额薪酬吗？[J]. 财经问题研究，2021，450（5）：102 - 109.

[114] 龙小海，黄登仕，朱庆芬，等. 基于注册会计师关联关系的会计监管体系博弈分析 [J]. 会计研究，2004（10）：41 - 48.

[115] 陆建桥. 中国亏损上市公司盈余管理实证研究 [J]. 会计研究，1999（9）：25 - 35.

[116] 陆明富. 连锁董事与问询函监管——来自沪深交易所年报问询的证据 [J]. 山西财经大学学报，2022，44（9）：87 - 99.

[117] 陆蓉，常维. 近墨者黑：上市公司违规行为的"同群效应" [J]. 金融研究，2018（8）：172 - 189.

[118] 陆蓉，潘宏. 上市公司为何隐瞒利好的业绩？——基于市值管理的业绩不预告动机研究 [J]. 上海财经大学学报，2012（5）：78 - 86.

[119] 陆瑶，沈小力. 股票价格的信息含量与盈余管理——基于中国股市的实证分析 [J]. 金融研究，2011（12）：131 - 146.

[120] 逯东，付鹏，杨丹. 媒体类型、媒体关注与上市公司内部控制质量 [J]. 会计研究，2015（4）：78 - 85.

[121] 罗进辉，杜兴强. 媒体报道、制度环境与股价崩盘风险 [J]. 会计研究，2014

(9)：53 – 59.

[122] 罗进辉，李雪，林芷如. 审计师地理距离对客户公司股价信息含量的影响 [J].
审计与经济研究，2018，33（4）：34 – 45.

[123] 马壮，王云. 媒体报道、行政监管与财务违规传染——基于威慑信号传递视角
的分析 [J]. 山西财经大学学报，2019，41（9）：112 – 126.

[124] 梅蓓蕾，郭雪寒，叶建芳. 问询函的溢出效应——基于盈余管理视角 [J]. 会
计研究，2021，404（6）：30 – 41.

[125] 聂萍，潘再珍，肖红英. 问询函监管能改善公司的内部控制质量吗？——来自
沪深交易所年报问询的证据 [J]. 会计研究，2020，398（12）：153 – 170.

[126] 聂萍，潘再珍. 问询函监管与大股东"掏空"——来自沪深交易所年报问询的
证据 [J]. 审计与经济研究，2019，34（3）：91 – 103.

[127] 潘国陵. 股市泡沫研究 [J]. 金融研究，2000（7）：71 – 79.

[128] 潘越，戴亦一，林超群. 信息不透明、分析师关注与个股暴跌风险 [J]. 金融
研究，2011（9）：138 – 151.

[129] 彭惠. 信息不对称下的羊群行为与泡沫——金融市场的微观结构理论 [J]. 金
融研究，2000（11）：5 – 19.

[130] 彭桃英，汲德雅. 媒体监督、内部控制质量与管理层代理成本 [J]. 财经理论
与实践，2014（2）：61 – 65.

[131] 齐保垒，田高良，李留闯. 上市公司内部控制缺陷与财务报告信息质量 [J].
管理科学，2010（4）：38 – 47.

[132] 秦海英. 中国机构投资者交易行为与股市稳定性 [M]. 北京：中国市场出版
社，2011：109 – 110.

[133] 邱冬阳，陈林，孟卫东. 内部控制信息披露与 IPO 抑价——深圳中小板市场的
实证研究 [J]. 会计研究，2010（10）：34 – 39.

[134] 权小锋，贺超，醋卫华，等. 品牌的力量：名牌产品与盈余管理 [J]. 会计研
究，2022，411（1）：44 – 58.

[135] 申慧慧，吴联生，肖泽忠. 环境不确定性与审计意见：基于股权结构的考察
[J]. 会计研究，2010（12）：57 – 64.

[136] 沈红波，杨玉龙，潘飞. 民营上市公司的政治关联、证券违规与盈余质量 [J].
金融研究，2014（1）：194 – 206.

[137] 沈萍，景瑞. 问询函监管会导致审计师变更吗？——基于沪深交易所年报问询

函的研究 [J]. 南京审计大学学报, 2021, 18 (1): 17 - 25.

[138] 施先旺, 胡沁, 徐芳婷. 市场化进程、会计信息质量与股价崩盘风险 [J]. 中南财经政法大学学报, 2014 (4): 80 - 87.

[139] 史永, 李思昊. 披露关键审计事项对公司股价崩盘风险的影响研究 [J]. 中国软科学, 2020 (6): 136 - 144.

[140] 宋迪, 刘长翠, 杨超. 内部控制质量与公司对外担保行为的相关性研究——基于沪深两市 2008 ~ 2017 年的经验证据 [J]. 审计研究, 2019, 207 (1): 100 - 109.

[141] 宋淑琴, 张艳. 内部控制信息披露质量与股票风险、流动性、资本成本 [J]. 金融学季刊, 2015, 9 (1): 144 - 165.

[142] 宋献中, 禹天寒. 审计行业专长与股价崩盘风险——基于客户重要性和内部控制水平的视角 [J]. 湖南大学学报 (社会科学版), 2017, 31 (4): 64 - 70.

[143] 宋云玲, 李志文, 纪新伟. 从业绩预告违规看中国证券监管的处罚效果 [J]. 金融研究, 2011 (6): 136 - 149.

[144] 孙光国, 刘爽, 赵健宇. 大股东控制、机构投资者持股与盈余管理 [J]. 南开管理评论, 2015 (5): 75 - 84.

[145] 孙光国, 莫冬燕. 内部控制对财务报告可靠性起到保证作用了吗? ——来自我国上市公司的经验证据 [J]. 财经问题研究, 2012 (3): 96 - 103.

[146] 孙光国, 杨金凤. 高质量的内部控制能提高会计信息透明度吗? [J]. 财经问题研究, 2013 (7): 77 - 86.

[147] 谭劲松, 宋顺林, 吴立扬. 公司透明度的决定因素——基于代理理论和信号理论的经验研究 [J]. 会计研究, 2010 (4): 26 - 33.

[148] 唐松, 胡威, 孙铮. 政治关系、制度环境与股票价格的信息含量——来自我国民营上市公司股价同步性的经验证据 [J]. 金融研究, 2011 (7): 182 - 195.

[149] 陶雄华, 曹松威. 证券交易所非处罚性监管与审计质量——基于年报问询函信息效应和监督效应的分析 [J]. 审计与经济研究, 2019, 34 (2): 8 - 18.

[150] 滕飞, 夏雪, 辛宇. 证监会随机抽查制度与上市公司规范运作 [J]. 世界经济, 2022, 45 (8): 109 - 132.

[151] 田高良, 杨星, 马勇. 董事会多元化特征对股价信息含量的影响研究 [J]. 西安交通大学学报: 社会科学版, 2013, 33 (6): 34 - 40.

[152] 涂建明. 财务绩效驱动管理层的信息披露吗——来自上市公司的经验证据 [J].

管理评论，2009（9）：86 – 93.

［153］万东灿. 审计收费与股价崩盘风险［J］. 审计研究，2015，188（6）：85 – 93.

［154］万华林，胡浔，方宇. 监管问询函的制度溢出效应研究——基于内部控制视角的经验证据［J］. 经济学动态，2022，735（5）：53 – 71.

［155］万明，宋清华. 证券交易所公开谴责效率的实证分析——基于深、沪交易所比较的视角［J］. 投资研究，2012，31（3）：125 – 138.

［156］王爱群，阮磊，王艺霖. 基于面板数据的内控质量、产权属性与公司价值研究［J］. 会计研究，2015（7）：63 – 70.

［157］王冲，谢雅璐. 会计稳健性、信息不透明与股价暴跌风险［J］. 管理科学，2013（1）：68 – 79.

［158］王凤华，张晓明. 我国上市公司会计信息透明度对股价同步性影响的实证研究［J］. 中国软科学，2009（S1）：321 – 326.

［159］王海燕，陈华. 违规监管、管理层薪酬与公司治理［J］. 商业研究，2011（4）：38 – 46.

［160］王化成，曹丰，叶康涛. 监督还是掏空：大股东持股比例与股价崩盘风险［J］. 管理世界，2015（2）：45 – 57.

［161］王惠芳. 内部控制缺陷认定：现状、困境及基本框架重构［J］. 会计研究，2011（8）：61 – 67.

［162］王晶，彭博，熊焰韧，等. 内部控制有效性与会计信息质量——西方内部控制研究文献导读及中国制度背景下的展望（一）［J］. 会计研究，2015（6）：87 – 95.

［163］王亮亮，张海洋，张路，等. 子公司利润分回与企业集团的代理成本——基于中国资本市场"双重披露制"的检验［J］. 会计研究，2021，409（11）：114 – 130.

［164］王晓. 内部控制质量与审计风险的交互作用研究［D］. 哈尔滨工业大学，2016.

［165］王亚平，刘慧龙，吴联生. 信息透明度、机构投资者与股价同步性［J］. 金融研究，2009（12）：162 – 174.

［166］王艳艳，陈汉文. 审计质量与会计信息透明度——来自中国上市公司的经验数据［J］. 会计研究，2006（4）：9 – 15.

［167］王艳艳，何如桢，刘婵. 非处罚性监管会影响商业信用融资吗？——基于年报问询函的经验证据［J］. 财务研究，2020（4）：28 – 42.

［168］王永海，章涛. 金融创新、审计质量与银行风险承受——来自我国商业银行的

经验证据 [J]. 会计研究, 2014 (4): 81 - 87 + 96.

[169] 王贞洁, 徐静. 内部控制、外部审计和金融化相关股价崩盘风险 [J]. 云南财经大学学报, 2020, 36 (1): 54 - 66.

[170] 韦琳, 肖梦瑶. 描述性创新信息能提高资本市场定价效率吗? ——基于股价同步性的分析 [J]. 财经论丛, 2022, 288 (8): 58 - 68.

[171] 魏明海, 陈胜蓝, 黎文靖. 投资者保护研究综述: 财务会计信息的作用 [J]. 中国会计评论, 2007, 5 (1): 131 - 150.

[172] 温忠麟, 叶宝娟. 中介效应分析: 方法和模型发展 [J]. 心理科学进展, 2014 (5): 731 - 745.

[173] 温忠麟, 张雷, 侯杰泰, 等. 中介效应检验程序及其应用 [J]. 心理学报, 2004, 36 (5): 614 - 620.

[174] 汶海, 高皓, 陈思岑, 等. 行政审计监管与股价崩盘风险——来自证监会随机抽查制度的证据 [J]. 系统工程理论与实践, 2020, 40 (11): 2769 - 2783.

[175] 吴偎立, 张峥, 彭伊立. 分析师特征, 市场状态与股价信息含量 [J]. 经济与管理评论, 2015 (4): 135 - 147.

[176] 吴卫星, 汪勇祥, 梁衡义. 过度自信、有限参与和资产价格泡沫 [J]. 经济研究, 2006 (4): 115 - 127.

[177] 武志. 机构投资者与证券市场 [J]. 国际经济评论, 2001 (Z6): 48 - 51.

[178] 夏芳. 盈余管理、投资者情绪与股价 "同涨同跌" [J]. 证券市场导报, 2012, 241 (8): 49 - 56.

[179] 夏立军, 杨海斌. 注册会计师对上市公司盈余管理的反应 [J]. 审计研究, 2002 (4): 28 - 34.

[180] 夏一丹, 陈婕好, 夏云峰. 交易所问询函对业绩预告质量的影响 [J]. 财经科学, 2020, 392 (11): 41 - 53.

[181] 肖浩, 孔爱国. 增加管理层薪酬补偿能提高股价信息含量吗? [J]. 财经研究, 2014, 4 (3): 135 - 144.

[182] 肖争艳, 谢聪, 陈彦斌. 股票网络平台中的噪音会影响股价同步性吗 [J]. 经济理论与经济管理, 2021, 41 (10): 65 - 80.

[183] 谢雅璐. 股价崩盘风险研究述评及展望 [J]. 金融理论与实践, 2016 (3): 108 - 112.

[184] 谢雅璐. 管理层过度自信、金融交易制度与股价异动风险 [J]. 商业研究,

2016 (1)：83 – 91.

[185] 辛清泉，周静，胡方. 上市公司虚假陈述的产品市场后果 [J]. 会计研究，
2019 (3)：25 – 31.

[186] 熊家财，苏冬蔚，刘少波. 制度环境、异质机构投资者与股价信息含量 [J]. 山
西财经大学学报，2014，36 (7)：48 – 58.

[187] 熊家财. 审计行业专长与股价崩盘风险——基于信息不对称与异质信念视角的
检验 [J]. 审计与经济研究，2015，30 (6)：47 – 57.

[188] 徐飞，薛金霞. 内部控制评价、审计师监督与股价崩盘风险——"治理观"抑
或"机会观" [J]. 审计与经济研究，2021，36 (4)：33 – 45.

[189] 徐浩峰，朱松. 机构投资者与股市泡沫的形成 [J]. 中国管理科学，2012
(4)：18 – 26.

[190] 徐浩萍. 会计盈余管理与独立审计质量 [J]. 会计研究，2004 (1)：44 – 49.

[191] 徐建国. 中国 A 股指数的过度波动 [J]. 金融研究，2010 (8)：94 – 111.

[192] 徐寿福，徐龙炳. 信息披露质量与资本市场估值偏误 [J]. 会计研究，2015
(1)：40 – 47.

[193] 徐玉德. 我国会计监管制度变迁的历程、经验及展望 [J]. 财会月刊，2019
(5)：3 – 8.

[194] 徐长生，马克. 牛市中融资融券交易对股价高估的影响——基于上证 A 股交易
数据的双重差分法分析 [J]. 经济评论，2017 (1)：40 – 52.

[195] 许年行，洪涛，吴世农，等. 信息传递模式、投资者心理偏差与股价"同涨同
跌"现象 [J]. 经济研究，2011 (4)：135 – 146.

[196] 许年行，江轩宇，伊志宏，等. 分析师利益冲突、乐观偏差与股价崩盘风险
[J]. 经济研究，2012 (7)：127 – 140.

[197] 许年行，于上尧，伊志宏. 机构投资者羊群行为与股价崩盘风险 [J]. 管理世
界，2013 (7)：31 – 43.

[198] 许文静，孔藤藤. 交易所问询监管与资本市场信息效率：直接影响与溢出效应
[J]. 南方金融，2022，550 (6)：55 – 67.

[199] 薛健，汝毅，窦超. "惩一"能否"儆百"？——曝光机制对高管超额在职消费
的威慑效应探究 [J]. 会计研究，2017 (5)：68 – 74 + 97.

[200] 薛祖云，黄彤. 董事会、监事会制度特征与会计信息质量——来自中国资本市
场的经验分析 [J]. 财经理论与实践，2004 (4)：84 – 89.

[201] 亚当·斯密. 国民财富的性质和原因的研究 [M]. 郭大力，王亚南译. 上海：商务印书馆，1972.

[202] 杨德明，林斌，王彦超. 内部控制、审计质量与代理成本 [J]. 财经研究，2009 (12)：40 – 49.

[203] 杨金凤，陈智，吴霞，等. 注册会计师惩戒的溢出效应研究——以与受罚签字注册会计师合作的密切关系为视角 [J]. 会计研究，2018 (8)：65 – 71.

[204] 杨棉之，刘洋. 盈余质量、外部监督与股价崩盘风险——来自中国上市公司的经验证据 [J]. 财贸研究，2016 (5)：147 – 156.

[205] 杨清香，俞麟，宋丽. 内部控制信息披露与市场反应研究——来自中国沪市上市公司的经验证据 [J]. 南开管理评论，2012 (1)：123 – 130.

[206] 杨雄胜. 内部控制理论研究新视野 [J]. 会计研究，2005 (7)：49 – 54.

[207] 杨玉凤，王火欣，曹琼. 内部控制信息披露质量与代理成本相关性研究——基于沪市 2007 年上市公司的经验数据 [J]. 审计研究，2010 (1)：82 – 88.

[208] 杨忠莲，谢香兵. 我国上市公司财务报告舞弊的经济后果——来自证监会与财政部处罚公告的市场反应 [J]. 审计研究，2008 (1)：67 – 74.

[209] 耀友福，林恺. 年报问询函影响关键审计事项判断吗？ [J]. 审计研究，2020，216 (4)：90 – 101.

[210] 耀友福，薛爽. 年报问询压力与内部控制意见购买 [J]. 会计研究，2020，391 (5)：147 – 165.

[211] 叶康涛，曹丰，王化成. 内部控制信息披露能够降低股价崩盘风险吗？ [J]. 金融研究，2015 (2)：192 – 206.

[212] 叶莹莹，杨青，胡洋. 股权质押引发机构投资者羊群行为吗——基于信息质量的中介效应 [J]. 会计研究，2022，412 (2)：146 – 163.

[213] 叶颖玫. 信息披露质量与股价暴跌风险 [J]. 会计论坛，2016，15 (1)：108 – 122.

[214] 易志高，茅宁. 中国股市投资者情绪测量研究：CICSI 的构建 [J]. 金融研究，2009，353 (11)：174 – 184.

[215] 游家兴，江伟，李斌. 中国上市公司透明度与股价波动同步性的实证分析 [J]. 中大管理研究，2007，2 (1)：147 – 164.

[216] 余明桂，卞诗卉. 高质量的内部控制能否减少监管问询？——来自交易所年报问询函的证据 [J]. 中南大学学报 (社会科学版)，2020，26 (1)：22 – 31.

[217] 袁鲲，段军山，沈振宇. 股权分置改革、监管战略与中国股市波动性突变 [J]. 金融研究，2014 (6)：162 - 176.

[218] 袁蓉丽，王群，李瑞敬. 证券交易所监管与股价同步性——基于年报问询函的证据 [J]. 管理评论，2022，34 (2)：281 - 290 + 352.

[219] 袁知柱，鞠晓峰. 制度环境、公司治理与股价信息含量 [J]. 管理科学，2009，22 (1)：17 - 29.

[220] 袁知柱，鞠晓峰. 中国上市公司会计信息质量与股价信息含量关系实证检验 [J]. 中国管理科学，2008 (16)：231 - 234.

[221] 袁知柱，郝文瀚，王泽燊. 管理层激励对企业应计与真实盈余管理行为影响的实证研究 [J]. 管理评论，2014 (10)：181 - 196.

[222] 张兵，徐炜. 中国股票市场泡沫的持续期限检验 [C]. 经济学 (季刊)，2003 (2)：55 - 64.

[223] 张大永，刘倩，姬强. 股票分析师的羊群行为对公司股价同步性的影响分析 [J]. 中国管理科学，2021，29 (5)：55 - 64.

[224] 张宏亮，王法锦，王靖宇. 审计质量对股票非系统性风险的抑制效应研究 [J]. 审计研究，2018 (3)：104 - 111.

[225] 张嘉兴，傅绍正. 内部控制、注册会计师审计与盈余管理 [J]. 审计与经济研究，2014，29 (2)：3 - 13.

[226] 张俊生，汤晓建，李广众. 预防性监管能够抑制股价崩盘风险吗？——基于交易所年报问询函的研究 [J]. 管理科学学报，2018，21 (10)：112 - 126.

[227] 张梅. 审计质量与股价波动同步性的相关性研究——来自中国证券市场的经验证据 [J]. 东南学术，2011，226 (6)：116 - 125.

[228] 张先治，戴文涛. 中国企业内部控制评价系统研究 [J]. 审计研究，2011 (1)：69 - 78.

[229] 张晓岚，吴东霖，张超. 董事会治理特征：上市公司信息披露违规的经验证据 [J]. 当代经济科学，2009 (4)：99 - 107.

[230] 张岩. 问询函监管与企业的真实盈余管理对策 [J]. 当代财经，2020，424 (3)：90 - 101.

[231] 张益明. 产品市场势力、公司治理与股票价格信息含量 [J]. 南方经济，2011 (12)：26 - 40.

[232] 张永任，李晓渝. R^2 与股价中的信息含量度量 [J]. 管理科学学报，2010，13

(5)：82 - 90.

[233] 张勇，张春蕾. 证券交易所问询函监管与企业商业信用融资 [J]. 证券市场导报，2022，358 (5)：57 - 68.

[234] 张月玲，唐正. 年报监管问询、非控股大股东退出威胁与审计费用 [J]. 审计与经济研究，2022，37 (4)：33 - 42.

[235] 张子余，李常安. 违规公司接受处罚后的内控有效性改善研究 [J]. 山西财经大学学报，2015，37 (3)：82 - 90.

[236] 张宗新，杨飞，袁庆海. 上市公司信息披露质量提升能否改进公司绩效？——基于 2002—2005 年深市上市公司的经验证据 [J]. 会计研究，2007 (10)：16 - 23.

[237] 章晓霞. 中国股票市场泡沫现象研究 [D]. 上海交通大学，2007.

[238] 赵立彬，傅祥斐，李莹，等. 交易所问询函能识别公司内控风险吗？——基于年报问询函的经验证据 [J]. 南方金融，2020 (10)：40 - 51.

[239] 赵利人. 中国证券市场机构投资者研究 [D]. 吉林大学，2005.

[240] 赵选民，周发明. 董事会特征与信息披露违规的关系研究 [J]. 财会月刊，2008 (2)：26 - 27.

[241] 赵振洋，王雨婷，陈佳宁. 非行政处罚性监管与企业投资效率——基于交易所问询函的经验证据 [J]. 南开经济研究，2022，227 (5)：181 - 200.

[242] 郑志刚，吕秀华. 董事会独立性的交互效应和中国资本市场独立董事制度政策效果的评估 [J]. 管理世界，2009 (7)：133 - 144.

[243] 周春生，杨云红. 中国股市的理性泡沫 [J]. 经济研究，2002 (7)：33 - 40.

[244] 周继军，张旺峰. 内部控制、公司治理与管理者舞弊研究——来自中国上市公司的经验证据 [J]. 中国软科学，2011 (8)：141 - 154.

[245] 周美华，林斌，林东杰. 管理层权力、内部控制与腐败治理 [J]. 会计研究，2016 (3)：56 - 63.

[246] 朱春艳，伍利娜. 上市公司违规问题的审计后果研究——基于证券监管部门处罚公告的分析 [J]. 审计研究，2009 (4)：42 - 51.

[247] 朱红军，何贤杰，陶林. 中国的证券分析师能够提高资本市场的效率吗——基于股价同步性和股价信息含量的经验证据 [J]. 金融研究，2007 (2)：110 - 121.

[248] 朱伟骅. 上市公司信息披露违规 "公开谴责" 效果的实证研究 [J]. 经济管理，2003 (16)：92 - 96.

[249] Akerlof G A. The Market for "Lemons"：Quality Uncertainty and the Market Mecha-

nism [J]. The Quarterly Journal of Economics, 1970, 84 (3): 488 – 500.

[250] Anantharaman D, He L. Regulatory Scrutiny and Reporting of Internal Control Defi-ciencies: Evidence from the SEC Comment Letters [J]. SSNR, 2016 (1): 1 – 44.

[251] Ang J S, Cole R A, Lin J W. Agency Costs and Ownership Structure [J]. Journal of Finance, 2000, 55 (1): 81 – 106.

[252] Armour J, Mayer C, Polo A. Regulatory Sanctions and Reputational Damage in Finan-cial Markets [J]. Journal of Financial and Quantitative Analysis, 2017, 52 (4): 1429 – 1448.

[253] Ashbaugh-Skaife H, Collins D W, Kinney W R, et al. The Effect of SOX Internal Control Deficiencies and Their Remediation on Accrual Quality [J]. The Accounting Review, 2008, 83 (1): 217 – 250.

[254] Bae K H, Bailey W, Mao C X. Stock Market Liberalization and the Information Environ-ment [J]. Journal of International Money and Finance, 2006, 25 (3): 404 – 428.

[255] Baron R M, Kenny D A. The Moderator-Mediator Variable Distinction in Social Psy-chological Research: Conceptual, Strategic, and Statistical Considerations. [J]. Jour-nal of Personality and Social Psychology, 1986, 51 (6): 1173 – 1182.

[256] Bedard J C, Hoitash R, Hoitash U. Material Weakness Remediation and Earnings Quality: A Detailed Examination by Type of Control Deficiency [J]. Auditing: A Journal of Practice & Theory, 2012, 31 (1): 57 – 78.

[257] Berle, A. A., Means, G. C. The Modern Corporation and Private Property [M]. New York: Macmillan Publishing Co, 1932.

[258] Bhattacharya U, Daouk H, Welker M. The World Price of Earnings Opacity [J]. The Accounting Review, 2003, 78 (3): 641 – 678.

[259] Black F. Noise [J]. The Journal of Finance, 1986, 41 (3): 529 – 543.

[260] Boone J P, Linthicum C L, Poe A. Characteristics of Accounting Standards and SEC Review Comments [J]. Accounting Horizons, 2013, 27 (4): 711 – 736.

[261] Bozanic Z, Choudhary P, Merkley K J. Securities Law Expertise and Corporate Disclo-sure [J]. The Accounting Review, 2019, 94 (4): 141 – 172.

[262] Bozanic Z, Dietrich J R, Johnson B A. SEC Comment Letters and Firm Disclosure [J]. Journal of Accounting and Public Policy, 2017, 36 (5): 337 – 357.

[263] Brockman P, Yan X S. Block Ownership and Firm-Specific Information [J]. Journal

of Banking & Finance, 2009, 33 (2): 308 –316.

[264] Brown S V, Tian X, Wu Tucker J. The Spillover Effect of SEC Comment Letters on Qualitative Corporate Disclosure: Evidence from the Risk Factor Disclosure [J]. Contemporary Accounting Research, 2018, 35 (2): 622 –656.

[265] Bushman R M, Smith A J. Transparency, Financial Accounting Information, and Corporate Governance [J]. Economic Policy Review, 2003, 9: 65 –87.

[266] Cahan S, Lam B M, Li L Z, et al. Information Environment and Stock Price Synchronicity: Evidence from Auditor Characteristics [J]. International Journal of Auditing, 2021, 25 (2): 332 –350.

[267] Campbell J Y, Lettau M. Dispersion and Volatility in Stock Returns: An Empirical Investigation [R]. National Bureau of Economic Research, Inc, 1999: 3 –26.

[268] Cassell C A, Dreher L M, Myers L A. Reviewing the SEC's Review Process: 10-K Comment Letters and the Cost of Remediation [J]. The Accounting Review, 2013, 88 (6): 1875 –1908.

[269] Chambers D, Payne J. Audit Quality and Accrual Persistence: Evidence from the Pre-and Post-Sarbanes-Oxley periods [J]. Managerial Auditing Journal, 2011, 26 (5): 437 –456.

[270] Chan K C, Farrell B R, Lee P. Earnings Management of Firms Reporting Material Internal Control Weaknesses Under Section 404 of the Sarbanes-Oxley Act [J]. Auditing: A Journal of Practice & Theory, 2008, 27 (2): 161 –179.

[271] Chen G M, Firth M, Gao D N, et al. Is China's Securities Regulatory Agency a Toothless Tiger? Evidence from Enforcement Actions [J]. Journal of Accounting and Public Policy, 2005, 24 (6): 451 –488.

[272] Chen J, Hong H, Stein J C. Forecasting Crashes: Trading Volume, Past Returns, and Conditional Skewness in Stock Prices [J]. Journal of Financial Economics, 2001, 61 (3): 345 –381.

[273] Cohen D A, Dey A, Lys T Z. Real and Accrual-Based Earnings Management in the Pre-and Post-Sarbanes-Oxley Periods [J]. The Accounting Review, 2008, 83 (3): 757 –787.

[274] Cohen D A, Zarowin P. Accrual-Based and Real Earnings Management Activities Around Seasoned Equity Offerings [J]. Journal of Accounting and Economics, 2010,

50 (1): 2 – 19.

[275] Collins D W, Kothari S P, Shanken J, Sloan R. Lack of Timeliness and Noise as Explanations for the Low Contemporaneuos Return-Earnings Association [J]. Journal of Accounting and Economics, 1994, 18 (3): 289 – 324.

[276] Cunningham L M, Johnson B A, Johnson E S, et al. The switch-up: An examination of changes in Earnings Management After Receiving SEC Comment letters [J]. Contemporary Accounting Research, 2020, 37 (2): 917 – 944.

[277] D'Acunto F, Weber M, Xie J. Punish one, Teach a Hundred: The sobering Effect of Punishment on the Unpunished [J]. University of Chicago, Becker Friedman Institute for Economics Working Paper, 2019.

[278] Dasgupta S, Gan J, Gao N. Transparency, Price Informativeness, and Stock Return Synchronicity: Theory and Evidence [J]. Journal of Financial and Quantitative Analysis, 2010, 45 (5): 1189 – 1220.

[279] Dechow P M, Sloan R G, Sweeney A P. Causes and Consequences of Earnings Manipulation: An Analysis of Firms Subject to Enforcement Actions by the SEC [J]. Contemporary Accounting Research, 1996, 13 (1): 1 – 36.

[280] Diba B T, Grossman H I. Explosive Rational Bubbles in Stock Prices? [J]. The American Economic Review, 1988, 78 (3): 520 – 530.

[281] Ding Y, Hope O K, Jeanjean T, et al. Differences Between Domestic Accounting Standards and IAS: Measurement, Determinants and Implications [J]. Journal of Accounting and Public Policy, 2007, 26 (1): 1 – 38.

[282] Dow J, Gorton G. Stock Market Efficiency and Economic Efficiency: Is there a Connection? [J]. Journal of Finance, 1997, 52: 1087 – 1129.

[283] Doyle J T, Ge W, McVay S. Accruals Quality and Internal Control over Financial Reporting [J]. The Accounting Review, 2007, 82 (5): 1141 – 1170.

[284] Durnev A, Morck R, Yeung B, Zarowin P. Does Greater Firm-Specific Return Variation Mean More or Less Informed Stock Pricing? [J]. Journal of Accounting Research, 2003, 41 (5): 797 – 836.

[285] Easley D, Kiefer N M, O'Hara M, Paperman J B. Liquidity, Information, and Infrequently Traded Stocks [J]. The Journal of Finance, 1996, 51 (4): 1405 – 1436.

[286] Easley D, Kiefer N M, O'Hara M. One Day in the Life of a Very Common Stock [J].

Review of Financial Studies, 1997, 10 (3): 805 – 835.

[287] Epps R W, Guthrie C P. Sarbanes-Oxley 404 Material Weaknesses and Discretionary Accruals [C]. Accounting Forum. Elsevier, 2010, 34 (2): 67 – 75.

[288] Ettredge M, Johnstone K, Stone M, et al. The Effects of Firm Size, Corporate Governance Quality, and Bad News on Disclosure Compliance [J]. Review of Accounting Studies, 2011, 16 (4): 866 – 889.

[289] Evans G W. Pitfalls in Testing for Explosive Bubbles in Asset Prices [J]. The American Economic Review, 1991, 81 (4): 922 – 930.

[290] Fama E F. Foundations of Finance [M]. New York: Basic books, 1976: 253 – 254.

[291] Farber D B. Restoring Trust after Fraud: Does Corporate Governance Matter? [J]. The Accounting Review, 2005, 80 (2): 539 – 561.

[292] Fernandes N, Ferreira M A. Does International Cross-Listing Improve the Information Environment [J]. Journal of Financial Economics, 2008, 88 (2): 216 – 244.

[293] Ferreira D, Ferreira M A, Raposo C C. Board Structure and Price Informativeness [J]. Journal of Financial Economics, 2011, 99 (3): 523 – 545.

[294] Ferreira M A, Laux P A. Corporate Governance, Idiosyncratic Risk, and Information Flow [J]. The Journal of Finance, 2007, 62 (2): 951 – 989.

[295] Forst A, Hettler B R. Disproportionate Insider Control and the Demand for Audit Quality [J]. Auditing: A Journal of Practice & Theory, 2019, 38 (1): 171 – 191.

[296] Frankel R, Lee C M C. Accounting Valuation, Market Expectation, and Cross-Sectional Stock Returns [J]. Journal of Accounting and Economics, 1998, 25 (3): 283 – 319.

[297] Freedman L S, Schatzkin A. Sample Size for Studying Intermediate Endpoints Within Intervention Trials or Observational Studies [J]. American Journal of Epidemiology, 1992, 136 (9): 1148 – 1159.

[298] Frésard L. Cash Savings and Stock Price Informativeness [J]. Review of Finance, 2012, 16 (4): 985 – 1012.

[299] Gietzmann M B, Isidro H. Institutional Investors' Reaction to SEC Concerns about IFRS and US GAAP reporting [J]. Journal of Business Finance & Accounting, 2013, 40 (7 – 8): 796 – 841.

[300] Gietzmann M, Marra A, Pettinicchio A. Comment Letter Frequency and CFO Turnover: A Dynamic Survival Analysis [J]. Journal of Accounting, Auditing & Finance,

2016, 31 (1): 79 – 99.

[301] Goh B W, Li D. Internal Controls and Conditional Conservatism [J]. The Accounting Review, 2011, 86 (3): 975 – 1005.

[302] Gordon L A, Wilford A L. An Analysis of Multiple Consecutive Years of Material Weaknesses in Internal Control [J]. The Accounting Review, 2012, 87 (6): 2027 – 2060.

[303] GrossmanS J, Stiglitz J E. On the Impossibility of Informationally Efficient Markets [J]. The American Economic Review, 1980, 70 (3): 393 – 408.

[304] Gul F A, Fung S Y K, Jaggi B. Earnings quality: Some Evidence on the Role of Auditor Tenure and Auditors' Industry Expertise [J]. Journal of Accounting & Economics, 2009, 47 (3): 265 – 287.

[305] Gul F A, Kim J B, Qiu A A. Ownership Concentration, Foreign Shareholding, Audit Quality, and Stock Price Synchronicity: Evidence from China [J]. Journal of Financial Economics, 2010, 95 (3): 425 – 442.

[306] Haggard K S, Martin X, Pereira R. Does Voluntary Disclosure Improve Stock Price Informativeness? [J]. Financial Management, 2008, 37 (4): 747 – 768.

[307] Hall S G, Psaradakis Z, Sola M. Detecting Periodically Collapsing Bubbles: A Markov-Switching unit Root Test [J]. Journal of Applied Econometrics, 1999: 143 – 154.

[308] Hamilton J D. A New Approach to the Economic Analysis of Nonstationary Time Series and the Business Cycle [J]. Econometrica: Journal of the Econometric Society, 1989: 357 – 384.

[309] Hammersley J S, Myers L A, Shakespeare C. Market Reactions to the Disclosure of Internal Control Weaknesses and to the Characteristics of Those Weaknesses under Section 302 of the Sarbanes Oxley Act of 2002 [J]. Review of Accounting Studies, 2008, 13 (1): 141 – 165.

[310] Hasan I, Song L, Wachtel P. Institutional Development and Stock Price Synchronicity: Evidence from China [J]. Journal of Comparative Economics, 2013, 42 (1): 92 – 108.

[311] Hay D C, Knechel W R, Wong N. Audit Fees: A Meta-analysis of the Effect of Supply and Demand Attributes [J]. Contemporary Accounting Research, 2006, 23 (1): 141 – 191.

［312］ Hayek F A. The Use of Knowledge in Society ［J］. The American Economic Review, 1945, 35 （4）: 519 – 530.

［313］ Healy P M, Palepu K G. Information Asymmetry, Corporate Disclosure, and the Capital Markets: A review of the Empirical Disclosure Literature ［J］. Journal of Accounting and Economics, 2001, 31 （1）: 405 – 440.

［314］ Heese J, Khan M, Ramanna K. Is the SEC Captured? Evidence from Comment-Letter Reviews ［J］. Journal of Accounting and Economics, 2017, 64 （1）: 98 – 122.

［315］ Hogan C E, Wilkins M S. Evidence on the Audit Risk Model: Do Auditors Increase Audit Fees in the Presence of Internal Control Deficiencies? ［J］. Contemporary Accounting Research, 2010, 25 （1）: 219 – 242.

［316］ Hou K, Van Dijk M A, Zhang Y. The Implied Cost of Capital: A New Approach ［J］. Journal of Accounting and Economics, 2012, 53 （3）: 504 – 526.

［317］ Hu N, Qi B, Tian G, et al. The Impact of Ineffective Internal Control on the Value Relevance of Accounting Information ［J］. Asia-Pacific Journal of Accounting & Economics, 2013, 20 （3）: 334 – 347.

［318］ Hutton A P, Marcus A J, Tehranian H. Opaque Financial Reports, R^2 and Crash Risk ［J］. Journal of Financial Economics, 2009, 94 （1）: 67 – 86.

［319］ Jensen M, Meckling W. Theory of Firm: Managerial Behavior, Agency Costs and Ownership Structure ［J］. Journal of Financial Economics, 1976 （3）: 305 – 360.

［320］ Jin L, Myers S C. R^2 Around the World: New Theory and New Tests ［J］. Journal of Financial Economics, 2006, 79 （2）: 257 – 292.

［321］ Johnson W C, Xie W, Yi S. Corporate Fraud and the Value of Reputations in the Product Market ［J］. Journal of Corporate Finance, 2014, 25: 16 – 39.

［322］ Johnston R, Petacchi R. Regulatory Oversight of Financial Reporting: Securities and Exchange Commission Comment Letters ［J］. Contemporary Accounting Research, 2017, 34 （2）: 1128 – 1155.

［323］ Kim J B, Song B Y, Zhang L. Internal Control Weakness and Bank Loan Contracting: Evidence from SOX Section 404 Disclosures ［J］. The Accounting Review, 2011, 86 （4）: 1157 – 1188.

［324］ Kim J, Li Y, Zhang L. Corporate Tax Avoidance and Stock Price Crash Risk: Firm-Level Analysis ［J］. Journal of Financial Economics, 2011a, 100 （3）: 639 – 662.

[325] Kim J, Li Y, Zhang L. CFOs Versus CEOs: Equity Incentives and Crashes [J]. Journal of Financial Economics, 2011b, 101 (3): 713 – 730.

[326] Kim J, Zhang L. Accounting Conservatism and Stock Price Crash Risk: Firm-level Evidence [J]. Contemporary Accounting Research, 2015, 33 (1): 412 – 441.

[327] Kim Y, Park M S. Market Uncertainty and Disclosure of Internal Control Deficiencies under the Sarbanes-Oxley Act [J]. Journal of Accounting and Public Policy, 2009, 28 (5): 419 – 445.

[328] Krishnan J, Rama D, Zhang Y. Costs to Comply with SOX Section 404 [J]. Auditing: A Journal of Practice & Theory, 2008, 27 (1): 169 – 186.

[329] Krishnan, Gopal V. Does Big 6 Auditor Industry Expertise Constrain Earnings Management? [J]. Social Science Electronic Publishing, 2003, 17 (s – 1): 1 – 16.

[330] Lambert R, Leuz C, Verrecchia R E. Accounting Information, Disclosure, and the Cost of Capital [J]. Journal of Accounting Research, 2007, 45 (2): 385 – 420.

[331] Lee D W, Liu M H. Does More Information in Stock Price Lead to Greater or Smaller Idiosyncratic Return Volatility? [J]. Journal of Banking & Finance, 2011, 35 (6): 1563 – 1580.

[332] Li K, Morck R, Yang F, et al. Firm-Specific Variation and Openness in Emerging Markets [J]. Review of Economics and Statistics, 2004, 86 (3): 658 – 669.

[333] Llorente G, Michaely R, Saar G, Wang J. Dynamic Volume-Return Relation of Individual Stocks [J]. Review of Financial Studies, 2002, 15 (4): 1005 – 1047.

[334] Marciukaityte D, Szewczyk S H, Uzun H, et al. Governance and Performance Changes after Accusations of Corporate Fraud [J]. Financial Analysts Journal, 2006, 62 (3): 32 – 41.

[335] Morck R, Yeung B, Yu W. The Information Content of Stock Markets: Why Do Emerging Markets Have Synchronous Stock Price Movements? [J]. Journal of Financial Economics, 2000, 58 (1): 215 – 260.

[336] Myllymäki E R. The Persistence in the Association between Section 404 Material Weaknesses and Financial Reporting Quality [J]. Auditing: A Journal of Practice & Theory, 2013, 33 (1): 93 – 116.

[337] Ohlson J A. Earnings, Book Values, and Dividends in Equity Valuation [J]. Contemporary Accounting Research, 1995, 11 (2): 661 – 687.

[338] O'Hara M. Presidential Address: Liquidity and Price Discovery [J]. Journal of Finance, 2003, 58 (4): 1335 –1354.

[339] Phillips P C B, Wu Y, Yu J. Explosive Behavior in the 1990s Nasdaq: When Did Exuberance Escalate Asset Values? [J]. International Economic Review, 2011, 52 (1): 201 –226.

[340] Pincus K, Rusbarsky M, Wong J. Voluntary Formation of Corporate Audit Committees among NASDAQ Firms [J]. Journal of Accounting & Public Policy, 1989, 8 (4): 239 –265.

[341] Piotroski J D, Roulstone D T. The Influence of Analysts, Institutional Investors, and Insiders on the Incorporation of Market, Industry, and Firm-Specific Information into Stock Prices [J]. The Accounting Review, 2004, 79 (4): 1119 –1151.

[342] Piotroski J D, Wong T J. Capitalizing China: Institutions and Information Environment of Chinese Listed Firms [M]. University of Chicago Press, 2012, (47): 201 –242.

[343] Ribstein L E. Market vs. Regulatory Responses to Corporate Fraud: A Critique of the Sarbanes-Oxley Act of 2002 [J]. Journal of Corporation Law, 2002, (28): 1 –67.

[344] Roll R. R^2 [J]. Journal of Finance, 1988, 43: 541 –566.

[345] Ross S A. The Economic Theory of Agency: The Principal' Problem [J]. American Economic Review, 1973, (63): 134 –139.

[346] Ross S A. The Determination of Financial Structure: The Incentive Signaling Approach [J]. The Bell Journal of Economics, 1977, 8 (1): 23 –40.

[347] Roychowdhury S. Earnings Management through Real Activities Manipulation [J]. Journal of Accounting and Economics, 2006, 42 (3): 335 –370.

[348] Spence M. Job Market Signaling [J]. The Quarterly Journal of Economics, 1973, 87 (3): 355 –374.

[349] Teoh S H, Yang Y, Zhang Y. R-square: Noise or Firm-Specific Information [R]. Working Paper, University of California and Chinese University of Hong Kong, 2006.

[350] Van Norden S. Regime Switching as a Test for Exchange Rate Bubbles [J]. Journal of Applied Econometrics, 1996: 219 –251.

[351] West K D. Dividend Innovations and Stock Price Volatility [J]. Econometrica, 1988, (56): 37 –61.

[352] Xu N, Li X, Yuan Q, et al. Excess Perks and Stock Price Crash Risk: Evidence from

China [J]. Journal of Corporate Finance, 2014, 25 (2): 419 –434.

[353] Yiu D W, Xu Y, Wan W P. The Deterrence Effects of Vicarious Punishments on Corporate Financial Fraud [J]. Organization Science, 2014, 25 (5): 1549 –1571.